T0145476

MÉTAÉTHIQUE

TEXTES CLÉS

MÉTAÉTHIQUE

Connaissance morale, scepticismes et réalismes

Textes réunis et présentés par
A. C. ZIELINSKA

Traductions par

G. KERVOAS, M. MALHERBE, J.-Ph. NARBOUX,
R. SHARKEY, A. ZIELINSKA

PARIS
LIBRAIRIE PHILOSOPHIQUE J. VRIN
6, place de la Sorbonne, V e
2013

© *Librairie Philosophique J. VRIN*, 2013
Imprimé en France
ISSN 1639-4216
ISBN 978-2-7116-2477-5
www.vrin.fr

INTRODUCTION GÉNÉRALE [1]

La métaéthique est apparue en réaction à des théories philosophiques complexes qui n'étaient pas toutes des théories morales et qui véhiculaient aussi de très lourds présupposés philosophiques. En effet, au XIXe siècle, deux courants philosophiques principaux dominèrent les universités au Royaume-Uni : l'utilitarisme de John Stuart Mill et de Herbert Spencer d'un côté et l'idéalisme des hégéliens comme Thomas Green, Francis Bradley et Bernard Bosanquet de l'autre. Le premier courant cherchait à établir les principes de l'action, pendant que le second bâtissait des systèmes abstraits au prix d'une spéculation métaphysique fort élaborée. Ces deux écoles assez extrêmes constituèrent un terrain propice à l'émergence d'un autre mouvement qui, prenant du recul, adopta une position qui était davantage métaphilosophique. Dès la fin du XIXe siècle, et surtout au début du XXe, est née la philosophie qui sera ensuite qualifiée d'analytique. Cette dernière, au lieu d'essayer de répondre directement aux questions posées par les courants

1. Ce livre n'aurait pu exister sans les encouragements et les conseils de Sandra Laugier, ni sans l'aide de Gaël Kervoas ; je les remercie très chaleureusement. Ce volume doit aussi énormément à Jonathan Dancy, tout comme à une conversation que j'ai pu avoir avec Bob Hale en 2005 grâce à Cédric Degrange. Je remercie également John Skorupski et l'Université St Andrews pour leur soutien.

précédents, prit le parti d'analyser d'abord les questions elles-mêmes, pour mieux s'interroger ensuite sur leur légitimité et sur leur portée. Elle fit de même avec la philosophique morale, se penchant d'abord sur son langage, plutôt que sur les contenus proprement éthiques qu'elle pouvait prôner.

LA PHILOSOPHIE DU LANGAGE

Le courant analytique s'opposait d'abord à l'idée selon laquelle la philosophie consiste principalement à faire l'exégèse d'un corpus de textes classiques et à perfectionner les systèmes proposés. Il visait aussi à examiner systématiquement tous les aspects de la philosophie elle-même, le langage qu'elle utilise et les présupposés qu'elle assume. Rapidement, le langage devint son domaine de prédilection. Et c'est sans surprise que le langage des philosophes moraux aussi bien que les entités (les propriétés morales, entre autres) auxquelles ils faisaient régulièrement référence, entrèrent dans le champ d'intérêt de Bertrand Russell, George Edward Moore, ensuite Ludwig Wittgenstein, Alfred Jules Ayer et beaucoup d'autres penseurs[1]. Notons que David Hume, dans sa critique de la conception philosophique de la notion de cause et son rejet des sophismes et des illusions[2], peut être sans doute considéré comme le parrain de tout ce mouvement. Les philosophes moraux, œuvrant désormais sous les auspices de cette philosophie nouvelle et radicale, travaillèrent à se défaire des présuppositions fallacieuses des systèmes moraux antérieurs, et de cette approche analytique a émergé une réflexion sur le langage de la morale, *i. e.* une métaéthique. Cette

---

1. Le lecteur trouvera une bonne introduction à la philosophie analytique dans le livre de Pascal Engel, *La dispute*, Paris, Les Éditions de Minuit, 1997.

2. D. Hume, *Enquête sur l'entendement humain*, trad. fr. M. Malherbe, Paris, Vrin, 2008, p. 413.

dernière est aujourd'hui l'un des champs les plus féconds de la philosophie contemporaine.

Les discussions philosophiques autour de l'éthique se sont emparées de thèmes considérablement différents de ceux qui y dominaient jusqu'alors. Il n'est plus désormais question des devoirs et des lois, de ce qu'il faut faire et de ce qui est conforme à un idéal, mais des conditions inhérentes au langage et à la logique qui président à l'établissement de toute espèce de normativité susceptible d'inspirer les conduites humaines. Non point que la normativité disparaisse pour autant. La philosophie du langage, en relevant les inconsistances dans les usages inappropriés de certaines notions, s'avère tout aussi normative selon ses propres critères. Mais cette normativité est épistémique et concerne davantage les usages du langage moral que les comportements attendus en réponse au système moral. En ce sens, il faut résister à la tentation de simplement qualifier l'entreprise métaéthique de descriptive.

Les interrogations que la métaéthique partage avec d'autres champs de la philosophie du langage sont nombreuses. D'un point de vue abstrait, elle rencontre les problèmes classiques de la logique. Ainsi, s'il faut fournir des principes moraux, il semble nécessaire de s'interroger sur leur statut logique, sur leur champ d'application, sur leur universalité. La métaéthique doit aussi prendre position face aux principes fondamentaux de la logique, comme le principe de non contradiction : les règles morales doivent-elles être parfaitement cohérentes *a priori*, ou bien peuvent-elles être en apparence contradictoires, car dépendantes du contexte ? L'éthique entretient également un rapport délicat avec l'ontologie : elle aimerait savoir où se trouvent exactement les propriétés morales (comme la bonté ou le mal), pour comprendre si elles font partie de la nature, du monde des idées, ou peut-être de notre imagination, ou bien encore de *notre* nature. D'un point de vue plus concret, l'éthique doit établir son rapport aux sciences : est-elle censée prendre en compte les dernières découvertes scientifiques ou profiterait-elle davantage à en rester éloignée ? Car les énoncés scientifiques ne garantissent pas une vérité immuable, alors qu'il semble souvent que l'éthique vise à nous enseigner quelque chose d'universel sur l'homme, et se porte ainsi au-delà de la psychologie du moment. Les problèmes de la philosophie des sciences entraînent à leur tour des questions d'épistémologie, où l'éthique doit faire face à de nouvelles interrogations, notamment pour décider de son statut : nos réactions morales sont-elles des réactions émotionnelles ou procèdent-elles rationnellement de notre connaissance ? Quels sont les critères pour évaluer l'adéquation morale d'une action et comment les justifier, dans une époque où les réponses simples venant de la religion ou de systèmes moraux unidimensionnels ne suffisent pas ? Ici, le passage vers la philosophie du langage se fait naturellement, et doivent alors être examinées la sémantique et la pragmatique des énoncés moraux (jugements, injonctions, et autres). Car il faut établir si nos jugements moraux se réfèrent à quelque chose qui nous est extérieur et s'ils formulent ainsi des descriptions qui peuvent être vraies ou fausses, ou bien s'ils ne sont que des exclamations qui visent à communiquer au monde nos attitudes émotionnelles et n'ont en conséquence pas de force normative socialement contraignante. Par ailleurs, si ces jugements sont effectivement susceptibles d'être vrais ou faux, pourquoi d'autres personnes devraient-elles aucunement les prendre en compte ? Et enfin, pourquoi supposons-nous que les jugements moraux sont effectivement la partie la plus intéressante de l'éthique et qu'il faut commencer par les étudier pour comprendre cette sphère ?

Toutes ces questions sont fondamentales pour qui s'intéresse au développement des idées éthiques concrètes. Qui plus est, on peut même imaginer que les questions métaéthiques soient finalement les seules questions que le philosophe puisse poser dans le domaine moral : il se peut qu'il n'ait pas à trancher entre des opinions divergentes portant sur ce qui est bon, mais que sa seule tâche soit de critiquer les problèmes formels impliqués dans les problèmes moraux.

La métaéthique en tant que discipline issue de la philosophie du langage, s'intéresse donc davantage à la méthodologie de l'éthique qu'à l'éthique elle-même. Certes, elle reprend les thèmes déjà présents dans des traditions philosophiques diverses, comme on le verra plus loin. Néanmoins, et surtout à ses origines, elle prend au sérieux le langage de la morale et les enjeux épistémologiques qui y sont liés. Voici quelques exemples de la manière dont elle se pose ses questions fondatrices, qu'on retrouvera en détail plus loin :

– G. E. Moore montre que l'énoncé définitionnel « bon est ce qui est plaisant », où « plaisant » est compris comme une définition de « bon », n'est pas analytique (il n'est donc pas vrai en vertu de sa seule définition) mais bel et bien synthétique, ce qui veut dire que d'autres définitions sont possibles[1]. On ne peut pas en conséquence admettre l'équivalence parfaite entre « bon » et « plaisant ».

– A. J. Ayer suggère que puisque les énoncés moraux ne décrivent rien dans le monde de la façon qui pourrait les rendre vrais, ils ne peuvent pas être considérés comme des énoncés au sens fort. Ne décrivant rien, ils expriment des émotions, la morale n'est donc pas une forme de connaître mais une forme de sentir.

---

1. Il se peut toutefois que la définition analytique ne soit pas la seule définition possible, auquel cas le caractère synthétique n'est pas éliminatoire. Mais cela ne devrait pas enlever la force à l'argument de Moore, qui montre sans ambiguïté le caractère non évident de l'identification de « bon » à une quelconque autre propriété.

– J. L. Mackie, en examinant le rôle que les énoncés moraux jouent dans notre langage, conclut que nous les employons comme s'ils décrivaient quelque chose de tout à fait réel, mais qu'ils ne le font jamais effectivement ; tous nos énoncés moraux sont donc des erreurs, qui partent d'une ambition qu'ils ne parviennent pas à satisfaire.

– J. Dancy examine la manière dont les principes éthiques se posent comme universels et montre, en examinant les procédures décisionnelles engagées dans l'évaluation morale, que cette universalité ne fonctionne pas. Notons que le cas du néointuitionnisme de Dancy est toutefois particulier : il occupe le champ métaéthique par ses critiques, mais le dépasse de fait dans la conception de la morale qui émerge du discours critique.

Cette tendance à privilégier la théorie et à se détacher du moralisme a pris des proportions qui ont paru frustrantes à certains représentants de cette tradition même : William Frankena regrette que les philosophes évitent d'accomplir la tâche qui revient à leur discipline qui lui paraît fondamentale, celle de guider l'action humaine [1]. De même, la popularité de l'éthique de la vertu doit sans doute beaucoup à la force avec laquelle l'article fondateur de ce mouvement critiqua une certaine stérilité des discussions linguistiques historiquement décontextualisées [2]. Pourtant, les conséquences pratiques de la réflexion sur l'éthique au sens proposé ici sont d'importance. Si l'on pense, par exemple, que les principes moraux, une fois découverts ou établis, doivent être universellement valides, on

---

1. *Cf.* W. Frankena, « Moral Philosophy at Mid-Century », *Philosophical Review* 60, 1951, p. 44-55, p. 54.

2. G. E. M. Anscombe, « Modern Moral Philosophy », *Philosophy* 33 (1958), p. 1-19, p. 4 ; « La Philosophie morale moderne », tard. fr. Geneviève Ginvert et Patrick Ducray, *Klesis* 9, 2008, p. 12-21, disponible en ligne http : //www.revue-klesis.org/pdf/Anscombe-Klesis-La-philosophie-morale-moderne.pdf.

sera ferme dans des situations où la fermeté n'est peut-être pas la meilleure façon de procéder. Ainsi, si l'on croit que la protection de la vie est le principe moral ultime et indépassable, on devra défendre l'acharnement thérapeutique en médecine. En revanche, ceux qui s'y opposent, reconnaissent qu'il faut prendre en compte la pluralité des valeurs dans des situations complexes et préfèrent décider en fonction de la situation concrète du malade et de son entourage. De façon similaire, celui qui pense que le bien existe indépendamment des hommes et qu'il est d'abord à découvrir et ensuite à poursuivre, et qui découvre ensuite le bien en question, considérera les positions adverses comme immorales dans la mesure où elles diffèrent des siennes. Les conséquences citées ne découlent pas de différences dans les positions morales concrètes, mais de différences dans le cadre métaéthique adopté.

LES ORIGINES DU DÉBAT SUR LES SOURCES DE LA NORMATIVITÉ

La philosophie morale britannique s'était déjà intéressée aux questions métaéthiques avant le XXe siècle, même si celles-ci ne semblaient pas occuper alors de place centrale ; David Hume (dès 1739) et Richard Price (dès 1757) avaient déjà amorcé un travail critique portant sur la nature et les applications du langage moral et des propriétés morales. Mais le moment charnière s'annonce toutefois dans les travaux de Henry Sidgwick, qui formula ainsi l'objectif de la nouvelle façon de pratiquer l'éthique en philosophe : «L'objet immédiat – pour inverser l'expression d'Aristote – n'est pas la Pratique, mais la Connaissance»[1]. L'opposition entre la pratique et la connaissance ne doit toutefois

---

1. H. Sidgwick, *The Methods of Ethics*, 7e éd., préface à la 1re éd., London, MacMillan, 1907, p. VI. Cette même idée est reprise par G. E. Moore, dans ses *Principia Ethica* (§ 14).

pas être comprise comme une opposition entre le normatif et le descriptif, car le travail théorique engage également une dimension normative, bien que celle-ci soit plus souple et reste ouverte à la discussion. Cette dimension se traduit d'ailleurs par cette ouverture à la discussion qui engage une approche critique, montrant ce qui *ne va pas* dans une théorie morale.

Le débat principal qui animait dès le XVIIe siècle la philosophie morale britannique portait sur l'identification de ce qui fait la morale, de ce qui en constitue le point de départ[1]. Deux grandes tendances étaient clairement perceptibles, le rationalisme d'un côté, et le sentimentalisme de l'autre. Dans un ouvrage consacré à la métaéthique contemporaine, il n'est peut-être pas nécessaire d'entrer dans le détail de ces positions, elles doivent toutefois être esquissées, au moins rapidement, et cela aussi bien pour des raisons linguistiques que philosophiques. Car c'est à ce moment-là que certains termes acquièrent leur sens, et nous devons garder ce sens à l'esprit pour comprendre une grande partie des débats actuels.

Le rationalisme dans la philosophie morale des XVIIe et XVIIIe siècles, en partie sous-tendu par l'idée de la compatibilité de la raison et de la foi, partageait avec le rationalisme français de cette époque l'idée selon laquelle la raison, et non pas l'expérience, constitue le fondement principal de la connaissance, et donc également de la connaissance morale. L'un des représentants de ce courant, William Wollaston (1659-1724), maintient par exemple que l'acte, pour mériter d'être qualifié moralement bon ou mauvais, doit être le résultat d'une délibération de la part d'un agent libre et intelligent. Les actes ont une

---

1. Dans le contexte de ce volume, les termes « éthique » et « morale » seront considérés comme équivalents.

signification, et forment « un genre de langage universel »[1].
Les actes sont donc des déclarations, pour Wollaston, susceptibles d'être vraies ou fausses – ils sont donc *right* ou *wrong*
relativement à la manière dont ils se réfèrent à la réalité.
S'ils sont *good* – bons – ils ne le sont que parce qu'ils sont
d'abord *right*, leur rectitude, leur adéquation, est ici le critère
fondamental de jugement. La bonté ne fait que dériver des
notions fondamentales de *right* et *wrong*.

Une forme plus développée de ce rationalisme radical se
trouve dans les travaux des intuitionnistes britanniques, comme
Ralph Cudworth (1617-1688) – le platonicien de Cambridge,
et Samuel Clarke (1675-1729). Ces philosophes, indépendamment de leur effort pour décrire la faculté innée d'intuition
(notamment morale), capable d'atteindre une connaissance
rationnelle du monde, visent avant tout à établir les vérités
morales, dont l'existence garantirait la possibilité même du bien
et du mal. Pour Clarke, la sphère de la moralité est indépendante
non seulement de l'esprit humain mais aussi de Dieu, car plus
proche des mathématiques que de toute autre discipline. Selon
cet auteur, il suffit de s'adapter aux standards de la morale pour
être moralement bon, ce qui met en avant l'idée de la conformité
à la Raison et à la Nature, et non pas l'idée du bien. Clarke
emploie de son côté les notions de *fitness* et d'*unfitness* (convenance et non-convenance[2]) des choses, qui correspondent
aux intuitions exprimées par les termes *right* et *wrong* : elles
permettent de déterminer si, oui ou non, les choses *vont bien* dans
le monde et contribuent à son harmonie.

---

1. W. Wollaston, The Religion of Nature delineated (1722), *in* Lewis Amherst
Selby-Bigge (ed.), *British Moralists, being Selections from Writers principally of
the Eighteenth Century*, vol. 2, Oxford, Clarendon Press, 1897, p. 362.

2. Selon la traduction de Pierre Ricotier, in *Œuvres philosophiques de Samuel
Clarke*, Paris, Charpentier, 1843, p. 193 *sq.*

Ces positions, très intéressantes au demeurant et dont la postérité saura trouver une version moins tranchée et abstraite (sous la plume de Richard Price par exemple), s'opposaient au courant célèbre des sentimentalistes moraux (Lord Shaftesbury, Francis Hutcheson, David Hume[1]), philosophes pour lesquels les critères de la morale ne se trouvent pas dans un ciel d'idées à la fois objectif et parfaitement abstrait, mais émergent naturellement du sens moral. La version la plus radicale de ce type de position se trouve chez Hume (1711-1776), pour qui la morale ne préexiste pas abstraitement à l'homme, il n'y pas de vérités morales, mais seulement des sentiments moraux qui nous permettent de reconnaître le bien et le mal en approuvant le premier et en blâmant le second. Car c'est du bien et du mal dont il est question, et non point de *right* et *wrong*. Ce changement est particulièrement flagrant (notons que les positions des autres sentimentalistes sont plus nuancées) quand Hume critique les « immutable measures of *right and wrong* »[2]. Il emploie cette expression dans un paragraphe consacré au rationalisme moral de son temps, aux yeux duquel ces déterminations immuables imposeraient des obligations aussi bien aux hommes qu'à Dieu. Effectivement, on le voit rejeter la notion d'adéquation morale, de *Moral Right*, si cette adéquation est comprise au sens des vérités de Wollaston ou de la convenance de Clarke.

Hume adopte ainsi ce qui va être ensuite qualifié de noncognitivisme : ce ne sont pas notre capacité de pensée ou notre

---

1. Les positions sentimentalistes présentées dans ce paragraphe s'appliquent uniquement à Hume, Shafesbury et Hutcheson adoptant une position moins tranchée sur le rejet de toute référence à la vérité. Pour une présentation complète de ce courant *cf.* L. Jaffro (dir.), *Le sens moral. Une histoire de la philosophie morale de Locke à Kant*, Paris, Paris, P.U.F., 2000.

2. Philippe Saltel, dans sa par ailleurs très bonne traduction du troisième livre du *Traité de la nature humaine* de Hume, parle ici de « déterminations immuables du *bien et du mal* » (Paris, Flammarion, 1993, 1, 1.).

raison qui nous permettent de saisir les distinctions morales, mais bien nos sentiments. Dans la philosophie morale de Hume, il n'est donc pas question de quelque chose de *right* ou de *wrong* mais bien de *good* ou de *bad* ou *evil/ill*, en tant que ces deux dernières qualités concernent les actions de notre esprit et y trouvent leur accomplissement (et non pas dans une comparaison à des standards extérieurs [1]). Nous voyons alors que les couples de termes *good – evil* et *right – wrong* ne devraient pas être considérés comme équivalents, car ils se réfèrent à des univers de la pensée morale qui tendent à s'opposer, et dont l'évolution dans la pensée morale se fait de façon souvent indépendante. Cette distinction n'est peut-être pas aussi flagrante tout au long de l'histoire de la philosophie morale britannique [2], mais elle est bien rappelée par William David Ross, dans son ouvrage *The Right and the Good* daté de 1930. Le renouveau intuitionniste (qui se transforma à la fin du xxᵉ siècle en un anti-antiréalisme [3]) auquel il participe ne peut pas être compris sans saisir cette différence. Pour Ross, et pour beaucoup d'entre ceux qui font de la philosophie morale en langue anglaise aujourd'hui, les

1. Ceci à une exception près. Hume continue à utiliser la notion de *right* de façon non ironique (et en minuscule) pour parler des « vertus artificielles » (le droit par exemple). La société, nous dit Hume, établit certaines règles de conduite tout à fait concrètes, comme le système juridique, et nos actions peuvent être *right* ou *wrong* – conformes ou pas – par rapport à ces règles. Il faut toutefois bien voir que cet usage de *right* est essentiellement différent de celle de *Moral Right* (écrit le plus souvent avec une majuscule moqueuse par Hume) prôné par les philosophes rationalistes.

2. Jeremy Bentham, le fondateur de l'utilitarisme, banalise en un sens les deux notions en en proposant d'autres, plus fondamentales à son avis : celle de plaisir et celle d'utilité (où *good* n'est qu'un autre nom pour « plaisant » et où *right* n'a de sens que relativement à la règle de l'utilité, et non pas dans l'absolu).

3. *Cf.* la préface à la troisième partie de ce livre; selon Jonathan Dancy (lors d'une conversation privée), le terme a été proposé par David Wiggins; on le retrouve également chez John McDowell (*cf.* McDowell, *Mind, Value, and Reality*, Harvard University Press, 1998, p. VIII).

termes *right* et *wrong* s'appliquent aux actions telles qu'elles sont contextuellement effectuées, alors que le bien et le mal moraux caractérisent les motivations. L'extension du terme *right* est ici plus large que celle de devoir. Un acte peut être *right* sans que nous soyons nécessairement dans l'obligation de l'accomplir – parmi toutes les actions qui sont *right*, il en existe au plus une seule qui puisse constituer notre devoir.

Il est facile de traduire le mot *good* en français – on dit « bon » ou « bien », selon qu'il s'agit d'un adjectif ou d'un substantif. Il en va différemment avec les termes *right* et *wrong*. En anglais, ces termes n'appartiennent pas exclusivement au langage moral, et décrivent ce qui est conforme ou non à une règle sousentendue quelconque. Cette règle peut être morale, mais aussi pragmatique, juridique ou autre, ce qui ouvre à une diversité de traductions possibles : bien et mal, raison et tort, vrai et faux, correct et incorrect, juste et injuste. Ainsi, dans le contexte de la philosophie morale, une phrase comme « *What you did was right* » serait mieux traduite par « Tu as fait ce qu'il fallait faire », que par « Ce que tu as fait était bien »[1]. Ce qui est *right* n'est donc pas ce qui est bon (en soi), mais ce qui est conforme à quelque chose d'antérieur, que ce soit un idéal éternellement valide, ou une attente sociale. Dans le présent volume, il n'a pas été possible de trouver une traduction uniforme de ce terme à travers tous les textes ; en conséquence, toute occurrence de *right* et de son contraire, *wrong*, a été signalée par un astérisque[2]. Cette

---

1. Les distinctions posées ici sont sans doute artificielles, et il y a des contextes où ces phrases veulent dire la même chose ; la difficulté propre à ces explications est précisément l'impossibilité de trouver une traduction parfaite des termes en jeu. On espère alors que le lecteur se prêtera à ce jeu, en oubliant pour quelques instants ses habitudes linguistiques.

2. Sous l'influence de John Rawls, on a tendance à traduire le mot *right* par « juste », comme cela a été fait dans la traduction française de la *Théorie de la justice* (1971, trad. fr. C. Audard, Paris, Seuil, 1987). Mais même si cette

différence entre *right* et *good* doit être prise au sérieux, car elle reprend les interrogations fondamentales de la métaéthique, déjà esquissées dans la célèbre conversation entre Euthyphron et Socrate : la normativité a-t-elle sa source dans la volonté ou les désirs de l'agent ou bien dans ce qui lui est extérieur[1] ? On en retrouve des échos directs dans les textes de Sidgwick et de Moore ci-après, et des échos indirects dans tous les autres articles du volume.

DISTINCTION ENTRE LES FAITS ET LES VALEURS

L'histoire de la métaéthique au XXe siècle, c'est aussi l'histoire du débat sur la distinction entre les faits et les valeurs qui élargit la précédente distinction entre *right* et *good*, les faits correspondant à des énoncés vrais ou faux et les valeurs étant bonnes ou mauvaises. Cette distinction est caractéristique du courant empiriste, dont David Hume, en s'inscrivant dans la tradition de John Locke, est l'un des représentants les plus éminents. D'un côté, pour le philosophe écossais, nous avons des faits empiriques, par exemple : une personne tuée intention-nellement, les traces des actions du meurtrier, le témoignage de ses sentiments et de ses motivations. De l'autre côté, nous avons le *vice*[2], qui ne se trouve pourtant nullement dans le monde extérieur : il appartient uniquement à notre esprit. Le bien et le mal sont des déterminations de l'esprit, et constituent l'un de ses ingrédients naturels ; c'est en cela, entre autres, que consiste le

traduction constitue de loin le meilleur choix dans le contexte tout à fait spécifique de la philosophie de Rawls, elle est très frustrante dans le contexte qui est le nôtre.

1. Cette formulation de l'opposition est une interprétation, car dans la version originale Socrate demande à Euthyphron, qui s'apprête à suivre à la lettre le comportement des dieux, si les choses sont bonnes parce qu'elles sont voulues des dieux, ou bien les dieux les veulent parce qu'elles sont bonnes.

2. Cf. *Traité de la nature humaine*, 1re partie, livre I.

naturalisme de Hume, dépourvu d'éléments étrangers, borné à la nature humaine et à tout ce qu'elle permet d'expliquer à propos de notre vie psychique et sociale, tant par les sciences que par la philosophie[1]. La connaissance procède par l'expérience, une expérience fragmentaire et imparfaite, et non par des constructions métaphysiques qui prétendraient envelopper la totalité. Ce que nous disons sur le monde peut être vrai ou faux, en revanche il n'y a pas grand sens à parler du vrai et du faux dans le contexte de nos sentiments[2], car ils expriment ce qui est en nous, et ne décrivent rien; d'un côté nous avons les questions de faits, et de l'autre – ce qui est perçu de ces faits, les impressions que nous en avons. Dans cette perspective (certes, simplifiée pour l'exemple), le monde des choses est dépourvu de valeur et peut être étudié en dehors de toute réflexion normative. Si éventuellement nous voulons passer des descriptions de ce qu'*est* le monde, à des suggestions à propos de la manière dont il *devrait être*, il faut en même temps justifier cette démarche, une simple apparence de déduction ne suffit pas[3]. Le renouveau empiriste au début du XXe siècle a repris ces idées de façon assez directe. Accompagné

1. « Le vrai naturalisme consiste à penser qu'on pense comme on respire », écrit Jocelyn Benoist (« Le naturalisme, avec ou sans le scepticisme ? » *Après Hume, Revue de métaphysique et de morale*, 2003/2, n° 38, p. 127-144, p. 143).

2. Notons qu'il ne s'agit pas ici de la phénoménologie du jugement moral, lequel pourrait être qualifié vrai ou faux relativement aux valeurs de la personne; je remercie Laurent Jaffro d'avoir attiré mon attention sur cette question.

3. *Cf.* la discussion sur le passage de *is* à *ought* in D. Hume, *Traité de la nature humaine, livre 3. La morale* (1739), trad. fr. Ph. Saltel, Paris, Flammarion, 1997, p. 65 : « puisque ce *devrait* ou *ne devrait pas* expriment une certaine relation ou affirmation nouvelle, il est nécessaire qu'elle soit soulignée et expliquée, et qu'en même temps soit donnée une raison de ce qui semble tout à fait inconcevable, à savoir, de quelle manière cette relation nouvelle peut être déduite d'autres relations qui en diffèrent du tout au tout ». Pour une analyse récente de cette idée de Hume et de son héritage, *cf.* Vanessa Nurock, « Doit-on guillotiner la loi de Hume ? », *in* P. Saltel, J.-P. Cléro (éd.), *Lectures de Hume*, Paris, Ellipses, 2009, p. 259-272.

par le renouveau du naturalisme, l'empirisme logique a élaboré ses propres doctrines en gardant à l'esprit la distinction ci-dessus (même si on peut critiquer les interprétations qui ont été faites de Hume).

De G. E. Moore à l'expressivisme

Moore est une figure étrange dans le contexte de la philosophie morale de ce début du XXᵉ siècle – naturaliste, certes, au sens général de Hume, pour qui nous n'avons pas besoin de tout un ensemble de constructions métaphysiques pour expliquer ce qui se passe dans le monde. Mais ce naturalisme ne s'applique pas à la morale. Cette idée se trouve dans le texte repris dans ce volume : le bien n'est pas une propriété naturelle, mais une propriété quand même et la réalité du bien fait que les jugements moraux peuvent être vrais ou faux. Cette conception du bien comme étant objectif et réel mais non explicable en termes de propriétés du monde physique, a été difficilement acceptée par les successeurs de Moore, en particulier par Alfred Ayer et les philosophes travaillant autour du Cercle de Vienne[1]. Cependant, le consensus sur la distinction entre les faits naturels et les valeurs semblait être acquis.

Le *Tractatus logico-philosophicus* de Ludwig Wittgenstein (1889-1951) qui exerça une influence majeure sur les membres du Cercle au début de leur activité, contenait quelques remarques claires concernant l'éthique : selon ce philosophe, il ne peut pas y avoir de propositions éthiques (6.42), car l'éthique ne peut pas être exprimée (6.421). Dans cette perspective, l'éthique (comme l'esthétique) est donc quelque chose de radicalement distinct du discours descriptif ordinaire ou scientifique. Elle n'entre plus dans les compétences du philosophe dont l'objet d'analyse est le

---

1. Cela sera examiné plus en détail dans la préface de la deuxième partie de ce livre.

discours doué de signification (vérifiable). Il était donc naturel
que le Cercle de Vienne à ses origines réservât prioritairement
ses intérêts philosophiques aux questions liées à la philosophie
des sciences[1]. Pour les membres du Cercle, tel Rudolf Carnap ou
Moritz Schlick, le discours sur la science se tient à deux niveaux.
D'abord, il y a les énoncés « protocolaires », des énoncés d'observation, qui ne font que décrire des expériences concrètes.
Ensuite, il y a les énoncés théoriques des sciences, qui peuvent se
vérifier, inductivement donc imparfaitement, par des séries
d'observations concrètes. Les faits donnés par l'expérience et
décrits par les énoncés protocolaires (formulés dans un langage
neutre) sont considérés comme exempts de toute déformation
théorique. La seule façon pour un énoncé d'être doué de
signification est d'être vérifiable – autrement dit, tout énoncé qui
n'est pas susceptible d'avoir un correspondant dans l'expérience
sensible n'est pas un énoncé réel.

Dans cette perspective, il est facile de noter que les énoncés
de la morale n'ayant pas de correspondants physiques indépendants ne peuvent être ni vrais ni faux, et donc ne sont pas de
vrais énoncés. Les jugements de valeur ne font qu'exprimer
les sentiments de celui qui les prononce, et ne décrivent pas le
monde. La sphère des descriptions empiriques de ce qui nous
entoure et la sphère des expressions des émotions à l'égard des
phénomènes sont donc clairement distinctes. L'expressivisme,
ou l'émotivisme, qui émergent de ces prises de position, ont été
représentés par le britannique A. J. Ayer (1910-1989), et par le
philosophe américain Ch. Stevenson (1908-1979); ce sont des
formes contemporaines du *non cognitivisme* : les jugements

---

1. *Cf.* notamment R. Carnap, H. Hahn, O. Neurath *et al.*, *Manifeste du Cercle
de Vienne et autres écrits*, 2ᵉ édition modifiée par A. Soulez, Paris, Vrin, 2010;
L'âge d'or de l'empirisme logique, C. Bonnet et P. Wagner (éd.), Paris, Gallimard,
2006; Fr. Schmitz, *Le Cercle de Vienne*, Paris, Vrin, 2009.

moraux n'expriment pas des connaissances. Mais ce sont également des formes de naturalisme, car ils laissent ouverte la possibilité d'expliquer toutes les émanations de la vie morale dans les termes des sciences de la nature. Cette dernière possibilité renforce cependant ce qui a été dit plus haut : le domaine moral s'inscrit en rupture avec les sciences de la nature, et ces dernières peuvent les prendre, dans une perspective axiologiquement neutre, comme objet d'étude.

La dichotomie ainsi instaurée au sein de la philosophie morale non seulement s'exprime dans une position cohérente et puissante, mais elle reste en harmonie avec la conception moderne de la philosophie de l'époque. Cependant les critiques se sont fait entendre très rapidement, et cela au sein même du Cercle de Vienne.

De Neurath à Putnam : la critique de la dichotomie

C'est Otto Neurath (1882-1945) qui a avancé les premières objections – l'un des membres fondateurs du Cercle de Vienne, et le premier qui ne s'intéressât pas uniquement aux sciences abstraites (logique, mathématiques, physique), mais aussi aux sciences sociales. Il s'est notamment penché sur les énoncés d'observation et sur leur prétendue neutralité par rapport à la théorie. Cette neutralité lui est apparue tout à fait illusoire, tout comme l'impression de pouvoir expliquer exactement comment le monde fonctionne. Pour lui, les sciences sont toutes plongées dans l'appareil conceptuel de leur époque, tant au niveau des énoncés observationnels que des énoncés théoriques[1]. Leur

---

1. « Lorsqu'on discute de la science, c'est d'un système d'énoncés qu'il s'agit. *Les énoncés sont comparés à d'autres énoncés* et non pas à des "expériences", au "monde" ou à quoi que ce soit d'autre », O. Neurath, « Soziologie im Physikalismus », *Erkenntnis* 2, 1931-1932, trad. fr. P. Jacob dans l'article « La controverse entre Neurath et Schlick », dans J. Sebestik, A. Soulez (éd.), *Le Cercle*

mission est avant tout de faire des prédictions utiles, et non pas de décrire le monde tel qu'il est. Cette conception s'attaquant aux fondements mêmes de l'empirisme logique a été ensuite reprise et développée par l'Américain W. V. O. Quine (1908-2000)[1]. Ce dernier, tout en développant cette conception pragmatiste de la philosophie des sciences, a été le principal moteur pour le retour d'un programme naturaliste fort au sein de la philosophie contemporaine, après l'échec du naturalisme associé au programme vérificationniste du Cercle de Vienne.

Sans adopter le naturalisme de Quine, Hilary Putnam (né en 1926) s'en est pris de façon systématique au problème de la dichotomie entre les faits et les valeurs, pour le résoudre semble-t-il définitivement[2]. Il situe le problème dans le fait que la dichotomie a toujours été étudiée au sein d'un groupe très restreint d'énoncés éthiques, sans examen des différentes formes de normativité qui fonctionnent dans d'autres domaines. Pour Putnam, il y a, certes, une distinction

> entre les jugements éthiques et les autres formes de jugements. Cela ne fait aucun doute de même qu'une distinction [...] doit être impérativement tracée entre les jugements chimiques et ceux qui n'appartiennent pas au domaine de la chimie. *Mais rien de métaphysique ne s'ensuit de l'existence d'une distinction fait/valeur dans ce sens (modeste)*[3].

de Vienne, doctrines et controverses, Paris, Klincksieck, 1986, p. 197-218, p. 202-203.

1. *Cf.* notamment Willard V. O. Quine, « Les deux dogmes de l'empirisme » (1951), dans Quine, *Du point de vue logique*, Paris, Vrin, 2003.

2. Cette solution n'est bien évidemment pas acceptée de façon unanime, mais demeure populaire notamment dans la tradition du réalisme moral, tant post-wittgensteinienne que de celle des vertus (*cf.* la 3ᵉ partie du présent livre).

3. H. Putnam, *The Collapse of the Fact/Value Dichotomy*, Harvard University Press, 2002, p. 19 ; trad. fr. M. Caveribière et J.-P. Cometti, *Fait/valeur : la fin d'un*

La dichotomie n'est pas « une *distinction*, mais une *thèse*, à savoir la thèse que l'"éthique" ne se rapporte pas à des "faits" » [1]. Qui plus est, elle est fondée sur une conception naïve du « fait », ébranlée par le développement des sciences (et de la philosophie des sciences) depuis la seconde moitié du vingtième siècle. Putnam sensibilise également le lecteur à la complexité de la position de Hume, qui, certes, s'intéressait à la capacité humaine d'entretenir des sentiments moraux de blâme ou d'approbation, mais n'excluait pas la morale dans son ensemble du domaine de la connaissance rationnelle, contrairement à ce que firent les empiristes logiques. Putnam s'inscrit de son côté dans la tradition pragmatiste, où les questions de la normativité « imprègnent la *totalité* de l'expérience » [2], bien qu'elles ne concernent pas toujours des valeurs morales.

La fin de la dichotomie entre les faits et les valeurs est reconnue dans d'autres traditions encore : dans le réalisme (*i.e.* l'idée selon laquelle il existe quelque chose dans le monde à quoi se réfèrent les énoncés moraux, partagée par John McDowell, Jonathan Dancy et David Wiggins), dans certaines formes de l'éthique des vertus (Philippa Foot) et, plus généralement, dans toute la tradition wittgensteinienne. La distinction reste toutefois valide dans plusieurs formes de l'expressivisme qui maintient que les énoncés moraux ne font qu'exprimer nos émotions et ne décrivent rien d'objectif dans le monde (Ayer), ou du scepticisme moral (John Mackie), ainsi que dans le prescriptivisme de Richard Hare [3]. Les arguments théoriques dans ce débat

dogme, et autres essais, Combas, Éditions de l'Éclat, 2004, p. 29 (nous citons désormais la traduction française).

1. *Ibid.*, p. 29.

2. *Ibid.*, p. 39.

3. Le prescriptivisme de Hare soutient que bien que les énoncés moraux ne visent pas à exprimer des propositions qui soient vraies ou fausses, donc ne décrivant pas le monde, elles ne sont pas les simples expressions de préférences

ont été enrichis par les résultats de recherches sur les émotions, grâce notamment aux philosophes Robert C. Solomon et Ronald de Sousa et au neurobiologiste Antonio Damasio. Ces auteurs développent des théories cognitives des émotions, en tentant de montrer que l'étanchéité de la distinction entre la raison et les émotions semble devenir une construction aujourd'hui obsolète.

ESQUISSE DU CONTENU DU VOLUME

Ce recueil contient trois parties, toutes correspondant à trois grands moments, trois grandes tendances s'exprimant dans la métaéthique des XXᵉ et XIXᵉ siècles. On peut le lire dans un ordre qui est en partie chronologique, mais il est en même temps clair qu'aucun de ces textes n'est plus daté qu'un autre. Ils gardent tous leur pertinence et inspirent encore des débats. Ils fournissent aussi le vocabulaire qui permettra au lecteur de disposer des outils nécessaires pour aborder les questions les plus contemporaines de la philosophie morale.

Après un texte introductif et toujours très actuel d'Aristote, il sera question des fondations de la connaissance morale : Sidgwick et Moore lancent une nouvelle façon d'aborder l'éthique, une façon informée et rigoureuse, quasiment scientifique. Cette conception idéalisée du travail du philosophe moral a été radicalement critiquée par leurs successeurs qui ont tenté de montrer que toute tentative de soumettre un domaine aussi flou et insaisissable que l'éthique aux exigences méthodologiques d'une science ou d'une philosophie est vouée à l'échec. Après Hume qui dénonçait l'illusion de l'éthique rationaliste en soulignant l'importance des sentiments, Ayer fait sortir l'éthique du champ

---

subjectives. Elles jouent le rôle de prescriptions : pour Richard M. Hare, ces prescriptions sont universelles et gouvernées par la raison plutôt que par les émotions (*cf.* R. M. Hare, *The Language of Morals*, Oxford, Clarendon, 1952).

de la spéculation philosophique, et Mackie montre que nos jugements moraux sont, systématiquement, des erreurs. Skorupski de son côté propose une solution hybride, joignant des éléments pertinents tirés des positions présentées dans les deux premières parties, en y ajoutant une réflexion originale sur la sémantique des propositions éthiques. Frankena ajoute à cela la critique du point de départ que s'était donné Moore, c'est-à-dire de sa prétendue réfutation du sophisme naturaliste. Tous ces textes ont formé un cadre dans lequel a émergé une série de nouveaux réalismes, dont témoigne la troisième partie de ce volume.

Ce recueil compte un grand absent, Emmanuel Kant et ceux qu'il a inspirés. Mais l'influence de Kant dans la métaéthique du XXe siècle est assez modeste dans le contexte qui nous intéresse. Certes, Henry Sidgwick (1838-1900) cite l'auteur de Königsberg parmi ses références principales, et les discussions sur la définition de la morale dans la seconde moitié du XXe siècle puisent dans les idées de Kant[1]. Néanmoins, les premiers philosophes analytiques travaillant sur l'éthique (donc G. E. Moore et A. J. Ayer) ainsi que l'école intuitionniste représentée par H. A. Prichard[2] (1871-1947) et W. D. Ross (1877-1971), étaient tous très critiques à l'égard de l'épistémologie kantienne. Et parce que tout projet métaéthique semble dépendre d'une réflexion épistémologique (portant sur la nature de notre connaissance), le désintérêt envers le kantisme est de ce fait répandu chez les philosophes qui nous intéressent ici.

1. Les travaux sur la normativité de Christine Korsgaard (née en 1952) en témoignent tout particulièrement, tout comme ceux de Derek Parfit (né en 1942, cf. son On What Matters, vol. 1 and vol. 2, Oxford, Oxford University Press, 2011), d'Onora O'Neill (née en 1941), et, dans une certaine mesure, de John McDowell et de John Skorupski, qui empruntent à Kant quelques notions, sans adopter pour autant les idées fondamentales du kantisme.

2. Cf. par exemple Harold A. Prichard, Kant's Theory of Knowledge, Oxford, Clarendon Press, 1909.

LA CONNAISSANCE MORALE

À LA RECHERCHE DE LA CONNAISSANCE

À la fin du XIXᵉ siècle, l'utilitarisme est un point de référence obligé pour tous les philosophes britanniques, qu'elles en proposent une version modifiée (Sidgwick) ou que, pour différentes raisons, elles en fassent la critique. En effet, une doctrine qui s'appuie sur l'observation de la nature de l'homme (dont la vie serait alors polarisée par la souffrance d'un côté et la recherche du plaisir de l'autre) pour en tirer des conséquences normatives (en disant que la théorie morale devrait viser la minimalisation de la souffrance pour le plus grand nombre de sujets), est, certes, puissante dans sa simplicité mais elle est aussi facilement attaquable à sa racine même. Les deux textes centraux de cette première partie présentent ces critiques que l'utilitarisme dut affronter, critiques classiques mais toutes deux remarquables. En effet, elles ne contestent pas la valeur morale de l'utilitarisme, mais sa valeur épistémologique. Aussi bien Sidgwick que Moore tentent de redéfinir le vocabulaire et la grammaire de la philosophie morale, constituant ainsi la métaéthique en un champ de recherche distinct. Ne prétendons pas qu'ils furent les premiers à le faire – nous avons déjà cité Hume, et il faut rappeler ici la démarche analytique d'Aristote, illustrée par le premier texte de cette partie. Ce n'est toutefois qu'avec ces deux auteurs britanniques que la réflexion se concentre presque exclusivement sur ce qu'est la morale ou l'éthique[1], et non plus sur la qualification des problèmes moraux. Tous deux pensaient que clarifier les difficultés et réduire les incohérences des systèmes éthiques existants constituait déjà un pas considérable dans le travail du philosophe moral, et que sur, ce terrain une fois ordonné, les contenus positifs de la moralité s'imposeraient tout naturellement. Certes, leurs analyses n'ont pas toujours été suivies par leurs successeurs. Mais de notre point de vue, la valeur principale de leurs travaux réside dans les défis méthodologiques qu'ils ont posés, et les textes présentés ici sont consacrés à ces questions.

HENRY SIDGWICK

La date symbolique marquant l'ouverture des recherches en langue anglaise sur la métaéthique est sans aucun doute 1874, l'année de la publication des *Methods of Ethics* de Henry Sidgwick (1838-1900), philosophe victorien travaillant à l'Université de Cambridge. Dans son *opus magnum* Sidgwick a pour ambition de se donner les moyens de mieux *connaître* le champ propre de la morale, prise dans ses raisonnements et ses jugements. Sidgwick pense que la moralité du sens commun est intuitivement proche d'une forme, rudimentaire et imparfaite, d'utilitarisme[2]. Mais ce qui l'intéresse n'est pas la construction d'un système nouveau, mais la prise au sérieux des intuitions déjà présentes et partagées par beaucoup. Ce projet se distingue de ce qui s'était fait auparavant, mais aussi de ce qui se fera ensuite, et la méthode de Sidgwick n'a été reprise que très

---

1. Nous tenons ces termes pour équivalents.

2. « Inchoately and imperfectly Utilitarian », H. Sidgwick, *Methods of Ethics*, Livre 4, chap. 3, sect. 2.

récemment par Derek Parfit[1]. Quoique s'inscrivant *de facto* dans la tradition utilitariste, Sidgwick critique l'argument de J. S. Mill (qui, après Jeremy Bentham, est l'un des fondateurs de cette doctrine), en soulignant que le fait que nous soyons à la recherche du plaisir ne veut pas dire que ce soit le plaisir qui *devrait être* la fin ultime de nos actions[2]. Les notions morales ne sont pas analysables en termes naturalistes et elles sont autonomes.

Même si Sidgwick est associé au courant utilitariste, il retrouve l'intuitionnisme[3] dans sa préférence pour le couple *right/wrong* plutôt que pour le couple *good/bad (evil)*, et c'est l'aspect interactionnel de l'éthique qui l'intéresse plus que son éventuelle transcendance. Effectivement, les questions sur *right*, le juste, sont des questions qui poussent à s'interroger sur les devoirs, les obligations, et les autres sortes de relations que nous avons avec autrui, alors que les questions sur le *bien* portent davantage sur des objets réputés indépendants des contingences interhumaines. Sidgwick s'écarte en même temps de l'intuitionnisme en l'accusant de donner trop d'importance à une notion psychologique, la faculté d'intuition. Pour le philosophe, cette question n'appartient pas au domaine de la science de la morale, « pas plus que la faculté mathématique [...] n'appartient aux mathématiques » (§ 3). Les considérations psychologiques quittent ainsi le domaine de compétence du philosophe.

---

1. « Mes deux maîtres sont Sidgwick et Kant », Derek Parfit, *Preface*, *in* Parfit, *On What Matters*, vol. 1, Oxford, OUP, 2011, p. xxxiii ; *cf.* également Allen Wood, « Humanity as End in Itself », in *On What Matters*, vol. 2, p. 58-82, p. 59.

2. Cela constitue un exemple classique de la critique du passage illégitime de *est* à *devrait être*, déjà dénoncé par Hume (*cf.* l'introduction à cet ouvrage). *Cf.* H. Sidgwick, *Methods...*, livre 1, chap. 8, sect. 1, Ross Harrison, « Utilitarians and Idealists », *in* Th. Baldwin (ed.), *The Cambridge History of Philosophy 1870–1945*, Cambridge, Cambridge University Press, 2003, p. 255-265.

3. Cette doctrine sera présentée à la fin de cette préface.

Le texte repris dans ce volume est le premier chapitre du premier livre des *Methods of Ethics*, chapitre qui annonce le projet de l'ouvrage. Sont d'abord exposés les types d'investigations à éviter quand on veut se pencher sur la question des méthodes qu'emploie le sens commun pour résoudre les difficultés éthiques qu'il rencontre. L'intention de Sidgwick n'est pas de proposer des thèses positives nouvelles, son entreprise est avant tout critique et correctrice. D'où le malaise qu'on ressenti ceux qui, après lui, tentèrent de se livrer à une exposé tranché de ses thèses et de les rattacher de manière univoque à une tradition philosophique. Le livre dans son ensemble est sans doute précieux, mais aussi très fastidieux. Pourtant, le chapitre-manifeste présenté ici dit des choses qui paraissent encore pertinentes aujourd'hui, notamment dans sa tentative d'expliquer la tâche que l'auteur s'assigne à lui-même en tant que théoricien de la morale. La démarche se veut scientifique et donc la plus neutre possible, sans que soit abandonné l'espoir de contribuer à la création d'un système normatif ultérieur. Le texte invite donc les éthiciens à examiner chaque étape de leur travail, à bien distinguer entre l'étape préliminaire de connaissance et l'étape où les propositions normatives sont posées. Il semble même que la décomposition consciente du travail éthique permette à celui qui suit le plan suggéré par Sidgwick d'effectuer le passage de *est* à *devrait être*, et d'éviter les difficultés posées par Hume.

G. E. MOORE

Étudiant de Sidgwick, G. E. Moore (1873-1958) s'est intéressé à la fois à la philosophie morale et à l'épistémologie. Avec Bertrand Russell (1872-1970), Moore est considéré comme l'un des fondateurs de la philosophie analytique britannique ; et l'on gardera à l'esprit son opposition au néo-idéalisme d'une partie de ses professeurs de Cambridge J. M. E. McTaggart en particulier)[1], et son attachement au sens commun. Moore a été important non seulement pour les philosophes professionnels, car son influence s'exerça au-delà de l'Université de Cambridge et atteignit en particulier le Cercle de Bloomsbury[2] qui réunissait des artistes et des intellectuels britanniques. Après son départ à la retraite, c'est Ludwig Wittgenstein (1889-1951) qui fut élu sur le poste de professeur laissé vacant.

Les *Principia Ethica* de G. E. Moore ont été publiés en 1903, date qui non seulement marquait le début du XXᵉ siècle, mais aussi le début de la philosophie analytique. Deux ans plus tard, Bertrand Russell publie son article révolutionnaire, « De la dénotation »[3]. Une nouvelle façon de pratiquer la philosophie commençait ainsi à s'affirmer, d'abord autour de Cambridge, ensuite à Vienne et à Lvov. Ce sont bien les *Principia* que l'on crédite comme le véritable commencement d'une nouvelle époque pour la philosophie morale, car, comme le note Stephen Darwall :

> après Moore, il est devenu possible de poursuivre des questions métaéthiques de façon entièrement indépendante des problèmes de l'éthique normative, tout comme il est devenu possible de se

1. *Cf.* G. E. Moore, « Refutation of Idealism », *Mind* 12, 1903, p. 433-453 (« Réfutation de l'idéalisme », trad. fr. dans F. Armengaud, *G. E Moore et la genèse de la philosophie analytique*, Paris, Klincksieck, 1985); « Proof of an External World », *Proceedings of the British Academy* 25 (1939), p. 273-300 (« Preuve qu'il y a un monde extérieur », trad. fr. J. Dutant, dans J. Dutant et P. Engel, *Textes clés de philosophie de la connaissance*, Paris, Vrin, 2005).

2. Bloomsbury s'intéressait cependant davantage à la théorie de la valeur intrinsèque de Moore (*cf.* le chap. 6 des *Principia*) plutôt qu'à la métaéthique.

3. B. Russell, « On Denoting », *Mind* 14, 1905, p. 479-493; *De la dénotation*, trad. fr. Ph. Devaux, Paris, A. Colin, 1971.

spécialiser dans ce domaine sans avoir pour autant d'intérêt quelconque pour les interrogations normatives[1].

La réflexion contemporaine sur l'éthique, telle qu'elle naît à l'occasion des *Principia Ethica* de Moore, s'érige en réaction contre l'éthique naturaliste. Par *éthique naturaliste*, nous comprenons naturellement les travaux avant tout de Herbert Spencer, mais également ceux de certains représentants plus anciens de l'utilitarisme. Ces mêmes courants furent critiqués par certains penseurs appartenant au courant intuitionniste, courant avec lequel Moore flirte en plusieurs endroits de son traité.

L'idée principale de ce livre est simple : l'éthique est une « enquête générale sur ce qui est bien ». En conséquence, tous les autres termes qui nous paraissent pertinents au sein du discours éthique sont réductibles à cette qualité ultime – le bien[2]. La première prise de position importante des *Principia* est sans doute la thèse selon laquelle il existe une propriété telle que la *goodness*[3], la bonté. Moore considère cette idée comme acquise, et si elle peut provoquer des problèmes philosophiques fondamentaux, elle ne le fait qu'au moment où l'on tente de définir cette propriété. La plus grande erreur consiste, selon Moore, à commettre à ce niveau le *sophisme naturaliste* et à croire que cette définition peut passer par l'identification de la propriété de

1. S. Darwall, « How Should Ethics Relate to Philosophy? Moore's Legacy », *in* T. Horgan, M. Timmons (eds), *Metaethics after Moore*, Oxford, OUP, 2006, p. 17-37, p. 19.

2. Emmanuel Halais rappelle l'ambiguïté grammaticale qui sous-tend ce *good* chez Moore – le terme est parfois employé en tant qu'adjectif, parfois en tant que substantif (*cf.* E. Halais « Moore, Sidgwick et McTaggart : le monde magnifique et le monde horrible », *Revue de métaphysique et de morale* 3/2006 (51), p. 335-348).

3. *Cf.* sur cette question Judith Jarvis Thompson, « The Legacy of *Principia* », *The Southern Journal of Philosophy* 41 (2003), p. 62-82 ; repris dans T. Horgan, M. Timmons, *Metaethics after Moore, op. cit.*, p. 233-254.

goodness à une certaine autre propriété (naturelle ou pas), par exemple le plaisir. Car si le plaisir est un bien, alors ce plaisir contient une propriété qui s'ajoute à son caractère plaisant, à savoir son caractère bon. Du point de vue linguistique, Moore trouve qu'il aurait été dépourvu de sens de dire que « plaisant » est ce qui définit « bon », alors qu'en même temps nous lisons sous la plume des utilitaristes que le plaisir est un bien. Il semble en effet que dire que quelque chose est bon implique qu'on admette d'un côté l'existence de ce quelque chose qu'est le plaisir et de l'autre côté l'existence de la propriété d'être bon. La bonté demeure alors pour Moore une propriété de référence, irréductible à aucune autre. Elle est aussi indéfinissable et fondamentale, et c'est à partir d'elle qu'on peut dériver d'autres propriétés, comme celle de rectitude, *rightness* (en cela Moore s'oppose à Sidgwick et aux intuitionnistes[1] plus généralement, pour qui c'est le *juste*, ce qu'il faut faire, ou ce qui est adéquat, qui était plus fondamental que le *bien*). L'analyse des concepts moraux[2] nous conduit à ce point de résistance où il n'y a plus rien à analyser, où nous nous trouvons devant un concept « atomique », le bien, la propriété d'être bon. Moore compare la notion de bien à celle de jaune : contrairement à la notion de cheval qui est facile à décomposer, la notion de jaune n'a pas d'éléments, elle est un atome de signification. Et même si, tout compte fait, la couleur jaune n'est qu'une illusion, et ses corrélats physiques sont décomposables, cette décomposition éventuelle ne change rien, selon Moore, à notre perception de la

1. Ce qui n'a pas empêché certains auteurs de qualifier la position de Moore d'intuitionnisme, parce que, selon Moore, c'est par l'intuition que nous connaissons le bien (*cf.* la préface aux *Principia* et G. J. Warnock, *Contemporary Moral Philosophy*, London, Macmillan, 1967 et le texte de W. Frankena plus loin).

2. Une introduction à la pensée de G. E. Moore, et notamment à sa conception de l'analyse, a été publiée par R. Daval, *Moore et la philosophie analytique*, Paris, P.U.F., 1997.

couleur en question, et ne nous permet pas de mieux la comprendre[1].

Indépendamment du danger lié au sophisme naturaliste et quelle que soit la propriété sur laquelle nous nous focalisons, la question de savoir si cette propriété est effectivement identique à la bonté reste ouverte. Ce dernier argument, connu sous le nom d'« argument de la question ouverte » (§ 13), défend plus explicitement encore la non-définissabilité du bien, ainsi que son caractère simple et fondamental. Certains pensent qu'étant donnée l'imperfection de la thèse du sophisme naturaliste (*cf.* l'article de Frankena ci-après), c'est l'argument de la question ouverte qui constitue le moment le plus fort du premier chapitre des *Principia*[2]. Il dit (ou semble dire) une chose d'une simplicité étonnante : identifier le bien à quelque chose d'autre (« le bien, c'est ce que je désire désirer ») est discutable, contrairement à des définitions-identifications évidentes en vertu de leur signification même. Cette identification est une proposition qui peut être contestée, et cette contestation n'est pas absurde. Comparons la question : « Ce que je désire désirer est-ce vraiment bien ? » et la question « Ce qui est rond n'est pas vraiment carré ? » La première ouvre le champ de la discussion, la seconde est étrange et plutôt inutile. L'identification du bien à quelque chose d'autre

1. Contrairement aux craintes du poète romantique John Keats exprimés dans son poème anti-newtonien *Lamia*, la compréhension physique des couleurs ne détruit pas, selon Moore, leur charme phénoménologique (« Do not all charms fly / At the mere touch of cold philosophy ? [...] / Philosophy will clip an Angel's wings, / Conquer all mysteries by rule and line, / Empty the haunted air, and gnomed mine –/ Unweave a rainbow, as it erewhile made »).

2. *Cf.* notamment Ph. Stratton-Lake, B. Hooker, « Scanlon versus Moore on Goodness », *in* Horgan, Timmons, *Metaethics after Moore*, *op. cit.*, p. 149-163 ; il faut noter en même temps que pour Ruwen Ogien, cet argument n'est qu'un corollaire au sophisme naturaliste, « une sorte de platitude » (R. Ogien, *Le réalisme moral*, Paris, P.U.F., 1999, p. 9) – la question de son importance reste donc encore, elle aussi, ouverte.

restera toujours une question ouverte, ce qui fait que le point de départ du naturaliste – l'envie de définir le bien – est un mauvais point de départ pour la philosophie morale (*cf.* le § 14).

INTUITIONNISME

Les *Principia Ethica* déterminèrent l'agenda de la philosophie morale pour le siècle qui s'ouvrait, avant tout grâce aux critiques que les thèses de cet ouvrage purent susciter. Les premières contestations importantes vinrent des représentants du renouveau intuitionniste dans la philosophie britannique. Puis ce fut le tour de Ludwig Wittgenstein et des positivistes logiques d'examiner les arguments des *Principia*. Avant de parler en détail de ces dernières critiques[1], il semble important de dire ici quelques mots des intuitionnistes, et cela pour deux raisons. Premièrement, ils étaient à la fois des réalistes et des cognitivistes (les propriétés morales ont une existence qui dépasse la subjectivité de chacun, et elles sont connaissables, et non seulement senties), contrairement aux critiques les plus célèbres des *Principia* (Ayer, Frankena). Deuxièmement, le renouveau intuitionniste (sous la forme du *particularisme moral* de Jonathan Dancy ou de l'antiantiréalisme de John McDowell) est l'un des éléments les plus intéressants du paysage métaéthique du début du XXIe siècle.

Dans ses *Methods of Ethics*, Sidgwick décrit l'intuitionnisme comme une doctrine selon laquelle « la fin pratiquement ultime des actions morales [est] leur conformité à certaines règles ou dictats du Devoir prescrit de façon inconditionnelle »[2], en ayant probablement à l'esprit le philosophe britannique

---

1. *Cf.* la préface à la deuxième partie.
2. H. Sidgwick, *The Methods of Ethics*, 7e édition, livre 1, chap. VIII, London, MacMillam, 1907, p. 96.

Richard Price (1723-1791). Les intuitionnistes du XXᵉ siècle ne sont toutefois pas aussi radicaux du point de vue du caractère inconditionnel des devoirs et des obligations et laissent à ces derniers une certaine souplesse d'application selon le contexte. H. A. Prichard et W. D. Ross considèrent la faculté d'intuition comme propre à toute personne, puisant dans sa mémoire, ses expériences personnelles, ses relations avec autrui. Nos connaissances émanant de cet ensemble nous permettent de saisir immédiatement la complexité de la situation morale concrète. Notre connaissance morale porte, dans cette perspective, plutôt sur les actions que nous devrions accomplir que sur les principes éthiques généraux. L'intuitionnisme est une « éthique de la perception ». De ce fait, l'intuitionnisme des années 1860-1920 est souvent assimilé au pluralisme, « le point de vue selon lequel il existe un grand nombre de principes moraux différents qui ne peuvent pas être ordonnés selon leur importance d'une façon qui aiderait à résoudre les éventuels conflits qui surgiraient entre eux »[1].

Le premier texte majeur de l'intuitionnisme postérieur aux *Principia* date de 1912[2], et son auteur est Harold Arthur Prichard (1871-1947), le « Moore d'Oxford »[3], personnage très influent de la deuxième université la plus importante du Royaume-Uni. L'article essaie de montrer que la frustration constante que nous éprouvons devant le caractère non définitif et incertain de l'enseignement labellisé « philosophie morale » vient du fait que

---

1. J. Dancy, « Intuitionism », *in* Peter Singer (ed.) *A Companion to Ethics*, Wiley-Blackwell, 1993, p. 411-420, p. 411.

2. H. A. Prichard, « Does Moral Philosophy Rest on a Mistake ? », *Mind* 21, 1912, p. 21-37 ; le deuxième texte le plus important des débuts de ce courant serait le livre de W. D. Ross, *The Right and the Good*, 1930.

3. L'expression vient de C. D. Broad, et est rappelée par J. Dancy, « From Intuitionism to Emotivism », *in* Th. Baldwin, *The Cambridge History of Philosophy 1870-1945*, *op. cit.*, p. 695-705, p. 695.

cette philosophie est fondée sur une erreur, une erreur peu originale d'ailleurs, car elle est tout à fait analogue à celle commise au sein de la « théorie de la connaissance ». Prichard note qu'en nous soumettant aux devoirs que nous reconnaissons comme importants, ce type de questions revient vers nous constamment : « Y a-t-il une raison pour laquelle je devrais agir selon les façons qui m'ont paru jusqu'à présent conformes à ce qu'il faut faire ? Ne se peut-il pas que je sois tout ce temps dans l'illusion ? » Ces questions appellent des réponses *fondatrices*, qui pourraient aider pour l'avenir à justifier toutes les actions moralement pertinentes. Pour Prichard, ce désir de fondation, présent dans quasiment tous les systèmes philosophiques, est à évincer. Il n'y a aucune raison de croire en l'existence d'un élément qui se retrouverait dans *toutes* les actions bonnes. C'est l'ensemble du contexte qui fait que certaines choses apparaissent comme relevant de ce « devoir » (au sens de : « je devrais »), et la motivation d'une action, l'élément fétiche de bien des philosophes moraux, n'a pas de place privilégiée dans l'évaluation de cette action. En conséquence, note Prichard, même si nous agissions de façon à faire ce que nous devons faire en vertu de motivations indépendantes du devoir (en payant nos impôts par peur d'une pénalité), nous ferions ce que nous *devons faire*[1] malgré tout. Faire ce qu'il faut faire ne nécessite pas la connaissance d'un bien – *right* est plus immédiat et relationnel que *good*, et parfois totalement suffisant du point de vue de nos actions.

Demander une preuve ou une justification définitive et indépendante du sens de l'obligation qui se présente à notre conscience, est une chose inutile et repose sur une conception

---

1. Cette position semble être l'exact opposé de la position kantienne : elle élargit le champ de l'action conforme au devoir au-delà de notre volonté, alors que Kant avait au contraire tendance à refuser le statut de « moralement bon » à tout ce qui était fait avec ne serait-ce minime considération des conséquences.

erronée de notre vie morale. Ainsi, selon Prichard, il serait vain de rechercher une philosophie morale qui soit capable d'exposer les règles de la vie bonne.

Malgré un accord initial qui unit des intuitionnistes tels que Prichard et Ross d'un côté et Moore de l'autre côté, touchant l'impossibilité d'assimiler le bien à une propriété naturelle quelconque, les approches doivent être considérées comme opposées. En effet, l'intuitionnisme au sens classique renferme au moins deux critiques importantes des *Principia*. En premier lieu, Prichard trouve déplacé le désir de Moore de fonder la « science éthique ». En second lieu, Moore aurait le tort de penser que ce qui est juste – *right* – découle de notre conception du *bien* et promeut le bien, ce dernier étant fondamental pour notre pensée éthique. Chez Prichard, il y a au moins deux types d'actions moralement pertinentes : celles qu'il faut accomplir, justes ou adéquates (*right actions*) et celles qui sont intrinsèquement bonnes (où ce qui nous intéresse est souvent avant tout leur motivation) : ces deux sphères doivent être pensées séparément, et n'y a pas de raisons pour présupposer ici l'existence d'un élément explicatif commun.

ARISTOTE

CRITIQUE DE LA THÉORIE PLATONICIENNE
DE L'IDÉE DU BIEN *

Il vaut mieux sans doute faire porter notre examen sur le Bien pris en général, et instituer une discussion sur ce qu'on entend par là, bien qu'une recherche de ce genre soit rendue difficile du fait que ce sont des amis qui ont introduit la doctrine des Idées. Mais on admettra peut-être qu'il est préférable, et c'est aussi pour nous une obligation, si nous voulons du moins sauvegarder la vérité, de sacrifier même nos sentiments personnels, surtout quand on est philosophe : vérité et amitié nous sont chères l'une et l'autre, mais c'est pour nous un devoir sacré d'accorder la préférence à la vérité.

Ceux qui ont apporté l'opinion dont nous parlons ne constituaient pas d'Idées des choses dans lesquelles ils admettaient de l'antérieur et du postérieur (et c'est la raison pour laquelle ils n'établissaient pas non plus d'Idée des nombres). Or le Bien s'affirme et dans l'essence et dans la qualité et dans la relation ; mais ce qui est en soi, la substance, possède une antériorité naturelle à la relation (laquelle est semblable à un

* Aristote, *Éthique à Nicomaque*, livre I, § 4, 1096*a*11–1097*a*14, trad. fr. J. Tricot, Paris, Vrin, 1997, p. 45-54.

rejeton et à un accident de l'Être). Il en résulte qu'il ne saurait y avoir quelque Idée commune pour ces choses-là.

En outre, puisque le Bien s'affirme d'autant de façons que l'Être (car il se dit dans la substance, par exemple Dieu et l'intellect, dans la qualité, comme les vertus, dans la quantité, comme la juste mesure, dans la relation, comme l'utile, dans le temps, comme l'occasion, dans le lieu, comme l'habitat, et ainsi de suite), il est clair qu'il ne saurait être quelque chose de commun, de général et d'un : car s'il l'était, il ne s'affirmerait pas de toutes les catégories, mais d'une seule.

De plus, puisque des choses tombant sous une seule Idée il n'y a aussi qu'une seule science, de tous les biens sans exception il ne devrait y avoir également qu'une science unique : or, en fait, les biens sont l'objet d'une multiplicité de sciences, même ceux qui tombent sous une seule catégorie : ainsi pour l'occasion, dans la guerre il y a la stratégie, et dans la maladie, la médecine ; pour la juste mesure, dans l'alimentation c'est la médecine, et dans les exercices fatigants c'est la gymnastique.

On pourrait se demander encore ce qu'en fin de compte les Platoniciens veulent dire par la *Chose en soi*, s'il est vrai que l'Homme en soi et l'homme répondent à une seule et même définition, à savoir celle de l'homme, car en tant qu'il s'agit de la notion d'homme il n'y aura aucune différence entre les deux cas. Mais s'il en est ainsi, il faudra en dire autant du Bien. Et ce n'est pas non plus parce qu'on l'aura rendu éternel que le Bien en soi sera davantage un bien, puisque une blancheur de longue durée n'est pas plus blanche qu'une blancheur éphémère. A cet égard les Pythagoriciens donnent l'impression de parler du Bien d'une façon plus plausible en posant l'Un dans la colonne des biens, et c'est d'ailleurs eux que Speusippe semble avoir suivis. Mais tous ces points doivent faire l'objet d'une autre discussion.

Quant à ce que nous avons dit ci-dessus, une incertitude se laisse entrevoir, du fait que les Platoniciens n'ont pas visé dans leurs paroles tous les biens, mais que seuls dépendent d'une Idée unique les biens qui sont poursuivis et aimés pour eux-mêmes, tandis que les biens qui assurent la production des premiers, ou leur conservation d'une façon ou d'une autre, ou encore qui empêchent l'action de leurs contraires, ne sont appelés des biens qu'à cause des premiers, et dans un sens secondaire. Évidemment alors, les biens seraient entendus en un double sens : d'une part, les choses qui sont des biens par elles-mêmes, et, d'autre part, celles qui ne sont des biens qu'en raison des précédentes. Ayant donc séparé les biens par eux-mêmes des biens simplement utiles, examinons si ces biens par soi sont appelés biens par référence à une Idée unique. Quelles sont les sortes de choses que nous devrons poser comme des biens en soi? Est-ce celles qu'on poursuit même isolées de tout le reste, comme la prudence, la vision, certains plaisirs et certains honneurs? Ces biens-là, en effet, même si nous les poursuivons en vue de quelque autre chose, on n'en doit pas moins les poser dans la classe des biens en soi. Ou bien est-ce qu'il n'y a aucun autre bien en soi que l'Idée du Bien? Il en résultera dans ce cas que la forme du Bien sera quelque chose de vide. Si on veut, au contraire, que les choses désignées plus haut fassent aussi partie des biens en soi, il faudra que la notion du Bien en soi se montre comme quelque chose d'identique en elles toutes, comme dans la neige et la céruse se retrouve la notion de la blancheur. Mais l'honneur, la prudence et le plaisir ont des définitions distinctes, et qui diffèrent précisément sous le rapport de la bonté elle-même. Le bien n'est donc pas quelque élément commun dépendant d'une Idée unique.

Mais alors en quel sens les biens sont-ils appelés du nom de *bien* ? Il ne semble pas, en tout cas, qu'on ait affaire à des homonymes accidentels. L'homonymie provient-elle alors de ce que tous les biens dérivent d'un seul bien ou de ce qu'ils concourent tous à un seul bien? Ne s'agirait-il pas plutôt d'une unité d'analogie : ainsi, ce que la vue est au corps, l'intellect l'est à

l'âme, et de même pour d'autres analogies ? Mais sans doute
sont-ce là des questions à laisser de côté pour le moment, car leur
examen détaillé serait plus approprié à une autre branche de la
philosophie. Même raison d'écarter ce qui a rapport à l'Idée. En
admettant même, en effet, qu'il y ait un seul Bien comme
prédicat commun à tous les biens, ou possédant l'existence
séparée et par soi, il est évident qu'il ne serait ni praticable, ni
accessible à l'homme, alors que le bien que nous cherchons
présentement c'est quelque chose qui soit à notre portée. Peut-
être pourrait-on croire qu'il est tout de même préférable de
connaître le Bien en soi, en vue de ces biens qui sont pour nous
accessibles et réalisables : ayant ainsi comme un modèle sous les
yeux, nous connaîtrons plus aisément, dira-t-on, les biens qui
sont à notre portée, et si nous les connaissons, nous les attein-
drons. Cet argument n'est pas sans quelque apparence de raison,
mais il semble en désaccord avec la façon dont procèdent les
sciences : si toutes les sciences en effet, tendent à quelque bien et
cherchent à combler ce qui les en sépare encore, elles laissent de
côté la connaissance du Bien en soi. Et pourtant ! Que tous les
gens de métier ignorent un secours d'une telle importance et ne
cherchent même pas à l'acquérir, voilà qui n'est guère vraisem-
blable ! On se demande aussi quel avantage un tisserand ou un
charpentier retirera pour son art de la connaissance de ce Bien en
soi, ou comment sera meilleur médecin ou meilleur général celui
qui aura contemplé l'Idée en elle-même : il est manifeste que ce
n'est pas de cette façon-là que le médecin observe la santé, mais
c'est la santé de l'être humain qu'il observe, ou même plutôt sans
doute la santé de tel homme déterminé, car c'est l'individu qui
fait l'objet de ses soins.

HENRY SIDGWICK

LES MÉTHODES DE L'ÉTHIQUE *

§ 1

Les frontières de ce que l'on appelle l'Éthique sont diversement conçues, et souvent de manière vague : mais elles seront peut-être assez définies, pour commencer, pour les besoins du présent traité, si par la « Méthode de l'Éthique » l'on comprend toute procédure rationnelle par laquelle nous déterminons ce que les êtres humains individuels devraient faire (*ought to*) – ou ce qu'il convient* (*right*)[1] pour eux de faire ou de s'efforcer de réaliser par une action volontaire. En utilisant le terme « individuel » je distingue de façon provisoire l'étude de l'Éthique de celle de la Politique, laquelle cherche de son côté à déterminer la constitution appropriée des sociétés gouvernées et la conduite publique qu'elles ont à observer : aussi bien l'Éthique que la Politique sont, à mon avis, distinctes des

* *The Methods of Ethics*, 7e édition, London, MacMillan, 1907, livre I, chap. 1, l'Introduction, p. 1-14. Traduction d'Anna Zielinska. Plusieurs autres extraits des *Méthodes de l'Éthique* ont été traduits en français dans le volume dirigé par Catherine Audard, *Anthologie historique et critique de l'utilitarisme*, vol. 2, Paris, P.U.F., 1999.

1. L'astérisque signale que le mot traduit ici est *right* ou *wrong*, ou *rightness* ou *wrongness*; *cf.* l'Introduction générale, p. 18-19 [N.d.T.].

sciences positives puisque leur objet spécifique et principal est de déterminer ce qui doit être, et non pas de décrire ce qui simplement est, était ou sera.

Celui qui étudie l'Éthique, cherche à parvenir à une connaissance générale, systématique et précise, de ce qui devrait être, et en ce sens ses objectifs et ses méthodes peuvent être correctement qualifiés de « scientifiques » : cependant, j'ai préféré dire de l'Éthique qu'elle est une étude (*study*) plutôt qu'une science, car on pense habituellement qu'une Science doit nécessairement avoir un terrain où le sujet de sa recherche existe réellement. Et de fait, le terme « Science éthique » pourrait, sans faire violence à l'usage, dénoter ou bien la partie de la Psychologie qui s'intéresse à l'action volontaire et à ses ressorts, ainsi qu'aux sentiments et aux jugements moraux considérés en tant que phénomènes réels de l'esprit humain pris individuellement, ou bien la partie de la Sociologie qui s'occupe des phénomènes similaires tels qu'ils se présentent chez les membres normaux des groupes organisés d'êtres humains que nous appelons *sociétés*. Nous observons cependant que la plupart des personnes ne poursuivent point ces études pour simplement contenter leur curiosité, afin d'établir ce qui existe réellement, a existé ou existera dans l'avenir. Elles veulent habituellement non seulement comprendre l'action humaine, mais également la régler ; c'est dans cette perspective qu'elles appliquent les idées de « bien » et de « mal », ainsi que celles de « rectitude »* et de son contraire* à la conduite ou aux institutions qu'ils décrivent ; ils passent ainsi, dirais-je, du point de vue de la Psychologie ou de la Sociologie à celui de l'Éthique ou de la Politique. La définition de l'Éthique que je donne vise à faire apparaître clairement l'importance fondamentale de cette transition. Il est vrai que l'implication mutuelle des deux types d'études – positive et pratique – est, et cela dans n'importe quelle théorie, très étroite et complète. Dans toute théorie, il est nécessaire que notre opinion sur ce qui devrait être soit dérivée, dans une large mesure et en détail, de notre appréhension de ce qui est; les moyens permettant de réaliser notre idéal ne peuvent être exhaustivement appris qu'à travers une étude attentive des phénomènes réels. Pour tout individu qui se pose la question de savoir « Que devrais-je faire ou que devrais-je viser? », il est important d'examiner les réponses que ses semblables ont effectivement données à des questions similaires. Il reste que la tentative d'établir les lois générales ou les régularités au moyen desquelles la variété des conduites humaines, des sentiments et des jugements des hommes à l'égard de ces conduites peut être expliquée, est essentiellement différente de la tentative de déterminer laquelle parmi ces conduites variées est juste* et lesquels de ces divers jugements sont valides. C'est donc le traitement systématique de ces dernières questions qui constitue, à mon avis, l'objectif particulier et distinct de l'Éthique et de la Politique.

§ 2

Le langage utilisé dans la section précédente ne m'a pas permis d'éviter de prendre en compte deux manières différentes de formuler le problème fondamental de l'Éthique; la différence entre elles conduit, comme nous allons le voir, à des conséquences d'une certaine importance. L'Éthique est parfois considérée comme la recherche des vraies lois de la Morale ou des préceptes rationnels de Conduite, et parfois comme l'étude de la nature de la Fin Ultime de l'action humaine raisonnable – le Bien ou le « Véritable Bien » de l'homme – et sur la méthode pour l'atteindre. Ces deux points de vue sont connus, et devront être attentivement considérés : toutefois le premier semble à la fois plus présent dans la pensée éthique contemporaine et plus facilement applicable aux systèmes éthiques contemporains en général. Car le Bien examiné par l'Éthique est limité au Bien que

les hommes peuvent atteindre à quelque degré par leurs efforts ;
par conséquent, la connaissance de la fin est recherchée afin
d'établir les actions constituant les moyens adéquats* pour
atteindre ce Bien. Ainsi, quelle que soit l'importance de la notion
de Bien Ultime – autre que l'action volontaire en général – au
sein d'un système éthique, et quelle que soit l'interprétation qui
puisse être donnée à cette notion, nous devons malgré tout parvenir, s'il faut lui donner une utilité pratique, à une détermination
des préceptes ou des règles directrices de la conduite.

D'un autre côté, la conception de l'Éthique comme étant
essentiellement une recherche du « Bien Ultime » de l'Homme et
des moyens de l'atteindre n'est pas universellement applicable,
sans trop la déformer, à la conception de la Moralité que nous
pourrions qualifier correctement d'Intuitionniste. Selon cette
dernière, la conduite est considérée comme droite* quand elle est
conforme à certains préceptes du Devoir, dont on connaît intuitivement la force inconditionnellement contraignante. Suivant
cette position, la conception du Bien Ultime n'est pas nécessairement d'une importance fondamentale dans la détermination
de la Conduite droite*, sauf si l'on pose que la Conduite droite*
elle-même – ou le caractère réalisé et développé à travers cette
conduite droite – est le seul Bien Ultime de l'Homme. Mais la
conception Intuitionniste de l'Éthique n'implique pas cette
thèse qui ne s'accorderait pas non plus, je présume, avec le sens
commun moral des communautés chrétiennes modernes. Car
nous pensons d'habitude que la notion complète du Bien humain,
ou du Bien-être, doit inclure aussi bien l'accès au Bonheur
que l'exercice du Devoir. Et cela même si nous soutenons avec
Butler que « le bonheur du monde est le domaine de Celui qui est

le Seigneur et le Propriétaire du monde »[1], et que, conformément à cela, il ne faut* pas que les hommes conditionnent leur exercice du Devoir à la certitude que celui-ci les conduit au Bonheur. Aux yeux de ceux qui soutiennent cette idée, ce que les hommes devraient prendre comme la fin pratique ultime de leur action et comme le standard de la conduite droite* peut dans certains cas n'avoir aucune connexion logique avec la conception du Bien Ultime de l'homme. En conséquence, dans ce type de cas, quelque indispensable que soit cette dernière conception pour la complétude d'un système éthique, elle n'aurait toujours pas d'importance pour la détermination méthodique de la conduite droite*.

C'est en raison de la prédominance de la position intuitionniste citée plus haut et de la place proéminente qu'elle occupe en conséquence dans ma discussion que j'ai évité, en définissant l'Éthique, l'expression « Art de se conduire », que certains jugeraient pourtant être une désignation plus appropriée. Car le terme « Art », appliqué au contenu du présent traité, semble signifier le savoir explicite et systématique (comme distinct du savoir implicite ou d'une habitude organisée que nous appelons *compétence*) des bons* moyens pour atteindre une fin donnée[2]. En effet, si nous admettons que la rectitude* (*rightness*) d'une action dépend de la manière dont elle conduit à une fin ultérieure quelconque, alors sans aucun doute – si seulement cette fin a été clairement établie – le processus de détermination des bonnes règles de conduite pour les êtres humains dans des

1. Joseph Butler, Dissertation « Of the Nature of Virtue », in *The Analogy of Religion Natural and Revealed, to the Constitution and Course of Nature* (1736), John Beecroft, 1771, p. 465.
2. Pour savoir plus sur les usages du terme « art » en philosophie morale, *cf.* Aristote, *Ethique à Nicomaque*, II, 3, trad. fr. J. Tricot, Paris, Vrin, 1990, p. 97-100 [N.d. T.].

relations et des circonstances différentes tomberait naturellement sous la notion d'Art. Mais conformément au point de vue
selon lequel la fin effectivement ultime de l'action morale est la
Rectitude* de l'action elle-même – ou la Vertu qui se trouve réalisée et confirmée par une telle action – et que cela se sait de
façon intuitive dans chaque cas ou classe de cas, nous pouvons
difficilement considérer le terme « Art » comme approprié pour
la systématisation d'un tel savoir. Ainsi, puisque je ne souhaite
guère commencer par une présupposition qui soit incompatible
avec cette dernière position, je préfère considérer l'Éthique
comme une science ou une étude de ce qui est droit ou juste* ou
de ce qui devrait être, dans la mesure où cela dépend de l'action
délibérée des individus.

§ 3

Si, toutefois, cette conception de la portée de l'Éthique est
acceptée, se pose la question de savoir pourquoi elle est couramment comprise comme consistant, dans une large mesure, en des
discussions psychologiques sur la « nature de la faculté morale »,
d'autant plus que j'ai cru bon moi-même d'inclure une discussion de ce type dans le présent ouvrage. Car il n'est pas immédiatement clair pourquoi cela devrait appartenir à l'Éthique, pas
plus que les discussions sur la faculté mathématique ou la faculté
de la perception sensible appartiennent, respectivement, aux
mathématiques ou à la physique. Pourquoi ne commençons-nous
pas simplement par quelques prémisses, en établissant ce qui
devrait être fait ou recherché, sans examiner la faculté au moyen
de laquelle nous appréhendons leur vérité ?

On pourrait répondre que le moraliste a un but pratique : nous
désirons savoir qu'est une conduite droite* afin de pouvoir
agir en conséquence. Or, nous ne pouvons pas nous empêcher de
croire ce que nous trouvons vrai, mais nous pouvons nous retenir

de faire ce que nous trouvons juste* ou sage, et en réalité nous faisons souvent ce que nous savons mauvais ou insensé : nous sommes alors forcés de constater en nous l'existence de ressorts d'action qui sont irrationnels et qui entrent en conflit avec ce que nous savons au point d'en empêcher la mise en œuvre pratique. L'imperfection même du rapport entre notre jugement pratique et notre volonté nous pousse à rechercher une connaissance plus précise de la nature de ce rapport.

Ce n'est pas tout. Les hommes ne demandent jamais : « Pourquoi devrais-je croire en ce que je trouve vrai ? », mais ils demandent souvent : « Pourquoi devrais-je faire ce que je trouve juste* ? » On peut facilement répondre que cette question est futile, car on ne pourrait y répondre qu'en se référant à un autre principe de la conduite droite* qui serait reconnu par ailleurs, et la question pourrait alors être reposée à nouveau, et ainsi de suite. Nous la posons toutefois largement et continuellement, et la démonstration de sa futilité n'est en conséquence pas entièrement satisfaisante : qui plus est, nous exigeons une explication de sa persistance.

Une explication qui pourrait être avancée est que, étant donné que nous sommes poussés vers l'action non par le seul jugement moral, mais également par des désirs et des inclinations qui opèrent de façon indépendante du jugement moral, la réponse que nous cherchons vraiment à la question « Pourquoi faire ceci ? », est celle qui non seulement prouve qu'une certaine action est droite*, mais qui éveille en nous une inclination forte à l'effectuer.

Que cette explication puisse être vraie pour certains esprits qui se trouvent dans certains états, je ne saurais nullement le nier. Je pense toutefois que quand un homme se pose sérieusement la question de savoir pourquoi il devrait faire quoi que ce soit, il suppose habituellement en lui-même une détermination à adopter toute conduite que tel ou tel argument rend raisonnable, même si elle va à l'encontre de ce que ses inclinations non-rationnelles pourraient encourager. Qui plus est, nous sommes généralement d'accord que la conduite raisonnable doit être, dans tous les cas, déterminée en fonction de principes. Dans l'application de ces derniers, l'inclination de l'agent – telle qu'elle existe indépendamment de cette détermination – n'est qu'un élément parmi d'autres à prendre en compte, et nullement central dans la plupart de cas. Quand nous demandons pourtant quels sont ces principes, la diversité des réponses que nous trouvons explicitement dans les systèmes et les formules fondamentales des moralistes patentés, semble se retrouver de fait dans les raisonnements pratiques ordinaires des hommes en général ; avec cette différence que le philosophe cherche l'unité du principe et la cohérence de la méthode face au risque de paradoxe, alors que le non-philosophe est capable de soutenir différents principes à la fois et d'appliquer des méthodes combinées de façon plus ou moins confuse. S'il en est ainsi, nous pouvons proposer une autre explication à la persistance de cette demande insatisfaite d'une raison ultime qu'on a décrite ci-dessus. Car, s'il y a différentes conceptions du caractère ultimement raisonnable de la conduite qui sont implicites dans la pensée de l'homme ordinaire, sans être en même temps mises clairement en relation entre elles, il est facile de voir que toute réponse simple à la question « pourquoi » ne sera pas complètement satisfaisante, car elle sera donnée seulement d'un de ces points de vue et laissera toujours de la place pour poser la question d'un autre point de vue.

Je suis moi-même convaincu que cela constitue l'explication principale de ce phénomène, et c'est sur cette conviction que le plan du présent traité repose. Nous ne pouvons pas, bien évidemment, considérer comme valides les raisonnements conduisant à des conclusions contradictoires ; je tiens pour un postulat fondamental de l'Éthique que, face à deux méthodes entrant en conflit, l'une ou l'autre d'entre elles doit être modifiée ou rejetée. Je pense en même temps qu'il est fondamentalement important de reconnaître, au seuil de l'enquête éthique, que la pensée pratique ordinaire puise dans une diversité de méthodes.

§ 4

Quelles sont alors ces différentes méthodes? Quels sont les principes pratiques différents que le sens commun des hommes est, *prima facie*, prêt à accepter comme ultimes? Il nous faut rester prudents dans nos réponses à ces questions, car il nous arrive souvent de prescrire que ceci ou cela « devrait » être fait ou poursuivi sans que nous nous référions expressément à une fin ultérieure, alors qu'une telle fin est tacitement présupposée. Il est évident que ces prescriptions ne sont, comme le dit Kant, que des impératifs hypothétiques; elles ne s'adressent guère à celui qui, au préalable, n'aurait pas accepté la fin en question.

Par exemple : celui qui enseigne un art présuppose que son élève veut produire le produit de cet art, ou le produire de manière excellente : il lui dit ainsi qu'il devrait tenir différemment la hache, le marteau, le pinceau. Un médecin présuppose que son patient veut la santé : il lui dit qu'il devrait se lever tôt, de vivre pleinement, de s'adonner à des exercices. Si le patient préfère délibérément la facilité à la santé et est un bon vivant, les préceptes du médecin s'effondrent : ils ne s'adressent plus à lui. Ainsi, encore une fois, un homme du monde assume que ses auditeurs ont le souci de leur vie en société, quand il expose les règles concernant la tenue vestimentaire, les bonnes manières, la conversation et les habitudes de vie. Un point de vue similaire peut être adopté de façon plausible touchant certaines règles qui prescrivent ce qu'on appelle parfois des « devoirs envers soi-même » : on peut alors dire qu'elles sont avancées sur la supposition que l'homme en question considère son propre

Bonheur comme la fin ultime. Si quelqu'un était suffisamment exceptionnel pour ne pas s'intéresser au bonheur, il n'entrerait simplement pas dans leur registre : bref, le « devrait » dans une telle formule est toujours implicitement relatif à une fin optionnelle.

Il ne me semble pourtant pas que ce compte rendu de la question soit exhaustif. Ce n'est pas simplement avec indifférence que nous regardons celui qui refuse d'adopter les moyens propres à lui faire atteindre le bonheur, en donnant pour seule raison son désintérêt pour celui-ci. La plupart des hommes considéreraient un tel refus comme irrationnel, et cela avec une certaine désapprobation ; ils approuveraient implicitement les propos de Butler déclarant que « l'intérêt, le bonheur propre, est une obligation manifeste »[1]. En d'autres mots, ils penseraient que l'homme devrait se soucier de son propre bonheur. Le terme « devrait » n'est plus relatif : le bonheur apparaît à présent comme une fin ultime, dont la poursuite – au moins dans les limites imposées par d'autres devoirs – apparaît comme étant prescrite par la raison de façon « catégorique », comme le dirait Kant, c'est-à-dire sans aucune présupposition tacite d'une fin ultérieure. On a communément soutenu, même parmi les moralistes orthodoxes, que toute la moralité se fonde ultimement sur « l'amour de soi raisonnable »[2], autrement dit que ses règles sont ultimement contraignantes pour un individu seulement dans la mesure où il est dans son intérêt en général de les suivre.

Toujours est-il que l'opinion morale courante regarde le devoir ou la vertu de prudence seulement comme une part – qui n'est guère la plus importante – du devoir ou de la vertu en

---

1. *The Works of Joseph Butler*, vol. II : Sermons, etc., W. E. Gladstone (ed.), p. 13 ; repris dans *British moralists : 1650-1800. II, Hume – Bentham*, D. D. Raphael (ed.), Oxford, Clarendon Press, 1969, p. 380.

2. La phrase est de Butler.

général. L'opinion morale courante reconnaît et inculque d'autres règles fondamentales, comme celle de Justice, de Bonne Foi, de Véracité ; et dans ses jugements ordinaires dans des cas particuliers, elle a tendance à traiter ces règles comme contraignantes sans aucune réserve et sans égard aux conséquences ultérieures. Dans la forme ordinaire de la conception intuitionniste de l'éthique, la prescription « catégorique » de telles règles est maintenue explicitement et définitivement, comme un résultat de la réflexion philosophique. En même temps, la réalisation de la vertu en acte – au moins dans le cas des vertus citées ci-dessus – est comprise comme consistant en une conformité stricte et irrévocable à de telles règles.

D'un autre côté, nombre d'utilitaristes affirment que toutes les règles de conduite que les hommes se prescrivent mutuellement comme des règles morales, sont effectivement – bien qu'en partie inconsciemment – prescrites comme des moyens en vue du bonheur général de l'humanité, ou de l'ensemble des êtres sensibles. Qui plus est, les utilitaristes pensent plus généralement que ces règles, quelle que soit leur origine, ne sont valides que dans la mesure où le fait de les suivre conduit au bonheur général. J'examinerai plus loin cette affirmation avec l'attention qu'elle mérite. Ici, je me contenterai de signaler que si le devoir de viser le bonheur général est compris comme incluant tous les autres devoirs comme autant d'applications subordonnées, il semble alors que nous soyons encore une fois conduits vers la notion de Bonheur pris comme une fin ultime catégoriquement prescrite ; la seule chose qui change est qu'il s'agit à présent du bonheur général et non pas du bonheur privé d'un individu. C'est en tout cas la manière dont j'interprète moi-même le principe utilitariste.

En même temps, dans cette recherche méthodique d'une conduite droite, considérée relativement à cette fin soit du bonheur privé soit du bonheur général, il n'est pas nécessaire de poser que la fin elle-même est déterminée ou prescrite par la raison : la seule chose qu'il faille poser dans un raisonnement conduisant à des conclusions pratiques qui soient convaincantes, est que cette fin est adoptée en tant qu'ultime et suprême. Car si un homme accepte une fin quelconque comme ultime et suprême, il accepte implicitement comme sa « méthode d'éthique » tout raisonnement qui le rend capable de déterminer les actions qui conduisent le mieux à cette fin. Néanmoins, à toute différence entre les fins acceptées correspond généralement au moins un petit changement dans la méthode. Si toutes les fins que les hommes sont susceptibles d'adopter en pratique comme ultimes (en subordonnant toute autre chose à leur effort pour les atteindre, sous l'influence des « passions dominantes »[1]) – si toutes ces fins, dis-je, devaient être prises en compte comme des principes à partir desquels quiconque étudie l'éthique se devrait de construire des méthodes rationnelles, la tâche serait alors très complexe et étendue. Toutefois, si nous nous limitons aux fins que le sens commun des hommes semble accepter comme des fins rationnelles ultimes, alors la tâche se trouve réduite, je crois, à une dimension maîtrisable, car ce critère exclura au moins un certain nombre d'objets que les hommes semblent considérer en pratique comme suprêmes. Ainsi, de nombreux hommes sacrifient santé, bonheur et fortune à la Gloire ; mais à ma connaissance, personne n'a délibérément soutenu que la Gloire

---

1. *Ruling passions* est une expression idiomatique et courante d'une part, et technique de l'autre. Dans le langage courant, elle désigne les éléments qui déterminent nos intérêts et notre personnalité, éventuellement les « obsessions » ordinaires. Le terme devient technique à partir du moment où il entre dans le débat entre ceux qui pensent que c'est la raison qui nous guide du point de vue moral, et ceux qui soulignent le rôle dominant des passions morales ; ainsi, en 1998, Simon Blackburn a donné à son ouvrage le titre *Ruling Passions* (Oxford, Clarendon Press), où il tente de défendre un certain scepticisme à l'égard de la raison dans la morale, même si sa position se veut modérée) [N.d. T.].

soit un objet qu'il est raisonnable de chercher pour lui-même. Elle se recommande auprès de ceux qui réfléchissent en se présentant 1) soit comme une source de bonheur pour la personne qui l'obtient ; 2) soit comme un signe de son excellence, morale ou intellectuelle ; 3) soit parce qu'elle témoigne des bienfaits que cette personne a rendus à la société, et qu'elle l'incite, elle mais aussi les autres à suivre ce chemin dans l'avenir ; et cette notion de « bienfait », si on l'examinait à son tour, nous conduirait de nouveau au bonheur ou à l'excellence de la nature humaine, puisqu'un homme est habituellement considéré comme rendant un bienfait aux autres soit en les rendant plus heureux soit en les portant à plus de sagesse ou de vertu.

La question de savoir si, outre ces deux fins, il en existe d'autres qui pourraient être raisonnablement considérées comme ultimes, sera le sujet de notre recherche par la suite ; disons pour l'instant que *prima facie* les seules fins soutenues fortement et fréquemment comme rationnelles et *ultimes* sont les deux que nous venons de citer, le Bonheur et la Perfection, ou l'Excellence, de la nature humaine. Par l'« excellence », nous n'entendons pas ici une supériorité par rapport aux autres, mais la réalisation partielle, ou l'approche d'un type idéal de la Perfection humaine. Et nous devons noter que l'adoption de la première de ces fins nous conduit vers deux méthodes *prima facie* distinctes, en fonction de la recherche d'une réalisation soit universelle soit individuelle. Bien que sans aucun doute un homme puisse souvent promouvoir au mieux son propre bonheur en œuvrant ou en s'abstenant en faveur des autres, il semble toutefois que la notion commune que nous avons du sacrifice de soi entraîne l'idée selon laquelle les actions qui conduisent le plus vers le bonheur général ne tendent pas toujours – au moins pas dans ce monde – vers le plus grand bonheur de l'agent.

Qui plus est, parmi ceux qui maintiennent que « le bonheur est le but et la fin de notre existence »[1], nous rencontrons une différence fondamentale d'opinion quant à savoir à qui devrait appartenir le bonheur qu'il est ultimement raisonnable de viser. Car pour certains il semble que « la fin continuellement propre de l'action soit, de la part de chaque individu, au moment de cette action, son plus grand bonheur réel à partir de ce moment et jusqu'à la fin de sa vie »[2], alors que d'autres disent que le point de vue de la raison est essentiellement universel, et donc qu'on ne saurait raisonnablement prendre comme fin dernière et suprême le bonheur d'un individu plutôt que d'un autre, et cela d'autant moins si les deux ont les mêmes mérites et les mêmes chances de l'atteindre. Le bonheur général doit être alors le « vrai standard de ce qui est droit* et de ce qui ne l'est pas dans le champ de la morale » tout autant qu'en politique[3]. Il est bien sûr possible d'adopter une fin intermédiaire entre les deux, et viser le bonheur d'une partie limitée de l'humanité, telle que sa famille, sa nation ou sa race. Toute limitation de ce type semble pourtant arbitraire et, probablement, peu nombreux sont ceux qui en maintiendraient le caractère raisonnable *per se*, sauf en tant que façon la plus praticable de viser le bonheur général ou de sécuriser indirectement son bonheur propre.

Il semble en être autrement avec l'Excellence ou la Perfection. À première vue, en effet, les mêmes solutions se présentent : il semble que l'Excellence en tant que fin puisse

1. L'expression presque exacte vient d'Alexander Pope, qui commence ainsi le quatrième « Epître » de son *Essai sur l'homme* (trad. fr. É. de Silhouette, Paris, Grangé, 1773, p. 219) [N.d. T.].

2. Jeremy Bentham, *The Works of Jeremy Bentham*, vol. 10, *Memoirs Part I and Correspondence*, J. Bowring (ed.), Edinburgh, William Tait, 1843, p. 560.

3. C'est de nouveau Bentham, *Memoirs*, p. 79. *Cf.* la note à la fin du livre I, chap. VI. Les utilitaristes depuis Bentham ont considéré comme principal parfois l'un parfois l'autre de ces principes.

être considérée soit individuellement soit universellement. On peut aussi imaginer des circonstances dans lesquelles un homme serait susceptible de penser que ce n'est qu'en sacrifiant sa propre Excellence qu'il peut favoriser le mieux celle des autres. Mais parmi les moralistes qui considèrent l'Excellence comme la fin dernière, aucun n'a approuvé un tel sacrifice, au moins en ce qui concerne l'excellence morale, et nul n'a engagé un individu à promouvoir la vertu des autres, à moins que cette promotion ne soit compatible avec ou plutôt comprise dans la réalisation complète de la vertu en lui-même. Jusqu'à ce point, donc, il ne semble pas nécessaire d'introduire une distinction dans la méthode de déterminer la conduite droite* selon qu'elle adopte comme sa fin ultime l'excellence ou la perfection de l'individu ou de la communauté humaine ne se fait guère sentir. Et puisque la vertu est communément comprise comme étant l'élément le plus précieux de l'excellence humaine – et comme un élément essentiellement préférable à tout autre pouvant entrer en compétition dans la perspective du choix rationnel – toute méthode adoptant la perfection ou l'excellence de la nature humaine comme sa fin dernière coïncidera *prima facie* dans une large mesure avec celle qui est fondée sur ce que j'ai qualifié de vue intuitionniste; je me suis en conséquence décidé à la traiter comme une forme particulière de cette dernière. Parmi les deux méthodes adoptant le bonheur comme la fin dernière, il serait utile de distinguer l'hédonisme égoïste d'un côté, et l'hédonisme universaliste de l'autre. Et puisque c'est le dernier des deux qui, enseigné par Bentham et ses successeurs, est plus couramment reconnu sous le nom d'«utilitarisme», je limiterai désormais toujours mon usage de ce terme à cette signification. En ce qui concerne l'hédonisme égoïste, il est un peu difficile de trouver un terme unique qui soit parfaitement approprié. Je le qualifierai souvent simplement d'*égoïsme* : il serait pourtant parfois utile de l'appeler *épicurisme*, car même si ce nom dénote davantage un système historique particulier, il est souvent employé en un sens plus large, celui dans lequel je souhaite l'utiliser.

§ 5

La dernière phrase appelle une autre explication que nous ferons pour la clarté de l'exposition; cette explication portera toutefois sur le plan et l'objectif du présent traité plutôt que sur la nature et les frontières de l'éthique telle qu'elle est habituellement entendue.

Il existe plusieurs façons reconnues de traiter de cette question, dont je ne souhaiterais pourtant adopter aucune. Nous pouvons commencer par des systèmes existants, et soit les étudier historiquement, en en retraçant les modifications à travers les siècles, soit les comparer et les classer selon leurs relations de ressemblance, ou en critiquant leur cohérence interne. Nous pouvons encore chercher à augmenter le nombre de ces systèmes et prétendre avoir enfin trouvé, après tant d'efforts vains, *la* vraie théorie, par rapport à laquelle toutes les autres peuvent être désormais mises à l'épreuve. Le présent livre ne contient ni l'exposition d'un système, ni l'histoire naturelle ou l'histoire critique des systèmes. J'y ai tenté de définir et de révéler non pas une unique méthode de l'éthique, mais plusieurs; en même temps, ces diverses méthodes ne sont pas ici étudiées historiquement, comme des méthodes qui furent effectivement employées ou proposées pour régler la pratique humaine, mais plutôt comme des solutions possibles parmi lesquelles – tant qu'elles ne peuvent pas être réconciliées – l'esprit humain me semble être nécessairement contraint à choisir quand il tente de concevoir une synthèse complète des maximes pratiques et d'agir de manière parfaitement cohérente. Elles pourraient peut-être être qualifiées de méthodes naturelles rationalisées, car les hommes semblent d'ordinaire se diriger par un mélange de différentes méthodes, plus ou moins dissimulées sous les ambiguïtés du langage. Les impulsions ou les principes qui sont à l'origine des différentes méthodes, les différentes prétentions à la rationalité émises par les différentes fins sont admis jusqu'à un certain point par tous les esprits. Et comme ces différentes prétentions s'accompagnent d'un besoin d'harmonisation – car, comme cela a déjà été dit, c'est un postulat de la Raison Pratique que deux règles d'action antinomiques ne puissent pas être toutes les deux raisonnables – il en résulte habituellement soit un mélange confus, soit une réconciliation forcée et prématurée, des différents principes et méthodes. Les systèmes proposés par les moralistes déclarés n'ont pas été non plus exempts des mêmes défauts. Les auteurs ont habituellement procédé à la synthèse sans faire l'analyse adéquate; l'exigence pratique pour la synthèse a été ressentie comme plus urgente que le besoin théorique de la seconde. Car ici comme ailleurs, le développement de la théorie de l'Éthique semblerait quelque peu ralenti par la prépondérance des considérations pratiques, et peut-être est-il à souhaiter que l'étude théorique de la conduite droite* soit plus complètement détachée de son application pratique, même du point de vue de cette dernière, puisque le traitement conjoint de ce qui relève de la science et de ce qui relève de l'exhortation est susceptible de faire manquer les deux résultats qu'on espérait réunir. Le mélange est déconcertant pour le cerveau et point stimulant pour le cœur. Ainsi de nouveau, je suis enclin à penser qu'ici, tout comme dans les autres sciences, il serait avantageux de tracer une ligne la plus nette possible entre le connu et l'inconnu, car indiquer clairement le problème irrésolu c'est déjà faire un pas vers sa solution. Dans certains traités éthiques a cependant persisté une tendance à ignorer les difficultés de ce sujet et à les tenir hors de vue, soit inconsciemment, en vertu de la conviction latente selon laquelle les questions auxquelles l'auteur ne sait pas donner de réponse satisfaisante doivent être des questions qu'on ne devrait pas poser, soit consciemment, par la crainte de ne pas pouvoir répandre la moralité dans les esprits de ses lecteurs. Cette dernière précaution bien intentionnée se défait souvent d'elle-même : les difficultés ainsi dissimulées dans la présentation sont susceptibles de réapparaître dans la controverse, où elles ne seront plus soigneusement délimitées, mais se révéleront magnifiées à des fins polémiques. Nous avons donc d'un côté une réconciliation vague et opaque, et de l'autre une exagération décousue et aléatoire des divergences, et aucun de ces procédés ne saurait dissiper l'imprécision et l'ambiguïté originelles qui menacent les notions fondamentales de nos raisonnements pratiques communs. Éliminer ou réduire cette imprécision et cette confusion, voici la seule fin immédiate que je me suis proposée dans le présent travail. Pour que cette tâche soit bien exécutée, je me suis abstenu d'avancer expressément une solution complète et définitive aux difficultés et controverses éthiques majeures qui transformerait cette exposition de diverses méthodes dans le développement d'un système harmonieux. En même temps, j'espère apporter de mon aide à la construction d'un tel système, car il semble plus aisé de juger des relations mutuelles et des postulats conflictuels relevant de différents modes de pensée, après une recherche impartiale et rigoureuse des conclusions auxquelles ils conduisent logiquement. Il n'est pas rare, quand on réfléchit sur les principes pratiques, de trouver que, quelle que soit l'assurance avec laquelle ils semblent commander notre assentiment, et quelle que soit la familiarité et la clarté apparentes des notions dont ils sont composés – il n'est pas rare, dis-je, de les voir s'altérer et prendre un aspect quelque peu douteux, après qu'on a examiné soigneusement les conséquences qui s'ensuivraient si on venait à les adopter. Il semble en vérité que la plupart des principes pratiques qui ont été sérieusement avancés sont plus ou moins satisfaisants pour le sens commun de l'humanité, tant qu'ils sont seuls à occuper le terrain.

Ils trouvent tous une réponse dans notre nature : toutes leurs présomptions fondamentales, nous sommes prêts à les accepter et nous les voyons gouverner, jusqu'à un certain point, notre conduite habituelle. Quand on me demande, « Pensez-vous qu'il est ultimement raisonnable de chercher son plaisir et d'éviter la souffrance ? », « N'avez-vous pas de sens moral ? », « Ne proclamez-vous pas intuitivement certaines actions comme droites* et d'autres non* ? », « Ne reconnaissez-vous pas le bonheur général comme fin suprême ? » Je réponds « oui » à toutes ces questions. Ma difficulté commence au moment où je dois choisir entre ces différents principes ou les différentes inférences qui en sont tirées. Nous admettons, quand ils entrent en conflit, qu'il est nécessaire de faire ce choix et qu'il est irrationnel de laisser s'imposer tantôt ce principe tantôt un autre ; mais cette nécessité est douloureuse. Qu'espérer sinon que toutes les méthodes finissent par coïncider ; et que, quoi qu'il en soit, avant de faire notre choix, nous puissions raisonnablement former le souhait de posséder la connaissance la plus complète possible de chacune d'entre elles.

Ainsi, mon objet dans le présent travail sera d'exposer aussi clairement et aussi complètement que mes propres limites le permettront, les méthodes différentes de l'Éthique que je trouve implicites dans nos raisonnements moraux ordinaires, de marquer leurs relations, et là où elles semblent entrer en conflit, de définir, dans la mesure du possible, ce qui est en jeu. Au cours de cette entreprise, je serai amené à discuter des points qui, selon moi, devraient être décisifs pour déterminer les premiers principes éthiques à adopter, même si, encore une fois, il n'est pas dans mon intention principale d'établir de tels principes, ni de fournir de guide pratique de conduite. J'ai souhaité attirer l'attention du lecteur sur les procédés plutôt que sur les résultats de la pensée éthique, et je n'ai en conséquence jamais posée comme mienne aucune conclusion positive pratique, sinon à titre d'illustration. De même, je ne me suis jamais aventuré à décider dogmatiquement d'une controverse quelconque, sauf là où elle semblait émerger d'un manque de précision ou de clarté dans la définition des principes, ou d'un manque de cohérence dans le raisonnement.

G. E. MOORE

LE SUJET DE L'ÉTHIQUE *

[Le § 6 s'achève par l'annonce de la position que Moore va
défendre, notamment dans les § 7, 10 et 14 : « les propositions
parlant du bien sont toutes synthétiques et ne sont jamais
analytiques, et cette remarque n'est nullement triviale. [...] si
j'ai raison, personne ne pourra nous imposer un axiome tel que
"le plaisir est le seul bien", ou que "le bien est ce qui est désiré",
sous prétexte qu'il s'agit de "la signification même de ce
terme" ».]

§ 7

Réfléchissons alors à cette position. Je voudrais dire ici que
« bon » est une notion simple, tout comme « jaune » est une
notion simple ; j'entends par là que, tout comme on ne peut
expliquer à quiconque ne le sait pas encore ce qu'est le jaune,
quels que soient les moyens utilisés, on ne peut pas non plus
expliquer ce qu'est le bon. Les définitions comme celles que je
tentais de formuler, les définitions qui décrivent la nature réelle

---

* George Edward Moore, extraits du premier chapitre des *Principia Ethica*
(1903), édité par Thomas Baldwin, Cambridge, Cambridge University Press,
1993, p. 59-72. Traduction d'Anna Zielinska. Les passages entre crochets
résument les fragments du texte de Moore non retenus faute de place.

d'un objet ou d'une notion dénotés par un mot, qui ne se contentent pas de nous dire ce que le mot signifie habituellement, ne sont possibles que si les objets ou notions en question sont quelque chose de complexe. On peut donner la définition d'un cheval puisque celui-ci a de nombreuses propriétés et qualités différentes, qui peuvent être énumérées. Mais une fois toutes ces qualités énumérées, une fois le cheval réduit à ses termes les plus simples, ces derniers ne peuvent plus être définis. Ils sont simplement quelque chose à quoi l'on pense ou qu'on perçoit, mais dont on ne pourra jamais faire connaître la nature, par quelque définition que ce soit, à celui qui ne peut ni les penser, ni les percevoir. À cela, on rétorquera peut-être que nous sommes capables de décrire aux autres les objets qu'ils n'ont jamais vus ou auxquels ils n'ont jamais pensé. Nous pouvons par exemple faire comprendre à quelqu'un ce qu'est une chimère, bien qu'il n'en ait jamais vu, ni entendu parler. On pourrait lui dire qu'il s'agit d'un animal dont la tête et le corps sont ceux d'une lionne, avec en plus une tête de chèvre au milieu du dos et un serpent à la place de la queue. Mais ici, l'objet qui est décrit est un objet complexe ; composé entièrement de parties qui nous sont toutes parfaitement familières : un serpent, une chèvre, une lionne. Nous savons également comment ces parties sont censées être assemblées, parce que nous savons ce qui est entendu par le milieu du dos de la lionne, tout comme par l'endroit où sa queue se trouve habituellement. Il en est de même avec tous les objets inconnus jusqu'alors que nous sommes capables de définir : ils sont tous complexes, tous composés de parties, qui peuvent elles-mêmes, en première instance, être susceptibles d'une définition similaire, mais qui doivent être finalement réductibles aux parties les plus simples, elles-mêmes impossibles à définir. Mais le jaune et le bon, disons-nous, ne sont pas complexes : ce sont des notions du genre simple, elles composent les définitions et c'est avec elles que le pouvoir de définir davantage s'arrête. [...]

[Dans le § 8, Moore ajoute qu'aucun adjectif ne peut être substitué à « bon » (*good*), et c'est dans ce sens que la notion reste indéfinissable ; « *le* bien » (the *good*) en revanche est susceptible d'une définition, précise le § 9.]

§ 10

Ainsi, « bon », si nous comprenons par là cette qualité que nous affirmons appartenir à une chose lorsque nous la qualifions de bonne, n'est susceptible d'aucune définition, au sens le plus important de ce terme. Le sens le plus important de la définition est celui où la définition détermine quelles sont les parties qui composent un certain tout, et cela de façon invariable ; c'est en ce sens que « bon » n'a pas de définition, car il est simple et de ce fait dépourvu de parties. Il s'agit là de l'un de ces innombrables objets de pensée qui ne peuvent pas eux-mêmes être définis, parce que ce sont les termes élémentaires à partir desquels tout ce qui *est* définissable doit être défini. Il est évident qu'il doit y avoir un nombre indéfini de tels termes, quand on y pense ; nous ne pouvons définir autrement qu'en analysant, et cette analyse, quand nous la conduisons aussi loin que possible, nous renvoie à quelque chose qui est tout simplement différent de quoi que ce soit d'autre. Cette différence ultime y explique alors la spécificité d'un tout que nous sommes en train de définir, car ces totalités contiennent des parties qui sont communes à d'autres totalités encore. Il n'y a donc guère de difficulté intrinsèque dans l'idée selon laquelle « bon » dénote une qualité simple et indéfinissable. Il existe bien d'autres qualités de ce type.

Prenez le jaune par exemple. Nous pourrions tenter de le définir en décrivant son équivalent physique ; nous pourrions également déterminer le genre de vibrations lumineuses qui doivent stimuler un œil normal pour que nous puissions percevoir le jaune. Mais un instant de réflexion suffit pour montrer que ces vibrations lumineuses ne sont pas ce que nous entendons par jaune. Ce ne sont pas *elles* que nous percevons. En effet, nous n'aurions jamais pu découvrir leur existence si nous n'avions pas été d'abord frappés par une différence de qualité flagrante entre les différentes couleurs. Ce que nous pouvons dire au plus de ces vibrations est qu'elles sont ce qui, dans l'espace, correspond au jaune que nous percevons effectivement.

Pourtant, c'est bien une erreur aussi simple que l'on commet souvent à propos de «bon». Que toutes les choses qui sont bonnes sont *aussi* quelque chose d'autre peut être vrai, tout comme il est vrai que toutes les choses qui sont jaunes produisent un certain genre de vibration dans la lumière. Et c'est un fait que l'éthique vise à découvrir quelles sont ces autres propriétés qui appartiennent à toutes les choses bonnes. Mais bien trop de philosophes pensent que lorsqu'ils nomment ces autres propriétés, ils sont alors effectivement en train de définir bon ; que ces propriétés, en réalité, n'étaient pas «autres» tout simplement, mais qu'elles étaient absolument et entièrement les mêmes que la bonté. Je propose de qualifier cette démarche de «sophisme naturaliste», et je m'efforcerai dans ce qui suit de l'écarter.

[Dans le § 11, Moore énumère les positions d'autres philosophes, sans les nommer, qui identifient bon avec, par exemple, agréable ou désiré. Le débat entre ces deux possibilités lui paraît alors vain dans la mesure où il est impossible de le soumettre à une analyse philosophique à proprement parler : on entre nécessairement dans des débats psychologiques. Il n'est pas non plus théoriquement satisfaisant de se contenter d'énumérer les usages existants. Moore donne ensuite (§ 12) d'autres exemples du sophisme naturaliste, en expliquant notam-ment qu'il serait très peu pertinent de dire que «tout ce qui est jaune *signifie* exactement la même chose que jaune». S'il y a un sens à dire qu'augmenter le plaisir équivaut à augmenter la vie (comme le voulait Herbert Spencer dans son éthique), c'est précisément parce que « bon *signifie* quelque chose d'autre que vie ou plaisir ».

Dans le § 13, Moore réfute deux thèses : celle d'une éventuelle complexité de « bon » et celle de sa redondance (donc de son manque de signification). Ainsi, chaque fois qu'on dit de quelque chose de complexe que c'est cela qui est bon (*e. g.* : « Ce que nous désirons désirer est bon »), on peut toujours poser une question supplémentaire qui sera douée de sens : « Est-il véritablement bon de désirer *A* ? ». Cela veut dire qu'il s'agit là de deux prédicats différents, désignant une propriété complexe d'un côté, et une propriété simple (« bon ») de l'autre. La question de définir « bon » est une *question ouverte* du point de vue de sa construction dans notre langue, et l'on ne peut pas raisonnablement prétendre que ce prédicat soit exactement identique à un autre. En ce qui concerne la prétendue redondance, selon laquelle la proposition « Le plaisir est le bien » ne fait qu'énoncer l'identité du plaisir et du bien, les deux étant des notions simples, un procédé analogue devrait s'appliquer. En effet, la question « Le plaisir, après tout, est-il bon ? » a un sens clair dans notre langage, et il est différent de celui de la question « Le plaisir est-il plaisant ? » En conséquence, le terme moral « bon » (comme l'expression « ayant une valeur intrinsèque ») se réfère à une propriété simple et différente de toutes les autres propriétés citées.]

§ 14

« Bon » est donc indéfinissable ; et pourtant, à ma connaissance, il n'y a qu'un seul auteur en éthique, le Professeur Henry Sidgwick, qui ait clairement reconnu et constaté ce fait. Nous verrons en effet combien les systèmes éthiques les plus réputés échouent, pour la plupart, à tirer les conséquences qui découlent de ce constat. Pour l'instant, je me contenterai de citer une source qui servira à illustrer la signification et l'importance du principe selon lequel « bon » est une notion indéfinissable, ou, comme le formule le Professeur Sidgwick, « inanalysable » [1,2].

« Bentham », dit Sidgwick, « explique que son principe fondamental "déclare le plus grand bonheur de tous ceux dont l'intérêt est en question comme étant une fin juste* et propre de l'action humaine" ». Et pourtant, « son langage dans d'autres passages du même chapitre semblerait impliquer qu'il *veut dire* par le mot "juste"* "qui conduit au bonheur général" ». Le Professeur Sidgwick voit que, si l'on prend ces déclarations ensemble, l'on obtient le résultat absurde selon lequel « le plus grand bonheur est la fin de l'action humaine, ce qui conduit au bonheur général »; il lui paraît tellement absurde d'appeler ce résultat, à l'instar de Bentham, « le principe fondamental du système moral » qu'il va jusqu'à suggérer que Bentham ne pouvait pas vouloir dire cela. Pourtant, le Prof. Sidgwick déclare lui-même dans un autre endroit[3] qu'il « n'est pas rare de

---

1. *Methods of Ethics*, livre I, chap. III, § 1 (6ᵉ éd.).

2. Il s'agit là d'une interprétation contestable de Sidgwick. Non seulement ces mots exacts ne se trouvent pas dans son livre, mais l'idée même du caractère indéfinissable de « bon » va à l'encontre de son insistance sur le caractère fondamental (et en effet indéfinissable) des termes comme « devrait » (*ought to*) ou « juste » (*right*). Qui plus est, Sidgwick avait tendance à bel et bien *définir* « bon » comme « désirable par des êtres rationnels ». On trouve chez lui un passage éclairant à propos de la simplicité des notions morales, où il se réfère à la difficulté de définir la rectitude (*rightness*) en termes naturels, car la notion même de nature non seulement ne semble pas susceptible de pouvoir fonder le premier principe, mais elle n'a pas non plus la simplicité intuitive qui pourrait lui aider à accomplir ce rôle. Sidgwick écrit : « Il me semble que parmi toutes les définitions du "naturel" qui ont été proposées jusqu'alors, aucune ne montre que cette notion puisse être vraiment capable de fournir un premier principe moral indépendant. Et personne ne soutient que "naturel", tout comme "beau", à la fois indéfinissable mais pourtant clair, dérive d'une impression simple et inanalysable. Je ne vois donc pas comment on pourrait en extraire un critère pratique défini de la rectitude des actions » (*The Methods of Ethics*, *op. cit.* livre I, chap. VI, § 2, p. 83) [N.d. T.].

3. *Methods of Ethics*, liv. I chap. IV, § 1 (6ᵉ éd.).

confondre l'hédonisme psychologique avec l'hédonisme égoïste »; comme nous le verrons, cette confusion repose principalement sur le même sophisme, le sophisme naturaliste, qui est également présent dans les thèses de Bentham. Le Professeur Sidgwick reconnaît donc que l'on commet parfois ce sophisme, aussi absurde soit-il; je suis moi-même enclin à penser que Bentham fait partie de ceux qui en sont coupables. Mill, nous le verrons, l'est certainement. En tous les cas, que Bentham le soit aussi ou non, sa doctrine, telle qu'elle est formulée plus haut, nous servira de très bonne illustration de ce sophisme, et de l'importance de son contraire (bon n'est pas définissable).

Examinons donc cette doctrine. Bentham semble supposer (*imply*), selon le Prof. Sidgwick, que le mot « juste »* *signifie* « qui conduit au bonheur général ». En soi, ce constat n'entraîne pas nécessairement de sophisme naturaliste. En effet, le mot « juste »* est tout à fait approprié aux actions conduisant à atteindre ce qui est bon, ou que l'on considère comme des *moyens* pour atteindre un idéal, et non comme des *fins* en soi. Cet usage de « juste », comme dénotant ce qui est bon en tant que moyen (qu'il soit bon ou pas en tant que fin), est en effet l'usage auquel je vais restreindre ce terme. Si Bentham avait employé « juste »* en ce sens, ce pourrait être tout à fait cohérent pour lui de *définir* ce terme comme « conduisant vers le bonheur général », *pourvu seulement* (et cette précision est importante) qu'il ait déjà prouvé ou posé comme axiome l'idée selon laquelle le bonheur général est *le* bien (*the good*), ou (ce qui est équivalent) que seul le bonheur général est bon. Car dans ce cas, il aurait déjà défini *le* bien comme étant le bonheur général (une position tout à fait compatible, nous l'avons vu, avec l'idée que « bon » est indéfinissable), et puisque juste* devait être défini comme « conduisant vers *le* bien », il *signifierait* alors réellement « conduisant vers le bonheur général ». Mais cette méthode pour se prémunir contre l'accusation de sophisme naturaliste a été écartée par

Bentham lui-même. Car son principe fondamental est, comme nous le voyons, que le plus grand bonheur de tous ceux qui sont concernés constitue la *fin* propre et *juste** de l'action humaine. Il applique donc le mot « juste »* à la fin en tant que telle, et pas seulement aux moyens qui y conduisent ; de ce fait, juste* ne peut plus être défini comme « conduisant vers le bonheur général » sans risquer d'entraîner le sophisme en question. Car il est désormais évident que la définition de juste* comme conduisant au bonheur général peut être utilisée par Bentham pour soutenir le principe fondamental selon lequel le bonheur général est la juste* fin, plutôt que de l'en faire dériver. Si, par définition, juste* signifie « conduisant au bonheur général », il est alors clair que le bonheur général est la fin juste*. Il n'est pas nécessaire de prouver ou d'affirmer d'abord que le bonheur général est la juste fin*, avant de définir juste comme « conduisant au bonheur général » – une procédure parfaitement valable ; mais, au contraire, définir le juste* comme conduisant au bonheur général prouve que le bonheur général est la fin juste* – ce qui est parfaitement invalide. En effet ici, l'énoncé selon lequel « le bonheur général est la fin juste* de l'action humaine » n'est pas du tout un principe éthique, mais il s'agit, comme nous l'avons vu, soit d'une proposition portant sur la signification des mots, soit d'une proposition portant sur la *nature* du bonheur général ; elle ne porte ni sur sa rectitude* ni sur sa bonté.

En revanche, je ne voudrais pas qu'on se méprenne sur l'importance que j'accorde à ce sophisme. Le fait de le découvrir ne réfute nullement la thèse de Bentham selon laquelle le plus grand bonheur constitue la fin propre de l'action humaine, si cela est compris comme une proposition éthique, conformément sans doute à son intention. Ce principe peut être vrai en même temps ; nous devrions nous interroger sur cette question dans les chapitres à venir. Bentham aurait pu le soutenir, comme le fait de son côté le Professeur Sidgwick, même si le sophisme lui avait été signalé. Ce que je soutiens ici est l'idée suivante : les *raisons* qu'il donne effectivement en faveur de sa proposition éthique sont fallacieuses tant qu'elles consistent à définir « juste »*. Je suggère donc qu'il ne les a pas perçues ainsi ; que s'il l'avait fait, il aurait alors été amené à chercher d'autres raisons en faveur de son utilitarisme ; enfin, je suggère que s'il avait cherché d'autres raisons, il n'aurait pas pu en trouver une qu'il aurait considérée comme suffisante. Dans ce cas, il aurait changé tout son système – la conséquence est d'une importance majeure. Il est sans doute également possible qu'il aurait perçu d'autres raisons comme suffisantes, mais dans ce cas, son système éthique, du point de vue de ses résultats centraux, aurait été préservé. Mais même dans ce dernier cas, son usage du sophisme aurait été une objection sérieuse contre lui en tant que philosophe éthique. Car, et je dois insister sur ce point, l'éthique devrait viser non seulement à obtenir des résultats vrais, mais également à en donner des raisons valides. L'objet direct de l'éthique est la connaissance, et non la pratique ; et celui qui se sert du sophisme naturaliste n'atteint certainement pas ce premier objectif, aussi corrects que puissent être ses principes pratiques.

Mes objections au naturalisme sont donc, en premier lieu, son incapacité à fournir des raisons, sans même parler de raisons valides, à quelque principe éthique que ce soit ; il échoue ainsi à satisfaire la première exigence de l'éthique en tant qu'étude scientifique. En second lieu, je suis toutefois prêt à admettre que, bien qu'il ne puisse fournir de raison à aucun principe éthique, il est la *cause* de l'acceptation des faux principes – il leurre l'esprit en l'amenant à accepter des principes éthiques qui sont faux ; et ceci s'oppose à tous les objectifs de l'éthique. Il est facile de voir que si nous commençons avec une définition de la conduite juste* comme conduite qui mène au bonheur général, alors, en sachant que la conduite juste mène universellement au bien (*the good*), nous arrivons facilement à la conclusion selon laquelle le bien est le bonheur général. Si, d'un autre côté, nous reconnaissons une fois pour toutes que nous devons commencer notre éthique sans définition, nous serons plus à même de regarder attentivement autour de nous avant d'adopter un principe éthique quelconque, et plus nous regardons ainsi, moins nous sommes susceptibles d'en adopter un faux. On pourrait répondre : Oui, mais nous devrions regarder autour de nous avant de fixer notre choix sur une définition, et nous aurons ainsi tout autant de chances d'y voir juste. Toutefois, j'essaierai de montrer que ce n'est pas le cas. Si nous partons de la conviction selon laquelle la définition de bon peut être trouvée, nous commençons alors avec la conviction selon laquelle le bien peut ne signifier rien d'autre qu'une certaine propriété des choses, et notre seul souci sera alors de découvrir quelle est cette propriété. Mais si nous reconnaissons, dans la mesure où il s'agit de trouver la signification de bon, que tout et n'importe quoi puisse être bon, nous partons avec un esprit bien plus ouvert. De plus, outre le fait que lorsque nous pensons avoir une définition, nous ne pouvons pas défendre nos principes éthiques en se référant à une quelconque logique, notre capacité de les défendre correctement sera encore moindre, même si nous mettons la logique de côté. Car nous commencerons ainsi notre entreprise avec la conviction que bon doit signifier ceci ou cela, et nous serons en conséquence enclins soit à ne pas comprendre les arguments de notre adversaire, soit à les trancher avec la réponse : « Ceci n'est pas une question ouverte : la signification même du mot en décide ; personne ne peut penser autrement, sauf par erreur ».

WILLIAM FRANKENA

LE SOPHISME NATURALISTE *

Pour le futur historien de « la pensée et de l'expression » du
vingtième siècle, il sera sans doute divertissant de noter l'habile
stratagème avec lequel certains adeptes des controverses philosophiques du premier quart de siècle qualifient le point de vue de
leurs adversaires de « sophisme ». Cet historien pourra même
faire la liste de tous les prétendus sophismes [1] pour la consonance
des titres que leur ont attribués leurs inventeurs : le sophisme de
la prédication initiale, le sophisme de la simple localisation, le
sophisme de la réification [2], le sophisme naturaliste.

De tous ces sophismes, réels ou supposés, le plus connu est
sans doute le sophisme naturaliste. Car les adeptes d'un certain
genre de théorie éthique, prédominante en Angleterre et bien

* William Klaas Frankena, « The Naturalistic Fallacy », *Mind* 48, *New Series*,
No. 192 (1939), p. 464-477. Traduction de Ronan Sharkey. Le traducteur tient à
remercier Etienne Fouquet et Anne Bouts pour leur aide inestimable dans
l'élaboration de la version française du présent article.

1. Le terme correspondant en anglais, *fallacy*, n'a pas le caractère de chercher
à induire en erreur que peut avoir « sophisme » en français, nous avons cependant
généralement gardé sophisme afin de conserver la distinction avec erreur qui se
trouve par ailleurs dans le texte. De plus il est dit dans le texte que certains s'en
servent comme d'une arme [N.d. T.].

2. « The fallacy of misplaced concreteness », expression de Whitehead
[N.d. T.].

représentée en Amérique – qu'on appelle objectivisme, non-naturalisme ou intuitionnisme –, ont souvent accusé leurs adversaires de commettre le sophisme naturaliste. Certains de ces adversaires ont fortement récusé cette accusation, d'autres y ont au moins fait allusion, et en fin de compte la notion de sophisme naturaliste a pris beaucoup d'importance dans la littérature éthique. Pourtant, malgré sa notoriété, le sophisme naturaliste n'a jamais été examiné à fond et, pour cette raison, j'ai décidé de l'étudier dans cet article. J'espère à l'occasion clarifier certaines confusions qu'on a pu faire concernant le sophisme naturaliste, mais je veux surtout ôter de la controverse entre les intuitionnistes et leurs adversaires la notion d'un sophisme logique ou quasi-logique, et montrer où se situe en réalité le problème.

L'importance du concept de sophisme naturaliste dans la philosophie morale actuelle témoigne également de la grande influence du philosophe de Cambridge, G. E. Moore, et de son livre, *Principia Ethica*. Ainsi, A. E. Taylor parle de l'« erreur commune » que Moore nous a appris à nommer « le sophisme naturaliste »[1], et G. S. Jury, comme pour montrer que nous avons bien appris cette leçon, dit, en se référant aux définitions naturalistes de la valeur, « toutes ces définitions tombent sous le coup du "sophisme naturaliste" du Dr Moore »[2]. Or, Moore a forgé la notion de sophisme naturaliste dans sa polémique contre les systèmes d'éthique naturalistes et métaphysiques. « Le sophisme naturaliste est un sophisme », écrit-il, et il « ne doit pas être commis ». Toutes les théories éthiques naturalistes et métaphysiques, cependant, « se *fondent* sur le sophisme naturaliste, en ce sens qu'elles ont été largement acceptées,

1. A. E. Taylor, *The Faith of a Moralist*, vol. I, London, MacMillan, 1932, p. 104 n.

2. G. S. Jury, *Value and Ethical Objectivity*, London, G. Allen & Unwin, 1937, p. 58.

principalement, pour avoir commis ce genre d'erreur »[1]. La meilleure façon de nous débarrasser de toutes ces théories est alors de mettre en évidence le sophisme en question. Cependant on ne voit pas très clairement quel est le statut du sophisme naturaliste dans les polémiques entre les intuitionnistes et les tenants des autres théories. Parfois il est utilisé comme une arme, comme lorsque M. E. Clarke soutient que si nous disons qu'une chose est bonne simplement parce qu'elle est appréciée, nous sommes coupables du sophisme naturaliste[2]. De fait, c'est ainsi que celui-ci se présente au lecteur dans de nombreux passages des *Principia Ethica* eux-mêmes. Or, en l'utilisant comme une arme, les intuitionnistes se servent du sophisme naturaliste comme si c'était un sophisme logique à égalité avec le sophisme de composition, dont le dévoilement nous débarrasse des éthiques naturalistes et métaphysiques et fait triompher l'intuitionnisme. C'est-à-dire qu'il est considéré comme un sophisme dès le départ, à des fins de controverse. Mais il y a des signes dans les *Principia Ethica* indiquant que le sophisme naturaliste a une place quelque peu différente dans le projet intuitionniste, et ne devrait pas du tout être utilisé comme une arme. Sous cet angle, il faut prouver que le sophisme naturaliste est un sophisme. On ne peut l'utiliser pour trancher la controverse, mais c'est seulement après la bataille qu'on pourra le qualifier de sophisme. Considérons les passages suivants : a) « le sophisme naturaliste consiste à affirmer que bon ne *signifie* rien d'autre qu'une notion simple ou complexe, que l'on peut définir en termes de qualités naturelles » ; b) « la thèse […] selon laquelle "bon est indéfinissable" et que le fait de le nier contient un sophisme, est une thèse

---

1. G. E. Moore, *Principia Ethica*, trad. fr. par M. Gouverneur, Paris, P.U.F., 1998, p. 115 et p. 84.

2. M. E. Clarke, « Cognition and Affection in the Experience of Value », *Journal of Philosophy* 35 (1), 1938, p. 5-18.

strictement démontrable »[1]. Ces passages semblent impliquer que le caractère fallacieux du sophisme naturaliste constitue précisément l'objet de la controverse entre les intuitionnistes et leurs adversaires, et qu'il ne peut être brandi comme une arme dans cette controverse. Une des thèses que je voudrais défendre dans cet article est que l'accusation de commettre un sophisme naturaliste ne peut être que la conclusion d'une discussion, et encore ; elle ne peut pas être un instrument permettant d'en décider.

La notion de sophisme naturaliste est liée à la notion d'une distinction entre « ce qui devrait être » et « ce qui est », entre valeur et fait, entre le normatif et le descriptif. Ainsi D. C. Williams affirme que certains moralistes ont cru bon de dénoncer comme sophisme naturaliste la tentative de tirer un « *Devrait* » d'un « *Est* »[2]. Nous pouvons donc commencer par considérer cette distinction : Sidgwick, Sorley et d'autres y insistent en grande partie en réaction contre les arguments de Mill et de Spencer. Hume affirme la distinction dans son *Traité* :

> Je ne peux m'empêcher d'ajouter à ces raisonnements une observation que l'on pourra peut-être trouver d'une certaine importance. Dans chacun des systèmes de moralité que j'ai jusqu'ici rencontrés, j'ai toujours remarqué que l'auteur procède pendant un certain temps selon la manière ordinaire de raisonner, établit l'existence d'un Dieu, ou fait des observations sur les affaires humaines, quand tout à coup j'ai la surprise de constater qu'au lieu des copules habituelles, *est* et *n'est pas*, je ne rencontre pas de proposition qui ne soit liée par un *devrait* ou un *ne devrait pas*. C'est un changement imperceptible, mais il est néanmoins de la plus grande importance. Car, puisque ce

---

1. G. E. Moore, *Principia Ethica, op. cit.*, resp. p. 125 et p. 130.
2. « Ethics as Pure Postulate », *Philosophical Review* 42 (4), 1933, p. 399-411. Voir aussi T. Whittaker, *The Theory of Abstract Ethics*, p. 19 *sq.*

devrait ou ce *ne devrait pas* expriment une certaine relation ou affirmation nouvelle, il est nécessaire qu'elle soit soulignée et expliquée ; et qu'en même temps soit donnée une raison de ce qui semble tout à fait inconcevable, à savoir, de quelle manière cette relation nouvelle peut être déduite d'autres relations qui en diffèrent du tout au tout. Mais comme les auteurs ne prennent habituellement pas cette précaution, je me permettrai de la recommander aux lecteurs ; et je suis convaincu que cette petite attention renversera tous les systèmes courants de moralité, et nous fera voir que la distinction du vice et de la vertu n'est pas fondée sur les seules relations entre objets, et qu'elle n'est pas perçue par la raison [1].

Inutile de dire que les intuitionnistes ont effectivement trouvé que cette observation avait une certaine importance [2]. Ils admettent avec Hume qu'elle subvertit tous les systèmes courants de moralité, bien qu'ils nient aussi, bien entendu, qu'elle nous fasse voir que la distinction entre la vertu et le vice n'est pas fondée sur les relations entre objets, ni perçue par la raison. En fait, ils soutiennent qu'en lui prêtant quelque attention, elle subvertit aussi le système de Hume, puisque celui-ci donne des définitions naturalistes de la vertu et du vice, et du bien et du mal [3].

Le point essentiel souligné par Hume est le suivant : des conclusions éthiques ne peuvent pas être validement tirées de prémisses qui ne relèvent pas de l'éthique. Mais quand les intuitionnistes affirment la distinction entre « devrait » et « est », ils veulent dire plus que le fait que des propositions éthiques ne

1. D. Hume, *Traité de la nature humaine*, III, I, I, trad. fr. Ph. Saltel (modifiée), Paris, GF-Flammarion, 1993, p. 65.
2. Voir J. Laird, *A Study in Moral Theory*, p. 16 *sq.* ; T. Whittaker, *The Theory of Abstract Ethics*, *op. cit.*, p. 19.
3. Voir C. D. Broad, *Five Types of Ethical Theory*, London, Kegan Paul, 1930, chap. V.

peuvent être déduites de propositions non-éthiques. Car on pourrait remédier à cette difficulté dans les systèmes courants de moralité, comme nous le verrons, en introduisant les définitions de notions éthiques en termes non-éthiques. Les intuitionnistes veulent dire, de plus, que de telles définitions de notions éthiques en termes non-éthiques sont impossibles. « Le point essentiel », dit Laird, « est l'irréductibilité des valeurs aux non-valeurs »[1]. Ils veulent toutefois aller encore plus loin. Le jaune et l'amabilité sont, d'après Moore, indéfinissables en termes non-éthiques, mais ce sont des qualités naturelles qui relèvent de la catégorie de « ce qui est ». Les propriétés éthiques ne sont cependant pas pour lui de simples qualités naturelles indéfinissables, descriptives ou heuristiques. Ce sont des propriétés d'un *genre* différent – non descriptif ou non-naturel. La distinction intuitionniste consiste en trois affirmations :

1) Des propositions éthiques ne peuvent être déduites de propositions non-éthiques.

2) Les caractéristiques éthiques ne sont pas définissables en termes de caractéristiques non-éthiques.

3) Les caractéristiques éthiques sont d'un genre différent de celui des caractéristiques non-éthiques.

En fait cela consiste en une seule affirmation, à savoir (3), puisque (3) entraîne (2) et que (2) entraîne (1). Cela ne veut pas dire que toute caractéristique éthique est absolument indéfinissable. C'est une autre question, bien qu'on ne le remarque pas souvent.

Or, qu'est-ce que le sophisme naturaliste a à faire avec la distinction entre « devrait » et « est » ? Pour commencer, la relation est la suivante : beaucoup de moralistes naturalistes et métaphysiciens raisonnent comme si l'on pouvait déduire des

---

1. *A Study in Moral Theory*, London, G. Allen & Unwin, 1926, p. 94 n.

conclusions éthiques de prémisses qui sont toutes non-éthiques, les exemples classiques étant Mill et Spencer. C'est-à-dire qu'ils violent (1). Cette procédure a été récemment appelé « le sophisme factuel » (*factualist fallacy*) par P. E. Wheelwright, et « le sophisme évaluatif » (*valutational fallacy*) par L. Wood[1]. Moore semble parfois l'identifier avec le sophisme naturaliste, mais en général il pense seulement qu'elle inclut, implique, ou repose sur ce sophisme[2]. Nous pouvons maintenant examiner l'accusation selon laquelle la procédure en question est, ou implique, un sophisme.

On peut remarquer tout de suite que, même si la déduction de conclusions éthiques à partir de prémisses non-éthiques n'est en aucune façon un sophisme, Mill a certainement été entraîné dans un sophisme en esquissant une analogie entre visibilité et désirabilité dans son raisonnement en faveur de l'hédonisme ; et peut-être le fait qu'il commette *ce* sophisme-*là*, alors que, comme le dit C. D. Broad, nous l'avons tous appris sur les genoux de notre mère, est principalement responsable de la notion de *sophisme* naturaliste. Mais est-ce un sophisme de déduire des conclusions éthiques de prémisses non-éthiques ? Examinons l'argument épicurien en faveur de l'hédonisme que Mill a cherché, de façon si imprudente, à embellir : le plaisir est bon, puisque tous les hommes le recherchent. Ici on tire une conclusion éthique de prémisses non-éthiques. Et l'argument, tel qu'il est présenté, *est* de fait fallacieux. Mais il ne l'est pas parce qu'un terme *éthique* apparaît dans la conclusion, alors qu'il ne figurait pas dans la prémisse. Il est fallacieux parce qu'aucun argument de la forme

1. P. E. Wheelwright, *A Critical Introduction to Ethics*, Doubleday, Doran, 1935, p. 40-51 et p. 91 *sq.* ; L. Wood, « Cognition and Moral Value », *Journal of Philosophy* (1937), p. 237.

2. Cf. *Principia Ethica*. Whittaker l'identifie au sophisme naturaliste et le considère comme un sophisme « logique », *op. cit.*, p. 19 *sq.*

« A est B, donc A est C » n'est valide, au sens strict, en tant que tel. Par exemple, l'argument « Crésus est riche parce qu'il est fortuné » n'est pas valide. De tels arguments ne doivent cependant pas être pris au pied de la lettre. Ce sont des enthymèmes qui contiennent une prémisse sous-entendue. Et quand cette prémisse sous-entendue est rendue explicite, ces arguments sont valides et ne recèlent aucun sophisme logique[1]. Ainsi l'inférence épicurienne d'un hédonisme éthique à partir d'un hédonisme psychologique est valide quand on ajoute la prémisse sous-entendue pour dire que ce que tous les hommes recherchent est bon. La seule question qui reste alors est celle de savoir si ces prémisses sont vraies.

Il est clair, par conséquent, que le sophisme naturaliste n'est pas un sophisme logique, puisqu'on le retrouve même dans le cas d'un argument valide. Comment le sophisme naturaliste peut-il se glisser dans des « arguments éthiques mixtes »[2] comme ceux que l'on trouve chez les Épicuriens ? Qu'il s'y glisse ou non dépend de la nature de la prémisse sous-entendue. Celle-ci peut être une induction, une intuition, une déduction à partir d'un « argument purement éthique », une définition, ou une proposition qui est vraie par définition. Si elle correspond à l'une des trois premières, alors le sophisme naturaliste ne s'y produit pas du tout. En fait, l'argument n'implique pas de violation de (1) puisque l'une de ses prémisses sera éthique. Mais si la prémisse manquante est une définition ou une proposition qui est vraie par définition, comme c'était probablement le cas pour les Épicuriens, alors l'argument, quoiqu'encore valide, recèle le sophisme naturaliste et va se dérouler ainsi :

a) Tous les hommes recherchent le plaisir.

---

1. Cf. *ibid.* ; Wheelwright, *loc. cit.*
2. Voir C. D. Broad, *The Mind and its Place in Nature*, New York, Harcourt, Brace & Co, 1925, p. 48 *sq.*, Laird, *loc. cit.*

b) Ce que les hommes recherchent est bon (par définition).

c) Donc le plaisir est bon.

Pour le moment, il ne m'intéresse guère de décider si l'argument ainsi présenté viole (1). Si ce n'est pas le cas, alors aucun « argument éthique mixte » ne commet en fait de sophisme factuel ou évaluatif, sauf à considérer injustement sa forme d'enthymème comme sa forme complète. Si c'est le cas, alors un argument valide peut aboutir à une conclusion éthique à partir de prémisses non-éthiques, et le sophisme factuel ou évaluatif n'est pas vraiment un sophisme. La question est de savoir si, oui ou non, l'on doit considérer (b) et (c) comme des propositions éthiques. Moore refuse de les regarder ainsi, soutenant que, par hypothèse, (b) est analytique ou tautologique, et que (c) est psychologique, puisqu'en fait (c) dit seulement que tous les hommes recherchent le plaisir[1]. Mais dire que (b) est analytique et non éthique, et que (c) est non éthique mais psychologique, c'est préjuger de la question de savoir si l'on peut définir « bon »; car les Épicuriens soutiendraient précisément que si leur définition est correcte, alors (b) est éthique mais analytique, et (c) est éthique bien que psychologique. Ainsi, à moins de supposer déjà résolue la question de savoir si la bonté peut être définie, on doit considérer (b) et (c) comme éthiques, et dans ce cas notre argument ne viole pas (1). Cependant supposons, si ce n'est pas absurde, que (b) est non-éthique et (c) éthique, alors l'argument violera (1), mais il obéira quand même à tous les canons de la logique, et on ne peut qu'embrouiller les choses en parlant de « logique évaluative » dont la règle de base énonce l'impossibilité de déduire une conclusion évaluative de prémisses non évaluatives[2].

---

1. Voir G. E. Moore, *Principia Ethica, op. cit.*
2. *Cf.* L. Wood, *loc. cit.*

Car la seule façon pour les intuitionnistes ou pour les «postulationnistes» comme L. Wood de pouvoir semer le doute sur la conclusion de l'argument des Épicuriens (ou sur la conclusion de tout argument du même genre) est d'en attaquer les prémisses, (b) en particulier. Mais, selon Moore, c'est bien la présence de (b) qui fait que l'argument entraîne un sophisme naturaliste. (b) identifie le bien à «ce que tous les hommes recherchent», alors que faire cette identification ou toute autre du même genre, c'est être coupable du sophisme naturaliste. Le sophisme naturaliste n'équivaut pas à la procédure violant (1). Il est la procédure – implicite dans beaucoup d'arguments mixtes, et explicitement écartée de tels arguments par de nombreux moralistes – consistant à définir les caractéristiques comme le bien, ou à leur substituer d'autres caractéristiques. Pour citer quelques passages des *Principia Ethica* :

a) «Trop de philosophes ont pensé que lorsqu'ils nommaient ces autres propriétés [qui appartiennent à toutes les choses bonnes] c'est réellement le bien qu'ils étaient en train de définir; et qu'en réalité; ces propriétés n'étaient pas simplement "autres", mais absolument et entièrement identiques au caractère du bien. C'est cette conception que je propose d'appeler "le sophisme naturaliste"»[1].

b) «J'ai donc réservé le nom de "naturalisme" à une méthode particulière pour envisager l'éthique [...]. Cette méthode consiste à substituer à "bien" quelque propriété unique d'un objet naturel ou d'une collection d'objets naturels»[2].

c) «le sophisme naturaliste [est] le sophisme qui consiste à identifier à quelque autre notion la notion simple que nous entendons par "bien"»[3].

1. Cf. *supra*, p. 70.
2. G. E. Moore, *Principia Ethica*, p. 86.
3. *Ibid.*, p. 51, 86, 107.

Ainsi, identifier « meilleur » et « plus évolué », « bon » et « désiré », etc., c'est commettre le sophisme naturaliste. Mais pourquoi donc une telle procédure est-elle fausse ou erronée ? Et est-ce un sophisme seulement lorsqu'elle s'applique au bien ? Nous devons maintenant étudier la Section 12 des *Principia Ethica*. Moore y fait quelques remarques intéressantes :

> Si quelqu'un s'essayait à nous définir le plaisir comme étant tout autre objet naturel ; s'il devait, par exemple, dire que « plaisir » désigne la sensation de « rouge » […] eh bien il s'agirait de la même erreur que celle que j'ai appelée « le sophisme naturaliste » […] en vérité je ne qualifierais pas cette erreur de sophisme naturaliste, bien qu'il s'agît alors du même type d'erreur que celle que j'appelai « naturaliste » quand elle portait sur l'éthique. […] Lorsqu'un homme confond deux objets naturels, définissant l'un par l'autre, […] il n'y a aucune raison de qualifier de « naturaliste » cette erreur. Mais s'il confond « le bien », qui n'est pas […] un objet naturel, avec un autre objet naturel quel qu'il soit, […] il y a lieu, alors, d'appeler « naturaliste » cette erreur[1].

Moore aurait dû ajouter ici que, quand on confond « le bien », qui n'est pas un objet ni une qualité métaphysique, avec n'importe quel objet ou qualité métaphysique, comme le font selon lui les moralistes métaphysiciens, alors on devrait appeler ce sophisme le sophisme métaphysique. Au lieu de quoi il l'appelle toujours le sophisme naturaliste, bien qu'il reconnaisse que le cas est différent puisque les propriétés métaphysiques sont non-naturelles – procédure qui a induit en erreur beaucoup de lecteurs des *Principia Ethica*. Par exemple, Broad en est venu à parler de « naturalisme théologique »[2].

---

1. *Ibid.*, p. 53-54.
2. *Five Types of Ethical Theory*, p. 259.

Pour résumer : « Même si [le bien] était un objet naturel, cela ne changerait pas la nature du sophisme et ne diminuerait d'un iota son importance »[1].

À suivre ces extraits, il est clair que le caractère fallacieux de la procédure que Moore appelle le sophisme naturaliste n'est pas dû au fait qu'elle s'applique au bien ou à une caractéristique éthique ou non-naturelle. Quand R.B. Perry définit « bon » comme « étant un objet d'intérêt » le problème ne réside pas simplement dans le fait de définir *bon*. Le problème ne réside pas non plus dans le fait de définir une caractéristique éthique en termes *non-éthiques*; ni dans le fait que l'on considère une caractéristique *non-naturelle* comme si elle était *naturelle*. Il s'agit là d'un problème bien plus générique. Pour plus de clarté, je parlerai alors du sophisme définitionniste (*definist fallacy*) comme du sophisme générique qui sous-tend le sophisme naturaliste. Le sophisme naturaliste sera donc, d'après les extraits ci-dessus, une espèce ou une forme du sophisme définitionniste, comme le serait le sophisme métaphysique si Moore lui avait donné un nom à part[2]. Cela veut dire que le sophisme naturaliste, tel que l'illustre la procédure de Perry, est un sophisme non parce qu'il est naturaliste ou parce qu'il confond une qualité non-naturelle avec une qualité naturelle, mais uniquement parce qu'il implique le sophisme définitionniste. Nous pouvons désormais mobiliser toute notre attention pour comprendre et évaluer ce sophisme définitionniste.

À en juger d'après les extraits que je viens de citer, le sophisme définitionniste est le processus qui tend à confondre ou identifier deux propriétés, à définir une propriété par une autre, ou à substituer une propriété à une autre. De plus, le sophisme est toujours simplement que deux propriétés sont traitées comme

---

1. G.E. Moore, *Principia Ethica*, *op. cit.*, p. 54.
2. Comme l'a fait Whittaker, *loc. cit.*

s'il n'y en avait qu'une, et, si c'est le cas, il importe peu que l'une soit naturelle ou non-éthique, et l'autre non-naturelle ou éthique. On peut être coupable du sophisme définitionniste sans contrevenir à la distinction entre l'éthique et le non-éthique, comme lorsqu'on identifie l'agréable et le rouge ou la rectitude morale* et la bonté. Mais même lorsque l'on contrevient à cette distinction en commettant un sophisme définitionniste, comme lorsqu'on identifie le bon et l'agréable, ou le bien et la satisfaction, alors l'*erreur* n'est pas, là non plus, de contrevenir à la distinction, mais seulement de traiter deux propriétés comme une seule. Ainsi, dans cette interprétation, le *sophisme* définitionniste ne consiste, sous aucune forme, à violer (3) et n'a aucun rapport essentiel avec la distinction entre « devrait » et « est ».

Cette formulation du sophisme définitionniste explique ou reflète la devise des *Principia Ethica*, empruntée à l'évêque Butler : « toute chose est ce qu'elle est, et pas autre chose ». Cette devise suggère que la bonté est ce qu'elle est et pas autre chose. Il s'ensuit qu'essayer de l'identifier avec quelque chose d'autre, équivaut à commettre une erreur élémentaire. Car c'*est* en effet une erreur de confondre ou d'identifier deux propriétés l'une avec l'autre – s'il y a vraiment là deux propriétés, alors tout simplement elles ne sont pas identiques. Mais alors ceux qui définissent des notions éthiques en termes non-éthiques commettent-ils cette erreur ? Ils répondront à Moore qu'ils n'identifient pas les deux propriétés ; qu'ils veulent dire seulement que deux mots ou deux expressions représentent ou signifient une seule et même propriété. Moore était, en partie, induit en erreur par le mode matériel du discours, selon l'expression de Carnap, dans des phrases comme « le bon c'est l'agréable », « la connaissance est la croyance vraie », etc. En revanche, lorsqu'on dit que « le mot "bon" et le mot "agréable" veulent dire la même chose », etc., il est clair qu'on n'est pas en train d'identifier deux choses. Mais Moore s'est empêché de le voir en déclarant son manque d'intérêt à l'égard de ce qu'on pouvait dire de l'usage des mots[1].

Le sophisme définitionniste, comme nous l'avons dit, n'exclut donc aucune définition naturaliste ou métaphysique des termes éthiques. La bonté n'est pas identifiable à une quelconque « autre » caractéristique (s'il s'agit bien d'une caractéristique). Mais la question est : *quelles* sont les caractéristiques autres que la bonté, quels sont les noms qui dénotent ces autres caractéristiques ? Et l'on fait une pétition de principe concernant la possibilité de définir la bonté, en disant sans y réfléchir davantage que R. B. Perry, par exemple, identifie la bonté à quelque chose d'autre. Le fait est que la bonté est ce qu'elle est, même si on peut la définir. C'est pourquoi Perry peut prendre comme devise pour sa *Moral Economy* naturaliste une autre citation de l'évêque Butler : « les choses et les actions sont ce qu'elles sont, et leurs conséquences seront ce qu'elles seront ; alors pourquoi vouloir se faire des illusions ? » La devise des *Principia Ethica* est une tautologie, et peut se développer ainsi : Toute chose est ce qu'elle est, et pas autre chose, à moins que ce soit une autre chose, et même alors elle est ce qu'elle est.

D'un autre côté, si la devise de Moore (ou le sophisme définitionniste) exclut toute définition, par exemple celle de « bon », alors elle exclut de ce fait toutes les définitions de tous les termes. Pour avoir la moindre efficacité, elle devrait être comprise comme disant : « tout terme signifie ce qu'il signifie, et non ce que signifie un quelconque autre terme ». Moore semble implicitement comprendre ainsi sa devise dans la section 13, car il procède comme si « bon » n'a pas de signification du tout, s'il n'a pas de signification unique. Si l'on interprète sa devise ainsi, il s'ensuit que « bon » est un terme indéfinissable, puisqu'on ne

---

1. Cf. *Principia Ethica*, § 7 *supra*.

peut lui trouver aucun synonyme. Mais il s'ensuivra aussi qu'on ne peut définir aucun terme. En ce cas, la méthode d'analyse n'est pas plus utile qu'un boucher anglais dans un monde sans moutons.

Peut-être avons-nous mal compris le sophisme définitionniste. Et, en effet, certains des passages que j'ai cités plus haut semblent impliquer que le sophisme définitionniste est tout simplement l'erreur qui consiste à définir une caractéristique indéfinissable. Selon cette interprétation, encore une fois, le sophisme définitionniste, quelle que soit sa forme, n'a aucun lien essentiel avec la distinction de l'éthique et du non-éthique. Encore une fois, on peut être coupable du sophisme définitionniste sans ignorer cette distinction, comme quand on définit l'agréable en terme de rouge, ou la bonté en terme de rectitude morale* (en admettant avec Moore que l'agréable et la bonté soient indéfinissables). Mais même lorsqu'on enfreint cette distinction et qu'on définit le bien en termes de désir, l'*erreur* n'est pas d'enfreindre la distinction en violant (3), mais seulement de définir une caractéristique indéfinissable. Ceci est possible parce que la proposition que la bonté est indéfinissable est logiquement indépendante de la proposition que la bonté est non-naturelle, et on le voit parce qu'une caractéristique peut être indéfinissable et pourtant naturelle, comme l'est le jaune, ou encore non-naturelle et pourtant définissable, comme la rectitude morale* (en admettant le point de vue de Moore sur le jaune et la rectitude morale*).

Considérons le sophisme définitionniste tel que nous venons de l'énoncer. C'est bien sûr une erreur de définir une qualité indéfinissable. Mais la question, encore une fois, est : quelles qualités sont indéfinissables ? C'est présumer la question résolue en faveur de l'intuitionnisme que de dire à l'avance que la qualité de bonté est indéfinissable et que, par conséquent, toutes les approches naturalistes sont coupables du sophisme définitionniste. On doit savoir que la bonté est indéfinissable avant de pouvoir soutenir que le sophisme définitionniste *est* un sophisme. Par conséquent, le sophisme définitionniste ne peut intervenir qu'à la fin de la controverse entre intuitionnisme et définitionnisme, et on ne peut alors pas l'utiliser comme une arme dans cette controverse.

On peut énoncer le sophisme définitionniste de façon à inclure la distinction entre « devrait » et « est »[1]. Il serait alors commis par quiconque offrirait une définition de caractéristique éthique en termes non-éthiques. Le problème avec une telle définition, selon cette interprétation, serait qu'une caractéristique *éthique* est réduite à une caractéristique *non-éthique*, une caractéristique *non-naturelle* à une qui est *naturelle*. Autrement dit, la définition serait à écarter du fait que la caractéristique définie est éthique ou non-naturelle, et par conséquent, qu'elle ne peut être définie en termes non-éthiques ou naturels. Mais avec cette interprétation aussi, il y a le risque d'une pétition de principe dans l'argumentation intuitionniste. Supposer que la caractéristique éthique est exclusivement éthique équivaut précisément à supposer qu'est résolue la question posée par la définition. Ici, une fois de plus, on doit savoir que la caractéristique est non-naturelle et indéfinissable en termes naturels avant de pouvoir dire que les définitionnistes se trompent.

Moore, McTaggart et d'autres formulent quelquefois le sophisme naturaliste d'une façon un peu différente de celles dont nous avons parlé jusqu'ici. Ils disent que les définitionnistes confondent une proposition synthétique universelle à propos du *bien* avec une définition de la bonté[2]. L. Abraham le qualifie de

---

1. *Cf.* J. Wisdom, « Logical Constructions » (I.), *Mind*, 1931, p. 213, note 1.
2. Cf. *Principia Ethica*, p. 50-51, 57-58, 84 ; *The Nature of Existence*, vol. II, p. 398

« sophisme de la proposition mal interprétée »[1]. Ici encore la difficulté est que, même s'il est vrai que c'est une erreur de prendre une proposition synthétique universelle pour une définition, les intuitionnistes font une *petitio* en disant que ce que le définitionniste prend pour une définition est en fait une proposition synthétique universelle[2].

Enfin, toutefois, le problème entre les intuitionnistes et les définitionnistes (naturalistes ou métaphysiciens) devient plus clair. Les définitionnistes considèrent tous que certaines propositions comportant des termes éthiques sont analytiques, tautologiques, ou vraies par définition; c'est ainsi que R. B. Perry voit l'affirmation « tous les objets de désir sont bons ». Les intuitionnistes considèrent que de telles affirmations sont synthétiques. Le fondement de cette différence d'opinion est que les intuitionnistes soutiennent avoir au moins vaguement conscience d'une qualité ou d'une relation de bonté ou de rectitude morale*, simple et unique, qui apparaît dans la sphère esquissée par nos termes éthiques, alors que les définitionnistes soutiennent n'avoir aucunement conscience d'une qualité ou d'une relation dans cette même sphère, qui soit différente de toutes les autres qualités ou relations qui appartiennent au même contexte mais sont désignées par d'autres mots que « bon » et « juste »*, et leurs synonymes immédiats[3]. Les définitionnistes affirment en toute bonne foi ne voir qu'une seule caractéristique là où les intuitionnistes affirment en voir deux; ainsi Perry prétend ne trouver que la propriété d'être désiré là où Moore prétend trouver à la fois cela et la propriété d'être bon. Il s'agit alors d'une question

1. L. Abraham, « The Logic of Intuitionism », *International Journal of Ethics*, 1933.

2. Comme le note Abraham, « The Logic of Intuitionism », *op. cit.*

3. *Cf.* R. B. Perry, *General Theory of Value*, p. 30; *Journal of Philosophy*, 1931, p. 520.

d'inspection ou d'intuition, et cela concerne la prise de conscience ou le discernement des qualités et des relations[1]. C'est pourquoi on ne peut trancher la question en utilisant la notion de sophisme.

Si les définitionnistes peuvent être pris au mot, alors ils ne confondent pas vraiment deux caractéristiques l'une avec l'autre, ni ne définissent une caractéristique indéfinissable, ni ne confondent des définitions et des propositions synthétiques universelles – bref, ils ne sont pas coupables du sophisme naturaliste ou définitionniste dans aucune des interprétations données ci-dessus. Alors le seul sophisme qu'ils commettent – le véritable sophisme naturaliste ou définitionniste – c'est l'incapacité de discerner les qualités et relations qui sont au cœur de la moralité. Mais ce n'est ni un sophisme logique, ni une confusion logique. Ce n'est même pas, à proprement parler, une erreur. C'est plutôt un genre de cécité, analogue au daltonisme. Et cette cécité morale ne peut être attribuée aux définitionnistes que s'ils ont raison de soutenir qu'ils n'ont aucune conscience de quelconques caractéristiques éthiques uniques et si les intuitionnistes ont raison d'affirmer l'existence de telles caractéristiques; mais certainement appeler cela un « sophisme », même au sens large, est à la fois peu aimable et stérile.

D'un autre côté, bien sûr, s'il n'existe pas de telles caractéristiques dans les objets auxquels nous appliquons des attributs éthiques, alors les intuitionnistes, si nous pouvons les prendre au mot, souffrent d'une hallucination morale correspondante. Les définitionnistes pourraient alors appeler cela le sophisme intuitionniste ou moraliste, sauf qu'il ne s'agit pas plus d'un « sophisme » que la cécité dont nous venons de parler. En tout cas, ils ne croient pas les intuitionnistes quand ceux-ci

1. *Cf.* H. Osborne, *Foundations of the Philosophy of Value*, Cambridge, C.U.P., 1933, p. 15, 19, 70.

affirment percevoir des caractéristiques éthiques uniques, et par
conséquent ils ne leur attribuent pas cette hallucination. Au lieu
de cela, ils nient simplement que les intuitionnistes trouvent
vraiment de telles qualités et relations uniques, et ils essaient
alors de trouver un moyen plausible d'expliquer le fait que des
personnes très respectables et dignes de confiance s'imaginent
les trouver[1]. Ainsi ils accusent les intuitionnistes de se perdre
dans le verbalisme, les hypostases et le reste. Mais nous entrons
là dans des histoires qui ne nous concernent plus.

Ce qui nous concerne davantage est le fait que les
intuitionnistes n'accréditent pas non plus les déclarations
des définitionnistes. Ils seraient très ennuyés s'ils pensaient
vraiment que leurs adversaires sont moralement aveugles, car ils
ne croient pas que nous devions être touchés par la grâce avant de
pouvoir exercer notre perspicacité morale, et ils partagent le
sentiment commun que la morale est quelque chose de démo-
cratique même si tous les hommes ne sont pas bons. Ainsi ils
croient que « nous sommes tous conscients » de certaines caractéristiques uniques lorsque nous utilisons les termes « bon »,
« juste »*, etc., et que ce n'est que par manque de clarté d'esprit
analytique, renforcé peut-être par un préjugé philosophique, que
nous pouvons ne pas être du tout conscients qu'elles diffèrent
d'autres caractéristiques dont nous sommes par ailleurs aussi
conscients[2]. J'ai tenté jusqu'à présent de montrer que les intuitionnistes ne peuvent accuser les définitionnistes de commettre
un quelconque sophisme, avant d'avoir montré que nous
sommes tous, définitionnistes inclus, conscients des caractéristiques uniques en question. Si cependant ils y parvenaient, ils
pourraient alors, du moins à la fin de la controverse, accuser les

1. *Cf.* R. B. Perry, « Value as Simply Value », *Journal of Philosophy*, 1931,
p. 520 *sq.*

2. *Cf.* G. E. Moore, *Principia Ethica.*

définitionnistes de l'erreur de confondre deux caractéristiques, ou de l'erreur de définir une caractéristique indéfinissable, et ces erreurs pourraient, puisque le terme est habituellement plutôt flou, être appelées «sophismes», bien que ce ne soient pas des sophismes logiques dans le sens où l'est un argument non valide. Le sophisme des propositions mal interprétées dépend de l'erreur qu'il y a à confondre deux caractéristiques, et pourrait donc aussi, selon notre proposition, être attribué aux définitionnistes, mais ce n'est pas vraiment une confusion *logique*[1], puisqu'en fait elle n'implique pas de confusion au sujet de la différence entre une proposition et une définition.

Il est toutefois difficile de voir comment les intuitionnistes peuvent prouver que les définitionnistes sont au moins vaguement conscients des caractéristiques uniques requises[2]. Il faut certainement laisser cette question à l'examen ou à l'intuition des définitionnistes eux-mêmes, aidés par toute suggestion que voudront faire les intuitionnistes. Dans ce cas, nous devons accepter le verdict de leur examen, surtout de la part de ceux qui ont lu attentivement les écrits des intuitionnistes, mais alors, comme nous l'avons vu, le pire qu'on pourra leur reprocher sera leur cécité morale.

En plus d'essayer de découvrir exactement ce qu'est le sophisme naturaliste, j'ai essayé de montrer que l'idée selon laquelle les définitionnistes commettent un sophisme logique ou quasi-logique ne fait qu'embrouiller le débat entre les intuitionnistes et les définitionnistes (ainsi que le débat entre ces derniers et les émotivistes ou postulationnistes), et fausser la manière

1. *Cf.* toutefois H. Osborne, *Foundations of the Philosophy of Value*, *op. cit.*, p. 18 *sq.*

2. Pour une brève discussion de leurs arguments, cf. *ibid.*, p. 67; L. Abraham, *op. cit.* Je pense qu'ils sont tous non concluants, mais cela ne peut pas être montré ici.

dont il faut poser le problème. On ne trouve nulle part un quelconque sophisme logique dans la procédure des définition-nistes. Même des sophismes dans un sens moins précis ne peuvent servir d'argument pour donner tort aux définitionnistes ; au mieux peut-on les leur attribuer seulement après avoir reconnu leurs torts pour des motifs indépendants. Mais le seul défaut qu'on puisse attribuer aux définitionnistes, *si* les intuitionnistes ont raison d'affirmer l'existence de caractéristiques éthiques indéfinissables et uniques, c'est une cécité morale singulière, ce qui n'est pas un sophisme, même au sens le plus large. On doit régler le problème à l'aide de toute méthode jugée satisfaisante pour déterminer si, oui ou non, un mot se réfère à une caractéristique, et, en cas de réponse positive, si ce mot se réfère à une caractéristique unique ou non. La question de savoir quelle méthode il faut employer est, peut-être, sous une forme ou sous une autre, le problème fondamental de la philosophie contemporaine, mais on ne lui a pas trouvé pour l'instant de solution satisfaisante. Je me risque à dire seulement ceci : il me semble vraiment qu'il est impossible de donner tort aux intuitionnistes en appliquant *ab extra* à des jugements éthiques une quelconque formule empirique ou ontologique portant sur la signification [1].

---

1. *Cf.* G. E. Moore, *Principia Ethica*.

LES SCEPTICISMES

LES DIFFICULTÉS DES PROJETS RATIONALISTES

Le réalisme non-naturaliste de Sidgwick et de Moore, tout comme l'intuitionnisme de Prichard et de Ross, partageaient une conviction fondamentale : ce qui est moralement bon existe de façon tout à fait réelle et nous est accessible. Mais ces idées, bien que très influentes, furent assez rapidement critiquées. De ces critiques naquit un débat qui anime encore aujourd'hui la philosophie morale : la morale a-t-elle une réelle existence ou bien est-elle dépendante des individus et par cela ne fait-elle qu'exprimer leurs sentiments ? Les critiques du réalisme moral de Moore et des intuitionnistes tiennent en effet que notre vie renferme une sphère proprement éthique où les arguments rationnels ne jouent pas le rôle fondamental, s'ils en jouent un, et où les sentiments ont une place privilégiée. Les thèses réalistes furent ainsi tantôt discutées à la lumière d'une réflexion sur le langage (c'est le cas des émotivistes et du sceptique J. L. Mackie), tantôt mises en cause dans leur argumentation même, comme il en va dans l'article célèbre de William Frankena, reproduit ci-dessus, Frankena ayant effectivement brisé l'interdit levé par Moore contre toute tentative de définir le bien. Cette époque (les années 1930) marque probablement aussi le moment où l'idée que le « naturalisme » constitue un corpus facilement identifiable et réfutable, devint définitivement obsolète.

L'INFLUENCE DE HUME

Les premières critiques adressées au cognitivisme (réaliste mais non naturaliste) que nous avons présenté dans la première partie sont inspirées par la philosophie de David Hume. L'influence de Hume sur l'empirisme logique de la première moitié du vingtième siècle a été cruciale. Le texte de Hume repris dans ce volume exprime les positions de l'auteur telles qu'elles étaient formulées non pas dans son fameux *Traité* qui est une œuvre de jeunesse, mais dans l'appendice de *L'Enquête sur les principes de la morale*, publiée plus de dix ans plus tard.

C'est avant tout l'empirisme de Hume et sa réticence à l'égard des spéculations métaphysiques qui ont inspiré les philosophes analytiques. En philosophie morale, Hume semble promouvoir 1) un non-cognitivisme et 2) un antiréalisme, le tout dans un contexte naturaliste 3). Pour le dire en trois mots, Hume soutient que (1) les jugements moraux ne contiennent pas de croyances qui puissent être dites vraies ou fausses, mais qu'ils expriment des sentiments : (2) que les valeurs morales n'appartiennent pas au monde des choses et donc que leur existence se confine aux esprits des individus ; et (3) que notre vie morale n'est pas un phénomène étranger et qu'elle peut être comprise par l'étude de la nature de l'homme, prise au sens large. Dans cette perspective, tout sentiment est correct (*right*[1]) et réel selon Hume, contrairement aux opinions qui, elles, peuvent être soit vraies soit fausses. Les sentiments n'ont pas l'ambition de représenter la réalité et ne se réfèrent qu'à eux-mêmes. Toutefois, l'argument humien est plus subtil qu'il ne paraît : les

---

1. Tout sentiment est *right* de façon triviale, en lettre minuscule, car il est difficile de dire que « le sentiment de dégoût que tu éprouves à l'égard du boudin noir n'est pas correct ». Il n'est en revanche pas *Right* au sens de la conformité à un idéal universel préexistant et saisi par la raison, car cet idéal n'est pour Hume qu'une illusion.

sentiments moraux ou esthétiques s'expriment dans des
jugements de louange ou de blâme qui, s'ils ne peuvent être dits
vrais ou faux, peuvent néanmoins être déclarés justes ou non, et
ont une valeur qui peut être reconnue de tous. Le principal effort
de Hume est de rendre compte de cette universalité du jugement,
sachant que le sentiment sur lequel elle repose est particulier à
chacun. Plusieurs auteurs du début du XXe siècle ont surtout
retenu la dimension simplement émotive du propos[1].

VARIÉTÉS DE L'ÉMOTIVISME

Alfred Jules Ayer a subi une double influence, celle de Hume
d'un côté, et celle de Wittgenstein ainsi que du Cercle de Vienne
de l'autre ; Ayer a séjourné à Vienne lors de ses études, et a pu
assister aux réunions du Cercle (en 1933). Le livre dont nous
publions ici un extrait est une œuvre de jeunesse, écrite à l'âge de
25 ans. L'objectif principal de *Langage, vérité et logique* (1936)
était de jeter les bases d'une philosophie empiriste nouvelle qui,
à la lumière d'une analyse du langage (analyse des types de
propositions avant tout), permette de montrer la vacuité de la
métaphysique et d'éliminer cette dernière. Car le langage
contient deux types de propositions : les propositions analytiques
qui, indépendamment de l'expérience, déterminent nos usages
des termes et ne parlent que de la logique et du langage en tant
que tel ; les propositions synthétiques, qui décrivent les faits. Les
propositions synthétiques décrivent soit l'expérience que nous
avons du monde, soit les lois scientifiques (donc des généralisations de ces expériences) ; cette expérience et ces lois étant
susceptibles d'être *vérifiées* puisqu'elles parlent des faits, et que
nous pouvons nous y référer pour les comparer. Les propositions

---

1. *Cf.* D. Hume, *Essais sur l'art et le goût*, édition bilingue, trad. fr. et notes
M. Malherbe, Vrin, Paris, 2010.

qui ne sont ni analytiques ni synthétiques selon ces critères empiriques, ne sont pas des propositions réelles : il s'agit, selon Ayer, de pseudo-énoncés. La métaphysique par exemple, étant incapable de fournir aucun fait empirique qui puisse servir à vérifier ses assertions, est donc composée de propositions qui sont dépourvues de sens, et qui n'ont au mieux qu'une valeur esthétique ou mystique.

Dans un cadre philosophique ainsi dessiné, la place laissée à l'éthique est tout à fait problématique, car les jugements moraux (« Il est mal de voler ») ne correspondent pas à quelque chose d'assignable dans le monde empirique – comment savoir si des propositions de cette sorte sont vraies ? Comment savoir si la proposition bien moins évidente – « Il est bien de faire de la recherche biomédicale sur les primates » – est vraie ? Nous ne pouvons pas le savoir, nous dit Ayer. Jusqu'à un certain point, nous pouvons mener des discussions concrètes, en évoquant des faits qui sont inconnus à notre interlocuteur, en parlant par exemple des conditions de l'expérimentation sur les chimpanzés et de la complexité de leur vie mentale. Mais quand notre interlocuteur insiste en disant : non, tout cela ne donne pas d'importance morale aux chimpanzés et ils ne méritent pas d'être spécialement protégés, nous devons nous arrêter sur ce désaccord, car il ne concerne que l'expression d'émotions individuelles. Les procédures de vérification ordinaires ne s'y appliquent pas.

Ces thèses, clairement exposées dans le chapitre repris dans le présent volume, ont été jugées choquantes et même immorales[1]. Elles constituent probablement l'élément le plus marquant et le plus original du livre dont elles sont extraites ; et, malgré les critiques qu'elles ont suscitées, elles gardent toute

---

1. Certains ont même considéré Ayer comme « l'homme le plus pervers d'Oxford » (*in* Ben Rogers, *A.J. Ayer : A Life*, New York, Grove Press, 2002, p. 125).

leur pertinence aujourd'hui. Le terme d'*émotivisme* a été remplacé avec le temps par celui d'*expressivisme*, de manière à déplacer le point focal de la théorie : il ne s'agit pas tant de souligner que le langage moral exprime dans le particulier des émotions, mais que sa fonction est avant tout *expressive*. Ce terme semble être effectivement plus fidèle à l'esprit de la thèse défendue, car le sujet qui intéresse au premier chef les philosophes est plus celui du langage et de ses fonctions que celui des contenus psychologiques de la vie morale (ce dernier domaine étant par ailleurs investi par des spécialistes).

Charles Stevenson parle de l'émotivisme quasiment au même moment qu'Ayer, en évoquant ces influences linguistiques et philosophiques plus générales qui sous-tendent la doctrine. Sa position diffère de celle d'Ayer sur un point assez important. Là où Ayer pense que, à une certaine étape, le jugement moral n'est que l'expression d'une émotion et n'est pas susceptible d'être communiqué à autrui quand son jugement diffère du nôtre, Stevenson discerne un cadre interactionnel. Pour lui, les énoncés éthiques ne sont pas, et ne veulent pas être, descriptifs – ils doivent avant tout « créer de l'influence »[1]. Ayer semblait penser que les jugements moraux ne font qu'*informer* de l'état d'esprit de celui qui les prononce, alors que Stevenson soutient que cette façon de voir les choses reste bien trop attachée à une conception simplement descriptive du langage. Les énoncés moraux invitent autrui à s'intéresser à un objet, ils ne le décrivent pas (ou en tout cas, ce n'est pas leur fonction principale) : quand nous disons à quelqu'un qu'il est mal de voler, nous le faisons pour l'en dissuader. Ces énoncés servent à ajuster les

---

1. Charles L. Stevenson, « The Emotive Meaning of Ethical Terms », *Mind* 46, 1937, p. 14-31, p. 18 ; la publication sans doute la plus influente de Stevenson a été *Ethics and Language* (Yale University Press, 1944).

interactions humaines, leur objectif est proprement actionnel ou normatif, et non pas descriptif.

La position de Stevenson a l'avantage d'adopter une conception plus sophistiquée du langage que celle d'Ayer, même si l'influence effective de ce dernier a été plus importante[1]. Il est vrai aussi qu'Ayer a subséquemment rejeté la théorie du langage qu'il soutenait dans sa jeunesse, tout en maintenant néanmoins que ses positions métaéthiques en sont finalement indépendantes et ne souffrent pas de ce rejet[2]. Pour Stevenson, le langage peut jouer au moins deux rôles : un rôle descriptif et un rôle dynamique, et ce dernier est particulièrement important en éthique. Il semble utile de rappeler ici[3] l'influence qu'a eue sur toute une génération de philosophes le livre de linguistique et d'anthropologie de C. K. Ogden et de I. A. Richards, *The Meaning of Meaning*[4], que Stevenson reconnaît comme une « source » de ses idées[5]. Ogden et Richards, en analysant le mot *bien* ou *bon* (*good*), attaquent frontalement les *Principia Ethica* de Moore.

1. On trouve un écho de la position de Stevenson dans le prescriptivisme de Richard Hare, pour qui le langage moral joue un rôle prescriptif. Cette opposition à la conception du langage moral comme descriptif rapproche Hare des émotivistes, mais contrairement aux positions de ces derniers, il tient que le langage moral rationnel et universalisable (*cf.* le numéro spécial des *Recherches sur la philosophie et le langage* (23) dirigé par J.-Y. Goffi, « Richard Hare et la philosophie morale », 2004).

2. Il le précise dans la préface à la deuxième édition de son *Langage, vérité et logique*, publiée en 1946. L'indépendance de son positivisme et de sa métaéthique a été mise en cause, entre autres, par D. Wiggins (« Ayer's Ethical Theory : Emotivism or Subjectivism ? » *in* Ph. Griffiths (ed.), *A.J. Ayer Memorial Essays*, Cambridge University Press, 1991, p. 181-196).

3. *Cf.* S. Laugier, *Wittgenstein, le mythe de l'inexpressivité*, Paris, Vrin, 2010, p. 203 *sq.*

4. C. K. Ogden, I. A. Richards, *The Meaning of Meaning*, London, Routledge and Kegan Paul, 1923.

5. Charles L. Stevenson, « The Emotive Meaning of Ethical Terms », *Mind* 46, 1937, p. 14-31, p. 23.

Ils tiennent que ce terme recouvre d'abord un ensemble d'homonymes (bien faire les choses, bon couteau, bonne action), de sorte que l'usage que Moore en fait dans son livre, où il n'est question que d'un concept unique et simple, apparaît fort étrange : en vérité, ce terme n'a aucune fonction symbolique, car rien dans le monde ne lui correspond ; c'est un usage « purement émotif »[1].

Ajoutons par ailleurs que dans un contexte expressiviste plus contemporain, Simon Blackburn (né en 1944) a avancé certaines raisons de croire que, même si les jugements moraux ne sont en réalité que des projections de nos sentiments, ils ont toutefois tout de jugements réels[2]. Cette position, le *quasi-réalisme*, constitue avant tout une légitimation de nos intuitions réalistes en morale, tout en soutenant qu'en réalité, les jugements moraux ne sont pas susceptibles de conditions de vérité, contrairement aux énoncés portant sur le monde empirique.

LE SCEPTICISME MORAL DE J. L. MACKIE

L'Australien J. L. Mackie (1917-1981) s'inscrit dans la tradition de l'empirisme (il est notamment connu pour ses travaux contre le théisme[3]), et cherche, lui aussi, à comprendre en quoi pourrait consister ces objets qui correspondraient à nos énoncés moraux. Dans sa démarche, Mackie marque une certaine compréhension envers les objections qui ont été élevées contre les théories émotivistes ou expressivistes. Ces objections relèvent en effet que, dans le discours moral ordinaire, nous faisons bien plus qu'exprimer nos émotions, nous avons bel et

---

1. C. K. Ogden, I. A. Richards, *The Meaning of Meaning, op. cit.*, p. 125.
2. S. Blackburn, *Spreading the Word*, Oxford, Clarendon Press, 1984, p. 180.
3. *Cf.* son *The Miracle of Theism : Arguments for and Against the Existence of God*, Oxford, Oxford University Press, 1982.

bien l'intention de dire quelque chose de tout à fait solide à propos du monde que nous partageons avec les autres. Mackie accepte cette idée – nous avons effectivement l'intention de décrire quelque chose d'objectif dans le monde en prononçant les jugements moraux (« Il ne faut pas tuer les enfants » veut dire : *objectivement* il ne faut pas le faire, et ce n'est pas simplement un sentiment). Sauf qu'il n'y a rien dans le monde qui correspondrait à cette intention de description, et en conséquence, chacun de nos jugements moraux tombe faux. Mackie pense en conséquence que le langage de la morale procède de façon cognitiviste (les jugements sont conçus comme s'ils exprimaient des connaissances susceptibles d'être vraies ou fausses), mais toutes les tentatives de décrire quelque chose de moral sont des erreurs, des tentatives vides de tout contenu réel.

Ce constat est connu sous le nom de *théorie morale de l'erreur*, et constitue une variante de la théorie de l'erreur tout court dont Mackie trouve des antécédents chez Robert Boyle et John Locke. Pour ces deux philosophes, les qualités secondes (comme les couleurs) n'existent que dans les yeux de celui qui les perçoit, et tous les énoncés qui attribueraient aux objets du monde ce type de qualités sont faux. L'erreur consiste alors dans l'incapacité à « distinguer l'analyse factuelle de l'analyse conceptuelle en ce qui concerne les couleurs »[1]. Semblablement, l'analyse de la signification des énoncés moraux serait prise pour la description de ce qui est dans le monde. Et même si cette lecture de Locke et de Boyle n'a pas été unanimement acceptée, elle a provoqué un débat intéressant et une réflexion sur la

---

1. John L. Mackie, *Ethics : Inventing Right and Wrong* (1977), chap. 1, § 3, Penguin, 1990, p. 20.

perception des valeurs morales[1], perception qui intéresse tout particulièrement les néo-intuitionnistes du début du xxie siècle.

CRITIQUES

Les objections à la théorie émotiviste et au scepticisme moral sont venues de sources différentes. D'autres conceptions du fonctionnement du langage moral ont été proposées et il en sera question dans la troisième partie. Il faut citer ici toutefois l'argument assez intuitif formulé par Peter Geach[2] – qu'il attribue lui-même au logicien Gottlob Frege. En le formulant, il s'adresse directement au prescriptiviste Richard Hare, mais l'argument est souvent interprété comme réfutant toute forme d'expressivisme[3]. Ceux qui pensent que les jugements moraux ne sont pas descriptifs et qu'ils ont un rôle davantage incitateur, semblent prendre en compte uniquement les situations où les jugements en question sont effectivement assertés. Ainsi, Robert voyant un acte abominable, s'écrie : « Il est mal de battre les enfants ! », et cette assertion concrète peut soit exprimer ses émotions (pour Ayer) soit provoquer une réaction quelconque (pour Stevenson, et éventuellement pour Hare). Très bien, dit Geach, mais ce n'est pas pour autant que la phrase entre les guillemets n'est pas une proposition susceptible d'être vraie ou fausse indépendamment de la force assertorique des énonciations concrètes. Dans des contextes non assertés, comme celui de

1. Une réponse intéressante à la proposition de Mackie a été formulée par John McDowell, dans « Valeurs et qualités secondes », 1985 (trad. fr. A. Ogien, dans R. Ogien, *Le Réalisme moral, op. cit.*) et, plus récemment, par B. Stroud (*The Quest for Reality*, Oxford, Oxford University Press, 2000).

2. P. T. Geach, « Assertion », *Philosophical Review* 74 (4), 1965, p. 449-465, p. 464.

3. *Cf.* A. Miller, *An Introduction to Contemporary Metaethics*, Cambridge, Polity Press, 2003, p. 40-42.

modus ponens, la vérité de cette proposition peut être envisagée, et cela malgré l'absence de force assertorique[1]. La question de savoir si cette objection concerne les émotivistes semble toutefois ouverte, en particulier chez Stevenson et Ayer, qui ne parlent que d'une partie des énoncés normatifs; l'objection semble toucher davantage le prescriptivisme de Hare.

Enfin, même si le réalisme est intenable, le cognitivisme ne doit peut-être pas se réduire à une théorie de l'erreur comme celle de Mackie. C'est la proposition de John Skorupski, irréaliste cognitiviste, qui est fort éloigné de l'esprit sceptique de son prédécesseur. Il tente de remettre en cause la théorie sémantique implicitement acceptée aussi bien par les réalistes que par leurs détracteurs, pour montrer que les propositions sur les raisons d'agir ne doivent pas prétendre dépeindre le monde tout en restant dans la sphère de la connaissance, et non d'une simple expression des émotions. Il redéfinit leur statut de façon à garder leur capacité à être vraies ou fausses, sans qu'elles aient pour autant des correspondants directs dans le monde extérieur. Skorupski permet de retravailler des notions propres à la philosophie du langage, parfois négligées dans les écrits métaéthiques récents, et l'irréalisme de ce type semble être aujourd'hui l'un des défis les plus intéressants pour les réalistes.

---

1. Voici un exemple de la situation où le contexte n'est pas asserté et où les jugements moraux sont pourtant tout à fait compréhensibles : 1) S'il est mal de battre les enfants, alors tu ne dois pas gifler ta fille; 2) or il est mal de battre les enfants; 3) donc tu ne dois pas gifler ta fille.

DAVID HUME

SUR LE SENTIMENT MORAL [*]

Si nous adoptons l'hypothèse qui vient d'être développée [1], il nous sera maintenant facile de répondre à la question initiale touchant les principes généraux de la morale. Et, bien que nous ayons remis la décision de cette question, de peur de nous jeter dans des spéculations compliquées qui conviennent mal aux discours moraux, nous pouvons la reprendre à présent et examiner dans quelle mesure la *raison* et le *sentiment* entrent dans toutes nos décisions portant approbation ou blâme.

Pour qui voit en l'utilité des qualités ou des actions un fondement principal de l'approbation morale, il ne saurait faire de doute que la *raison* doive intervenir pour une part considérable dans toutes les décisions de cette sorte, puisque seule cette faculté peut nous instruire du but où tendent ces qualités et ces actions, et nous faire apercevoir leurs conséquences favorables pour la société et pour celui à qui elles appartiennent. Dans

* D. Hume, « Appendice I à *L'Enquête sur les principes de la morale* », dans D. Hume, *Essais et traités sur plusieurs sujets*, vol. IV. *L'Enquête sur les principes de la morale*, trad. fr. M. Malherbe, Paris, Vrin, 2002, p. 141-148.
1. Il s'agit de la thèse selon laquelle les « plaisirs naturels n'ont pas de prix », en oppositions aux plaisirs que ne peut qu'acheter. Le « naturel » dans ce contexte englobe la nature de l'homme dans toute sa complexité, en comprenant sa dimension sociale et intellectuelle [N.d.E.].

beaucoup de cas, ce point prête à de grandes controverses : il s'élève des doutes, des intérêts opposés se croisent ; et il faut donner sa préférence, sur la base de considérations très subtiles, sans que la balance de l'utilité penche nettement d'un côté plutôt que de l'autre. Ceci est vrai surtout dans les questions qui concernent la justice – comme on peut s'y attendre très naturellement, sachant de quelle sorte est l'utilité attachée à cette vertu. Si tout fait de justice, pris en lui-même, était utile à la société comme le sont tous les actes de bienveillance, le cas serait plus simple à traiter et rarement sujet à beaucoup de discussion. Mais comme les faits de justice, lorsqu'on les prend isolément, sont souvent nuisibles dans leur tendance première et immédiate, et que l'avantage de la société ne suit que de l'observation de la règle générale, et du concours ou de l'association de plusieurs personnes dans la même conduite équitable, l'affaire devient très complexe et embrouillée. Les diverses circonstances de la société, les diverses conséquences d'une pratique donnée, les divers intérêts mis en jeu : autant de sujets de doute en de nombreuses occasions, donnant matière à des discussions et des recherches considérables. L'objet des lois civiles est de déterminer toutes les questions qui regardent la justice ; mais à cette même fin concourent les débats des jurisconsultes, les réflexions des hommes politiques, les précédents historiques, les documents publics. Et il faut souvent une très grande précision de *raisonnement* et de *jugement* pour saisir le point décisif au milieu de tant de doutes et d'embarras nés d'utilités obscures et opposées.

Mais, quoique la raison, quand elle est pleinement secondée et perfectionnée, suffise à nous instruire de la tendance utile ou nuisible des qualités et des actions, elle ne peut à elle seule susciter le blâme et l'approbation morale. L'utilité n'est que la tendance à une certaine fin ; et si la fin nous était totalement indifférente, nous sentirions la même indifférence envers les moyens. Il est indispensable qu'un *sentiment* s'exprime ici, afin de nous faire préférer les tendances utiles aux tendances nuisibles. Ce sentiment ne peut être que notre aptitude à sentir le bonheur des hommes ou à ressentir leurs malheurs ; car ce sont les différentes fins que la vertu et le vice tendent à promouvoir. Ici, donc, la *raison* nous instruit de ce à quoi tendent nos actions et l'*humanité* nous fait pencher en faveur de celles qui sont utiles et bénéfiques.

Ce partage entre les facultés de l'entendement et du sentiment dans toutes les décisions morales semble assez clair à partir de la précédente hypothèse. Mais supposons que cette hypothèse soit fausse ; il faut alors chercher une autre théorie qui donne satisfaction. J'ose affirmer qu'on n'en trouvera jamais aucune, tant qu'on supposera que la raison est la seule source de la morale. En guise de preuve, il convient de peser les cinq considérations suivantes.

I. Il est facile pour une fausse hypothèse de garder une apparence de vérité, tant qu'elle reste dans les généralités, qu'elle emploie des termes indéfinis et fait des comparaisons au lieu de venir aux exemples. Ceci se voit tout particulièrement dans cette sorte de philosophie qui donne à la seule raison, sans le secours du sentiment, de faire les distinctions morales. Mais il est impossible de rendre aucunement intelligible une telle hypothèse dans un exemple particulier, malgré les dehors flatteurs qu'elle présente dans ses discours et ses déclamations générales. Prenez par exemple le crime d'*ingratitude*. Il a lieu partout où nous voyons d'un côté les meilleures intentions, exprimées et connues, ainsi que les bons offices dont elles sont suivies ; et de l'autre, en retour, la malveillance ou l'indifférence, avec leurs mauvais procédés ou du moins une absence d'égards. Analysez toutes ces circonstances et déterminez par le moyen de votre seule raison en quoi consiste le démérite ou le blâme. Jamais vous ne parviendrez à une conclusion ferme.

La raison juge ou des *faits* ou des *relations*. Cherchez donc *d'abord* où est le fait que nous appelons ici un *crime* ;

désignez-le; déterminez le temps de son existence; décrivez son essence ou sa nature; expliquez à quel sens, à quelle faculté il se découvre. Il réside dans l'esprit de l'ingrat? L'ingrat doit donc l'éprouver et en être conscient. Or on ne trouve en lui que la passion de malveillance ou une totale indifférence. Et vous ne pouvez dire que, toujours et en toute occasion, ces dispositions soient par elles-mêmes des crimes. Elles ne le sont que lorsqu'elles sont tournées vers des personnes qui nous ont auparavant exprimé et marqué de la bienveillance. Nous pouvons donc conclure que le crime d'ingratitude n'est pas un *fait* individuel particulier, mais qu'il naît d'une complication de circonstances qui, présentées au spectateur, suscitent en lui le *sentiment* de blâme, par la constitution et la disposition particulière de son esprit.

C'est mal représenter le crime, direz-vous. En vérité, le crime ne consiste point dans un *fait* particulier dont la réalité nous serait connue par la *raison*, mais dans certaines *relations morales* que la raison découvre, de la même manière qu'elle découvre les vérités de l'algèbre et de la géométrie. Mais quelles sont ces relations, demanderai-je, dont vous parlez ici? Dans le cas qui nous occupe, je vois d'abord de la bienveillance et des bons procédés d'un côté, puis de l'autre côté de la malveillance et des mauvais procédés. Entre ces dispositions, il y a une relation de *contrariété*. Le crime consiste-t-il en cette relation? Mais supposez qu'une personne se soit montrée malveillante à mon égard ou qu'elle ait employé contre moi de mauvais procédés et que, en retour, je sois resté indifférent à son intention ou que je l'ai payé de bons offices. Voici de nouveau la même relation de *contrariété*; cependant, souvent ma conduite sera très louable. Tournez et retournez la chose autant qu'il vous plaira, vous ne ferez jamais reposer la moralité sur la relation, mais vous devrez avoir recours aux décisions du sentiment.

Quand on me dit que deux et trois sont égaux à la moitié de dix, je conçois parfaitement cette relation d'égalité. Je comprends que si dix est divisé en deux parties dont chacune comporte autant d'unités que l'autre, et si l'une de ces parties est comparée à deux joint à trois, elle comportera alors autant d'unités que le nombre composé. Mais si vous tirez de là une comparaison pour l'appliquer aux relations morales, j'avoue être bien incapable de vous comprendre. Une action morale, un crime, tel que l'ingratitude, est un objet complexe. La moralité consiste-t-elle dans la relation mutuelle de ses parties? Comment? De quelle façon? Précisez la relation; soyez plus détaillé et plus explicite dans vos propositions: vous ne manquerez pas d'en découvrir la fausseté.

Non! Non, dites-vous, la moralité réside dans la relation des actions à la règle du bien (*rule of right*)*; ces actions sont dites bonnes ou mauvaises selon qu'elles s'accordent ou non avec cette règle. Quelle est donc cette règle du bien*? En quoi consiste-t-elle? Comment est-elle déterminée? Par la raison, répondez-vous, qui examine les relations morales des actions. Ainsi, les relations morales sont déterminées par la comparaison de l'action à une règle, et cette règle est elle-même déterminée par la considération des relations morales des objets. Est-il plus beau raisonnement?

Tout ceci n'est que métaphysique! criez-vous. C'est bien assez! Il n'en faut pas davantage pour motiver une forte présomption de fausseté. Oui, répondrai-je, voici certainement de la métaphysique; mais elle est toute de votre côté, à vous qui avancez une hypothèse abstruse que vous ne parvenez pas à rendre intelligible ni à traduire dans un exemple ou une illustration particulière. L'hypothèse que j'embrasse est simple. Elle tient que la moralité est déterminée par le sentiment. Elle définit la vertu comme étant *toute action ou toute qualité qui donne au spectateur un sentiment plaisant d'approbation*; et le contraire pour le vice. Je passe ensuite à l'examen d'un fait simple: quelles actions ont cette influence? Je considère toutes les circonstances par lesquelles ces actions s'accordent et à partir de là j'essaie

d'extraire certaines observations générales touchant ces sentiments. Si vous appelez cela de la métaphysique et trouvez
quelque chose d'abstrus, vous n'avez plus qu'à conclure que
vous n'avez pas un tour d'esprit propre à l'étude des sciences
morales.

II. Lorsqu'un homme vient à délibérer sur sa propre conduite
(par exemple, s'il ferait mieux, dans une conjoncture particulière, de porter assistance à un frère ou à un bienfaiteur), il faut
qu'il prenne en considération ces relations différentes, ainsi que
toutes les circonstances et les situations propres aux personnes,
afin de déterminer quel est le devoir ou l'obligation la plus forte.
De même, pour déterminer la proportion des lignes dans un
triangle quelconque, faut-il examiner la nature de cette figure et
les relations qu'entretiennent ses différentes parties. Mais en
dépit de cette apparente similitude entre les deux cas, il y a au
fond une différence extrême. Celui qui raisonne spéculativement
sur les triangles et les cercles considère les diverses relations qui
sont données et connues entre les parties de ces figures, et il en
infère quelque relation inconnue qui dépend des précédentes.
Mais dans les délibérations morales, nous sommes obligés
de connaître d'avance tous les objets et toutes leurs relations
mutuelles; et, de la comparaison du tout, nous arrêtons notre
choix et notre approbation. Il ne s'agit pas d'établir un nouveau
fait, ni de découvrir une nouvelle relation. Nous sommes censés
embrasser toutes les circonstances du cas considéré, avant de
nous mettre en état de rendre un jugement de blâme ou d'approbation. Qu'une circonstance essentielle reste encore inconnue ou
douteuse, nous devons alors user de notre capacité d'examen
ou de nos facultés intellectuelles pour nous en assurer et, en
attendant, suspendre tout sentiment ou toute décision morale.
Aussi longtemps que nous ignorons si un homme a été
l'agresseur ou non, comment pourrions déterminer si celui qui
l'a tué est un criminel ou un innocent? Mais après que chaque
circonstance, chaque relation est connue, l'entendement n'a

plus rien à faire, n'ayant plus d'objet à quoi s'employer. L'approbation ou le blâme qui suivent alors ne peuvent être l'œuvre du jugement mais du cœur; il ne s'agit pas d'une proposition ou d'une affirmation spéculative mais d'une impression ou d'un sentiment actif. Dans les recherches de l'entendement, nous partons des circonstances et des relations connues et nous en inférons de nouvelles et d'inconnues. Dans les décisions morales, toutes les circonstances et toutes les relations doivent être connues d'abord; et l'esprit, contemplant le tout, sent une nouvelle impression d'affection ou de dégoût, d'estime ou de mépris, d'approbation ou de blâme.

De là la différence qui se trouve entre une erreur de *fait* et une erreur de *droit**; de là la raison qui fait ordinairement de l'une un crime, et de l'autre non. Lorsque Œdipe tua Laïos, il ignorait la relation qui les unissait; et les circonstances lui firent innocemment et involontairement former des opinions erronées sur l'action qu'il commettait. En revanche, quand Néron tua Agrippine, toutes les relations qui étaient entre elle et lui, ainsi que toutes les circonstances du fait, lui étaient déjà connues; mais les motifs de la vengeance, de la crainte ou de l'intérêt l'emportèrent dans son cœur barbare sur les sentiments du devoir et de l'humanité. Et quand nous marquons à son égard cette horreur à laquelle il devint lui-même rapidement insensible, ce n'est pas que nous saisissions des relations dont il aurait été ignorant: mais le caractère droit de notre disposition nous fait éprouver des sentiments contre lesquels il s'était endurci par la flatterie et par une longue persévérance dans les crimes les plus noirs. C'est donc dans ces sentiments, et non dans la découverte de quelque espèce de relations, que consistent toutes les déterminations morales. Avant que nous décidions rien de cette sorte, il faut que toute chose soit connue, et de manière sûre, du côté de l'objet et de l'action. Alors il ne reste plus que d'éprouver de notre côté un sentiment de blâme ou d'approbation, d'après lequel nous déclarons l'action criminelle ou vertueuse.

III. Cette doctrine deviendra plus évidente encore si nous comparons la beauté morale à la beauté naturelle à laquelle elle ressemble si étroitement, par tant d'aspects. C'est de la proportion, de la relation et de l'arrangement des parties que toute beauté naturelle dépend ; mais il serait absurde d'en conclure que la perception de la beauté, à l'instar de la perception de la vérité dans les problèmes de géométrie, est toute entière dans la perception des relations et qu'elle est l'œuvre du seul entendement ou des seules facultés intellectuelles. Dans toutes les sciences, notre esprit partant des relations connues, recherche celles qui sont inconnues. Mais dans toutes les décisions de goût, et qui ont trait à la beauté externe, toutes les relations sont d'abord sous nos yeux ; et de là nous venons à éprouver un sentiment de complaisance ou de dégoût, selon la nature de l'objet et la disposition de nos organes.

Euclide a parfaitement expliqué toutes les qualités du cercle, mais dans aucune de ses propositions il n'a dit un mot de la beauté de cette figure. La raison en est évidente. La beauté n'est pas une qualité du cercle. Elle ne réside dans aucune partie de cette courbe dont tous les points sont à égale distance d'un centre commun. Elle est seulement l'effet que produit cette figure sur notre esprit, dont la conformation et la structure sont ainsi faites qu'il est capable de tels sentiments. En vain iriez-vous la chercher dans le cercle lui-même ; en vain, par le moyen de vos sens ou par des raisonnements mathématiques, tenteriez-vous de la trouver dans toutes les propriétés de cette figure.

Écoutez Palladio et Perrault[1] vous expliquer toutes les parties et toutes les proportions d'une colonne. Ils parlent de la corniche, de la frise, de la base, de l'entablement, du fût et de

---

1. Andrea di Pietro, dit Palladio (1508-1580), architecte à Venise et auteur des *Quatre livres de l'architecture* ; Claude Perrault fut associé aux travaux du Louvre et il est l'auteur d'un *Traité sur les cinq ordres des colonnes*.

l'architrave, et ils donnent la description et la position de chacun de ces éléments. Mais si vous leur demandiez la description et la place de la beauté de la colonne, ils vous répondraient sur le champ que la beauté n'est dans aucune de ses parties ni de ses éléments, mais qu'elle résulte de l'ensemble, quand cette figure complexe s'offre à un esprit intelligent et capable de ces sensations délicates. Jusqu'à ce que paraisse un tel spectateur, il n'y a qu'une figure dotée de certaines dimensions et proportions : l'élégance et la beauté ne naîtront que de ses sentiments.

Écoutez maintenant Cicéron quand il peint les crimes d'un Verrès ou d'un Catilina. Vous devez avouer que la turpitude morale résulte pareillement de la considération de l'ensemble quand il est présenté à un être dont les organes ont une structure et une conformation particulière donnée. L'orateur peut peindre d'un côté la fureur, l'insolence et la barbarie, de l'autre côté la douceur, la souffrance, le chagrin et l'innocence. Mais si vous ne sentez ni indignation ni compassion à la vue de ce tableau, en vain lui demanderiez-vous en quoi consiste le crime ou la scélératesse contre laquelle il s'élève avec tant de véhémence, en quel temps et à quel sujet ce crime a commencé d'exister, et ce qu'il en est advenu quelques mois plus tard, lorsque toutes les dispositions et les pensées des acteurs sont totalement changées ou effacées. Aucune réponse satisfaisante ne peut être donnée à toutes ces questions si l'on tient à l'hypothèse morale abstraite ; et nous devons à la fin avouer que le crime et l'immoralité ne sont point des faits ou des relations particulières qui seraient les objets de l'entendement, mais qu'ils naissent entièrement du sentiment de désapprobation que par la constitution même de la nature humaine nous éprouvons inévitablement à la vue de la barbarie et de la perfidie.

IV. Les objets inanimés peuvent entretenir les mêmes relations que celles qu'on observe chez les agents moraux, mais ils ne seront jamais des objets d'amour ou de haine, ni par conséquent des objets capables de mérite ou de démérite. Un arbre jeune qui dépasse et détruit son parent, se trouve dans les mêmes relations que Néron, quand il fit mourir Agrippine ; si la moralité ne consistait qu'en relations, ce rejeton serait sans nul doute tout aussi criminel.

V. Il paraît évident que les fins dernières des actions humaines ne sont nullement explicables par la *raison*, mais qu'elles se recommandent entièrement aux sentiments et aux affections des hommes, sans rien devoir à leurs facultés intellectuelles. Demandez à un homme *pourquoi il fait de l'exercice* ; il vous répondra *qu'il désire rester en bonne santé.* Si vous lui demandez *pourquoi il désire la santé,* il vous répondra sur le champ : *parce que la maladie est un état douloureux.* Si vous poussez plus loin vos questions et que vous désiriez savoir la raison *pour laquelle il hait la douleur,* il lui est impossible de vous répondre. C'est là la fin dernière, qui jamais n'est rapportée à un autre objet.

Peut-être à votre seconde question, pourquoi il désire la santé, répondra-t-il aussi que c'est nécessaire à l'exercice de sa profession. Si vous lui demandez pourquoi il s'inquiète sur ce chapitre, il répondra que c'est parce qu'il désire gagner de l'argent. Si vous demandez : pourquoi ? Il dira : parce que l'argent est le moyen du plaisir. Et ce serait une absurdité que d'exiger encore une nouvelle raison. Il est impossible qu'il y ait un progrès à l'infini et qu'une chose soit toujours la raison pour laquelle une autre est désirée. Il faut qu'une chose soit désirable pour son propre compte et par sa conformité et sa convenance avec les sentiments et les affections humaines.

Or, comme la vertu est une fin et qu'elle est désirable pour l'amour d'elle-même, sans rémunération ni récompense attendue, uniquement pour la satisfaction immédiate qu'elle apporte, il faut qu'il y ait en nous quelque sentiment qu'elle touche, quelque goût ou impression intérieure – employez le nom que vous voudrez – qui distingue entre le bien et le mal moral, qui embrasse l'un et rejette l'autre.

Ainsi est-il facile d'établir les limites et les fonctions respectives de la *raison* et du *goût*. La première apporte la connaissance du vrai et du faux ; le second donne le sentiment du beau et du laid, du vice et de la vertu. L'une nous découvre les objets tels qu'ils sont dans la nature, sans rien ajouter ni retrancher ; l'autre a un pouvoir de production et, dorant ou ternissant tous les objets naturels par les couleurs qu'il emprunte au sentiment intérieur, il fait surgir une sorte de nouveau monde. La raison qui est froide et sans attache n'est pas un motif pour l'action et se borne à diriger l'impulsion reçue de l'appétit ou de l'inclination, en nous montrant les moyens d'atteindre le bonheur et de fuir le malheur ; le goût, en donnant plaisir et peine et étant ainsi la source du bonheur et du malheur, devient un motif pour l'action et constitue le premier ressort, le premier mouvement du désir et de la volonté. À partir des circonstances et des relations connues ou supposées, la première nous mène à la découverte de celles qui sont cachées et inconnues ; une fois ces circonstances et ces relations placées devant nous, le second nous fait tirer de l'ensemble un sentiment nouveau de blâme ou d'approbation. La règle de la raison, fondée sur la nature des choses, est éternelle et inflexible, même pour la volonté de l'Être Suprême ; la règle du goût, naissant de la conformation et de la constitution interne des animaux, a pour source première cette Volonté Suprême qui a doté chaque être de sa nature particulière et disposé les différentes classes et les différents ordres de l'existence.

ALFRED J. AYER

LA CRITIQUE DE L'ÉTHIQUE *

Il reste encore une objection à examiner avant que nous puissions prétendre avoir justifié notre thèse, selon laquelle toutes les propositions synthétiques sont des hypothèses empiriques. Cette objection est basée sur la supposition commune que notre connaissance spéculative est de deux espèces différentes, celle se rapportant aux questions de fait empiriques et celle concernant les questions de valeur. On dira que les « jugements de valeur » sont d'authentiques propositions synthétiques, mais qu'elles ne peuvent pas, avec quelque apparence de vérité, être considérées comme des hypothèses, destinées à prévoir les cours de nos sensations, et en conséquence, que l'existence de l'éthique et de l'esthétique comme branches de la connaissance spéculative présente une objection insurmontable à notre empirisme radical.

En présence de cette objection, nous aurons à présenter une explication du « jugement de valeur » telle qu'elle soit à la fois satisfaisante en elle-même et en accord avec nos principes empiristes. Nous nous efforcerons de montrer que dans la me mesure

* Alfred Jules Ayer, « Critique de l'éthique et de la théologie », chap. 6 de son *Langage, vérité et logique* (1936), trad. fr. J. Ohana (revue pour la présente édition), Paris, Flammarion, 1956, p. 143-161.

où les jugements de valeur sont signifiants, ils sont ordinairement des jugements « scientifiques », et que dans la mesure où ils
ne sont pas scientifiques, ils ne sont pas littéralement parlant
signifiants, mais sont simplement des expressions de l'émotion
qui ne peuvent être ni vraies ni fausses. En soutenant cette thèse
nous pouvons nous en tenir pour le moment au cas des jugements
éthiques. Ce qui est dit à leur sujet pourra s'appliquer, *mutatis
mutandis*, également aux jugements esthétiques […].

Le système ordinaire de l'éthique, tel qu'il est élaboré dans
les œuvres des philosophes moraux, est très loin de former
un tout homogène. Non seulement il peut contenir des éléments
métaphysiques et des analyses de concepts non éthiques,
mais ses contenus éthiques réels sont eux-mêmes de différentes
espèces. Nous pouvons les diviser, en effet, en quatre classes
principales. Il y a, tout d'abord, des propositions qui expriment
des définitions de termes éthiques, ou des jugements sur la légitimité ou la possibilité de certaines définitions. Deuxièmement, il
y a des propositions décrivant les phénomènes de l'expérience
morale et leurs causes. Troisièmement, il y a des exhortations à la
vertu morale. Et enfin il y a de véritables jugements éthiques.
C'est malheureusement un fait que la distinction entre ces quatre
classes, simple comme elle est, est communément ignorée par les
philosophes moraux, avec la conséquence qu'il est souvent très
difficile de dire, d'après leurs œuvres, ce qu'ils cherchent à
découvrir ou à prouver.

En fait, il est aisé de voir que c'est seulement la première
des quatre classes, à savoir celle qui comprend les propositions
relatives aux définitions des termes éthiques, qui peut être dite
constituer la philosophie éthique. Les propositions qui décrivent
les phénomènes d'expérience morale et leurs causes doivent être
attribuées à la science de la psychologie ou de la sociologie. Les
exhortations à la vertu morale ne sont pas des propositions du
tout, mais des exclamations ou des commandements, qui sont
destinés à susciter chez le lecteur une action d'une certaine

espèce. En conséquence, elles n'appartiennent à aucune branche de la philosophie ou de la science. Quant aux expressions des jugements éthiques, nous n'avons pas encore décidé comment elles doivent être classées. Mais puisqu'elles ne sont certainement ni des définitions, ni des commentaires sur ces définitions, ni des citations, nous pouvons affirmer avec décision qu'elles n'appartiennent pas à la philosophie éthique. Un traité strictement philosophique sur l'éthique ne devrait donc prononcer aucune proposition éthique. Mais il devrait montrer en donnant une analyse des termes éthiques quelle est la catégorie à laquelle toutes ces affirmations appartiennent. Et c'est à quoi nous allons maintenant procéder.

Une question qui est souvent discutée par les philosophes de l'éthique est de savoir s'il est possible de trouver des définitions qui réduisent tous les termes éthiques à un ou deux termes fondamentaux. Mais cette question, quoi qu'elle appartienne indéniablement à la philosophie éthique, n'est pas du ressort de notre enquête présente. Nous n'avons pas pour le moment à découvrir quel terme, à l'intérieur des termes éthiques, doit être tenu pour fondamental, si par exemple « bien » (*good*) peut être défini en termes de « juste »* (*right*) ou « juste »* en termes de « bien », ou les deux en termes de « valeur ». Ce qui nous intéresse est la possibilité de réduire toute la sphère des termes éthiques à des termes non éthiques. Nous cherchons à savoir si les jugements de valeur éthique peuvent être traduits en jugements de fait empirique.

Qu'ils puissent être ainsi traduits, c'est la prétention de ceux des philosophes de l'éthique qui sont communément appelés subjectivistes et de ceux qui sont connus comme utilitaristes. Car l'utilitariste définit la rectitude* des actions et la bonté des fins en termes de plaisir, de bonheur ou de satisfaction auxquels elles donnent lieu, et le subjectiviste – en termes du sentiment d'approbation qu'une certaine personne ou un groupe de gens éprouvent à leur égard. Chacun de ces types de définition fait entrer le jugement moral dans une sous-classe de jugements psychologiques ou sociologiques. Car si l'une ou l'autre était correcte, il s'ensuivrait que les assertions éthiques ne sont généralement pas différentes des assertions factuelles qu'on leur oppose d'ordinaire, et l'explication que nous avons déjà donnée des hypothèses empiriques s'appliquerait à elles également.

Cependant nous n'adopterons ni une analyse subjectiviste, ni une analyse utilitaire des termes éthiques. Nous rejetons le point de vue subjectiviste selon lequel dire qu'une action est juste* ou une chose bonne, c'est dire qu'elle est généralement approuvée, parce qu'il n'est pas contradictoire d'affirmer que des actions qui sont généralement approuvées ne sont pas justes*, ou que certaines choses qui sont généralement approuvées ne sont pas bonnes. Et nous rejetons l'autre thèse subjectiviste selon laquelle un homme qui affirme qu'une certaine action est droite* ou qu'une certaine chose est bonne, dit qu'il l'approuve lui-même, parce qu'un homme qui confesserait avoir approuvé quelquefois ce qui est mauvais ou injuste* ne se mettrait pas en contradiction avec lui-même. Et un argument semblable est fatal à l'utilitarisme. Nous ne sommes pas d'accord pour dire qu'appeler une action morale* est dire que de toutes les actions possibles, dans des circonstances données, elle produirait, ou devrait vraisemblablement produire, le plus grand bonheur ou la plus grande supériorité du plaisir sur la douleur ou la plus grande supériorité de désir satisfait sur le désir insatisfait, parce que nous trouvons qu'il n'est pas contradictoire de dire qu'il est quelquefois immoral* de réaliser l'action qui produirait effectivement ou probablement le plus grand bonheur ou la plus grande supériorité du plaisir sur la peine ou du désir satisfait sur le désir insatisfait. Et puisque ce n'est pas contradictoire de dire que certaines choses agréables ne sont pas bonnes, ou que quelques choses mauvaises sont désirées, on ne peut pas dire que la phrase « x est bon » est équivalente à « x est agréable » ou à « x est désiré ». Et à chaque autre variante d'utilitarisme que je connais, la même objection peut être faite. Et par conséquent nous devrions conclure, je pense, que la validité des jugements éthiques n'est pas déterminée par les tendances eudémoniques des actions, pas plus que par la nature des sentiments des agents moraux ; mais qu'elle doit être regardée comme « absolue » ou « intrinsèque » et non pas calculable empiriquement.

Si nous disons cela, il est évident que nous ne nions pas qu'il soit possible d'inventer un langage dans lequel tous les symboles éthiques seraient définissables en termes non éthiques ou même qu'il soit désirable d'inventer un tel langage, et de l'adopter à la place du nôtre ; ce que nous nions c'est que la réduction suggérée des jugements éthiques aux jugements non éthiques soit en accord avec les conventions de notre langage actuel. C'est-à-dire, nous rejetons l'utilitarisme et le subjectivisme, non comme projets de remplacer nos notions éthiques actuelles par de nouvelles, mais comme analyse de nos notions éthiques existantes. Nous prétendons simplement que dans notre langage, les énoncés qui contiennent des symboles normatifs éthiques ne sont pas équivalents aux énoncés qui expriment des propositions psychologiques ou des propositions empiriques de quelque espèce que ce soit.

Il est utile de faire remarquer ici que ce sont seulement les symboles normatifs éthiques, et non point des symboles éthiques descriptifs, qui sont considérés par nous comme indéfinissables en termes factuels. Il y a danger à confondre ces deux types de symboles, parce qu'ils sont communément constitués par des signes de la même forme sensible. Ainsi un signe complexe de la forme « x est mal »* peut constituer ou bien une phrase qui exprime un jugement moral concernant un certain type de conduite ou bien une phrase qui établit qu'un certain type de conduite est répugnant au sens moral d'une société particulière. Dans le dernier cas, le symbole « mal »* est un symbole éthique descriptif, et la phrase où il se rencontre exprime une proposition sociologique ordinaire ; dans le premier cas le symbole « mal »* est un symbole normatif éthique, et la phrase dans laquelle il se trouve, nous soutenons qu'elle n'exprime pas du tout une proposition empirique. Il ne s'agit ici que d'éthique normative ; de sorte que partout où des symboles éthiques seront employés sans qualification, au cours de ce développement, ils devront toujours être interprétés comme symboles du type normatif.

En soutenant que les concepts éthiques normatifs sont irréductibles aux concepts empiriques, nous semblons laisser la voie libre à la conception « absolutiste » de l'éthique, à savoir la conception selon laquelle les jugements de valeur ne sont pas contrôlés par l'observation, comme les propositions empiriques ordinaires, mais seulement par une mystérieuse « intuition intellectuelle ». Un trait de cette théorie qui est rarement reconnu par ses avocats est qu'il rend les jugements de valeur invérifiables. Car il est notoire que ce qui semble intuitivement certain à une personne, peut sembler douteux, ou même faux à une autre. À moins donc qu'il soit possible de trouver un critère par lequel on puisse décider entre des intuitions contraires, un pur appel à l'intuition est sans valeur comme test de la validité d'une proposition. Mais dans le cas de jugements moraux, aucun critère de ce genre ne peut être donné. Quelques moralistes prétendent décider de la chose en disant qu'ils « savent » que leurs propres jugements moraux sont corrects. Mais une telle assertion est d'un intérêt purement psychologique et ne présente pas la moindre tendance à prouver la validité quelque jugement moral que ce soit, car des moralistes opposés peuvent « savoir » aussi bien que leurs vues éthiques sont correctes. Et aussi longtemps qu'il s'agira de la certitude subjective, il n'y aura rien qui permette de décider entre eux. Lorsque de telles différences d'opinion se présentent à propos d'une proposition empirique, on peut essayer de les surmonter en se rapportant à un test empirique convenable ou en le produisant. Mais quand il s'agit de jugements moraux, il n'y a pas, par rapport à cette théorie « absolutiste » ou « intuitionniste » de test empirique convenable.

Nous sommes donc justifié à dire que par rapport à cette théorie, les jugements éthiques sont considérés comme invérifiables. Ils sont évidemment aussi considérés comme d'authentiques propositions synthétiques.

Si l'on considère l'usage que nous avons fait du principe qu'une proposition synthétique est signifiante seulement si elle est empiriquement vérifiable, il est clair que l'acceptation d'une théorie « absolutiste » de l'éthique minerait tout l'édifice de notre démonstration. Et comme nous avons déjà rejeté les théories « naturalistes » qui sont communément supposées fournir l'unique alternative à l'« absolutisme » en éthique, nous paraissons être arrivé à une position difficile. Nous aborderons la difficulté en montrant que le traitement correct des jugements éthiques est fourni par une troisième théorie qui est parfaitement compatible avec notre empirisme radical.

Nous commençons en remarquant que les concepts fondamentaux de l'éthique sont inanalysables, attendu qu'il n'y a pas de critère par lequel on puisse vérifier la validité des jugements dans lesquels ils se trouvent introduits. Jusque-là nous sommes d'accord avec les absolutistes. Mais contrairement aux absolutistes, nous sommes capables de donner une explication de ce fait concernant les concepts éthiques. Nous disons que la raison pour laquelle ils sont inanalysables est qu'ils sont que des pseudo-concepts. La présence d'un symbole éthique dans une proposition n'ajoute rien à son contenu factuel. Ainsi si je dis à quelqu'un : « Vous avez mal* agi en volant cet argent », je ne dis lien de plus que si j'avais simplement déclaré : « Vous avez volé cet argent ». En ajoutant que cette action est mauvaise, je ne formule aucun autre jugement sur elle, je manifeste simplement ma désapprobation de la chose. C'est comme si j'avais dit « vous avez volé cet argent » sur un ton particulier d'horreur ou si je l'avais écrit avec l'addition de quelque point spécial d'exclamation. Le ton, ou le signe de l'exclamation n'ajoute rien au sens

littéral de la phrase. Il sert simplement à montrer que son expression est accompagné de certains sentiments chez le sujet parlant.

Si maintenant je généralise mon premier jugement et dis
« Il est mal* de voler de l'argent », je produis un énoncé qui
n'a aucun contenu factuel, n'exprime aucune proposition qui
pourra être vraie ou fausse. C'est comme si j'avais écrit : « Voler
de l'argent !! », où la forme et l'épaisseur des points d'exclamation montrent, par une convention convenable, qu'une espèce
spéciale de désapprobation morale est le sentiment qui est
exprimé. Il est clair qu'il n'est rien dit ici qui puisse être vrai ou
faux. Une autre personne peut être en désaccord avec moi sur le
caractère mauvais* du vol, dans le sens qu'elle peut n'avoir pas
les mêmes sentiments que moi sur le vol, et elle peut me quereller
sur mes sentiments moraux. Mais elle ne peut pas, exactement
parlant, me contredire, car en disant qu'un certain type d'action
est bonne* ou mauvaise*, je ne formule aucun jugement factuel,
pas même un jugement sur mon propre état d'esprit. J'exprime
simplement certains sentiments moraux. Et celui qui est censé
me contredire ne fait qu'exprimer ses sentiments moraux. Il n'y a
donc absolument pas de sens à demander qui de nous a raison.
Car aucun de nous n'exprime une proposition authentique [1].

1. La théorie éthique développée ici semble trop radicale. L'auteur a apporté
des correctifs dans ses travaux ultérieurs. Ici, il soutient que les jugements moraux,
en tant que tels, ne sont pas des jugements du tout, mais des expressions de
sentiments. Ce sont des exhortations faites à autrui de réaliser certaines conduites.
Par conséquent, dans le langage du positivisme logique les jugements moraux sont
dépourvus de sens (*meaningless*), car ils n'expriment aucune situation ni élément
de situation extérieure. Dans l'Appendice (1946), il reconnaît que le terme éthique
s'applique à un élément de la situation, à la description de l'acte, mais il maintient
que beaucoup de jugements moraux sont purement normatifs, et relèvent de la
théorie émotive. Dans un article de l'*Horizon*, « On the Analysis of Moral Judge-
ments » (1949), reproduit dans *Philosophical Essays*, p. 23, l'auteur distingue
deux sortes de jugements de valeur, l'appréciation de fait, telle qu'elle a lieu dans
un milieu donné, et une appréciation de droit, qui prétend déterminer non ce qui est

Ce que nous venons de dire au sujet du symbole « mal »* s'applique à tous les symboles normatifs éthiques. Ils se rencontrent tantôt dans des phrases qui rapportent des faits empiriques, en exprimant des sentiments moraux à leur sujet, tantôt ils se rencontrent dans des phrases qui ne font qu'exprimer des sentiments moraux au sujet d'un certain type d'actions ou de situation sans formuler de jugement de fait. Mais dans tous les cas où l'on serait dit communément faire un jugement éthique, la fonction du mot éthique employé est purement « émotive ». Il est employé pour exprimer des sentiments au sujet de certains objets mais non pour formuler une assertion à leur sujet.

Il mérite d'être mentionné que les termes éthiques ne servent pas seulement à exprimer des sentiments. Ils sont destinés aussi à susciter les sentiments, et ainsi à stimuler l'action. En effet, quelques-uns d'entre eux sont employés de manière à donner aux énoncés dans lesquels ils se rencontrent l'effet de commandements. Ainsi l'énoncé : « Dire la vérité constitue votre devoir » peut être regardée à la fois comme l'expression d'une certaine sorte de sentiment éthique sur la véracité et comme l'expression du commandement : « Dites la vérité ». L'énoncé « Vous devriez dire la vérité », mais, ici, le ton de commandement est moins emphatique. Dans la phrase : « Il est bon de dire la vérité », le commandement est devenu un peu plus qu'une suggestion. Et ainsi le « sens » du mot « bien » (*good*) dans son usage éthique, est différencié du mot « devoir » (*duty*) et du mot « devriez » (*ought*). En fait, nous pouvons définir le sens des différents mots éthiques en termes de sentiments divers qu'ils ont l'habitude d'exprimer, et en même temps par rapport aux différentes réponses qu'ils sont destinés à provoquer.

---

considéré comme moral, mais ce qui doit être considéré comme moral. M. Ayer prétend que sa théorie émotive continue à s'appliquer aux jugements purement normatifs. On ne démontre pas les propositions purement normatives [N.d. T.].

Nous pouvons maintenant voir pourquoi il est impossible de trouver un critère pour déterminer la validité des jugements éthiques. Ce n'est pas parce qu'ils ont une valeur « absolue », qui serait mystérieusement indépendante de l'expérience des sens, mais parce qu'ils n'ont pas de valeur objective d'aucune sorte. Si une phrase n'exprime point de jugement du tout, il n'y a évidemment aucun sens à demander si ce qu'elle exprime est vrai ou faux. Et nous avons vu que les phrases qui expriment simplement les jugements moraux ne disent rien. Ce sont de pures expressions de sentiment, et comme telles, elles ne tombent pas dans la catégorie du vrai et du faux. Elles sont invérifiables, parce qu'elles n'expriment pas de propositions authentiques.

Ainsi, quoique notre théorie éthique puisse très bien être dite radicalement subjectiviste, elle diffère sur un point important de la théorie subjectiviste orthodoxe. Car le subjectiviste orthodoxe ne nie pas comme nous que les phrases d'un moraliste expriment des propositions authentiques. Tout ce qu'il nie, c'est qu'elles expriment des propositions d'un caractère non empirique unique. Sa thèse est qu'elles expriment des propositions concernant les sentiments de celui qui parle. S'il en était ainsi, les jugements éthiques seraient évidemment susceptibles d'être vrais ou faux. Ils seraient vrais si le sujet parlant avait les sentiments exprimés, et faux s'il ne les avait pas. Et cela est une matière qui est en principe empiriquement vérifiable ; d'autre part, ils pourraient être contredits d'une manière signifiante. Car si je dis : « La tolérance est une vertu » et que quelqu'un réponde : « Vous ne l'approuvez pas », du point de vue de la théorie subjectiviste ordinaire, il me contredirait. D'après notre théorie, il ne me contredirait pas, parce qu'en disant que la tolérance est une vertu, je ne formulerais aucun jugement sur mes sentiments, ni sur quoi que ce soit d'autre. Je ne ferais alors que manifester mes sentiments, ce qui n'est pas du tout la même chose que de dire que je les ai.

La distinction entre l'expression du sentiment et l'assertion sur le sentiment est compliquée par le fait que l'assertion que l'on éprouve un certain sentiment s'accompagne souvent de l'expression de ce sentiment et est alors, en effet, un facteur dans l'expression de ce sentiment. Ainsi je pense simultanément exprimer l'ennui et dire que je m'ennuie, et dans ce cas mon énonciation des mots « je m'ennuie » est une des circonstances qui permettent de dire que j'exprime ou manifeste l'ennui. Mais je peux exprimer l'ennui sans dire effectivement que je m'ennuie. Je peux l'exprimer par mon ton et par des gestes, en formulant un jugement sur quelque chose tout à fait indépendant de lui, ou par une exclamation, ou sans prononcer aucune parole du tout. De sorte que même si l'assertion que l'on éprouve un certain sentiment implique toujours l'expression de ce sentiment, l'expression d'un sentiment n'implique assurément pas toujours l'assertion qu'on l'éprouve. Et cela est le point important à saisir pour comprendre la distinction entre notre théorie et la théorie subjectiviste ordinaire. Car quoique le subjectiviste soutienne que les jugements éthiques affirment effectivement l'existence de certains sentiments, nous soutenons que les jugements éthiques sont les expressions et les stimulants des sentiments qui n'impliquent pas nécessairement d'assertion.

Nous avons déjà remarqué que la principale objection à la théorie subjectiviste ordinaire est que la validité des jugements éthiques n'est pas déterminée par la nature des sentiments de leur auteur. Et c'est une objection à laquelle échappe notre théorie. Car elle n'implique pas que l'existence du sentiment est une condition nécessaire et suffisante de la validité d'un jugement éthique. Elle implique au contraire que les jugements éthiques n'ont point de validité.

Il y a cependant un argument bien connu contre les théories subjectivistes, auquel notre théorie n'échappe pas. Moore a fait la remarque que si les jugements éthiques étaient simplement des jugements sur les sentiments du sujet parlant, il serait impossible de discuter sur les questions de valeur[1]. Pour prendre un exemple typique, si une personne disait que l'épargne est une vertu et qu'une autre répliquât qu'elle est un vice, elles n'entreraient pas en discussion l'une avec l'autre. L'une dirait qu'elle approuve l'épargne, l'autre qu'elle ne l'approuve pas, et il n'y a aucune raison pour que ces deux jugements ne soient pas tous les deux. Maintenant Moore considère cela est évident, que nous discutons au sujet des questions de valeur et conclut par conséquent que la forme particulière de subjectivisme qu'il discutait était fausse.

Il est clair que la conclusion qu'il est impossible de disputer au sujet de questions de valeur, suit également de notre théorie. Car comme nous considérons que des phrases comme « l'économie est une vertu » et « l'économie est un vice » n'expriment point des propositions du tout, nous ne pouvons évidemment considérer qu'elles expriment des propositions incompatibles. Nous devons cependant admettre que si l'argument de Moore réfute réellement la théorie subjectiviste ordinaire, elle réfute aussi la nôtre. Mais en fait, nous nions qu'elle réfute même la théorie subjectiviste ordinaire. Car nous soutenons qu'on ne dispute jamais des questions de valeur.

Cela peut sembler à première vue être une assertion très paradoxale. Car il nous arrive certainement d'engager des discussions qui sont ordinairement considérées comme des discussions au sujet de questions de valeur. Mais dans tous ces cas nous trouvons, si nous considérons la chose de plus près, que la discussion n'est pas réellement une discussion sur la valeur, mais sur une question de fait. Lorsque quelqu'un est en désaccord avec nous, au sujet de la valeur morale d'une certaine action ou d'un type d'action, nous avons recours, d'une manière

1. *Cf.* G. E. Moore, « The Nature of Moral Philosophy », *Philosophical Studies*, 1922.

évidente, à l'argumentation en vue de le gagner à notre manière le penser. Mais nous n'essayons pas de montrer par nos arguments qu'il a les « mauvais » sentiments éthiques à l'égard d'une situation dont il a correctement appréhendé la nature. Ce que nous cherchons à montrer, c'est qu'il s'est trompé sur les circonstances du cas en question. Nous arguons qu'il a mal compris le motif de l'agent, ou qu'il a mésestimé les effets de l'action ou ses effets probables au regard de la connaissance de l'agent, ou qu'il n'a pas tenu compte des circonstances spéciales dans lesquelles l'agent était placé. Ou encore nous employons des arguments plus généraux au sujet des effets que les actions d'un certain type peuvent produire ou des qualités qui sont habituellement manifestées dans leur accomplissement. Nous faisons cela dans l'espoir que nous avons seulement à obtenir de notre interlocuteur qu'il se mette d'accord avec nous au sujet de la nature des faits empiriques, pour qu'il adopte la même attitude morale que nous à leur égard. Et comme les gens avec qui nous discutons ont généralement reçu la même éducation morale que nous-mêmes et vivent dans le même ordre social, notre attente est généralement justifiée. Mais si notre interlocuteur se trouve avoir subi un « conditionnement » moral différent du nôtre, de sorte qu'après avoir reconnu tous les faits, il continue à opiner différemment sur la valeur morale de l'action en question, alors nous abandonnons la tentation de le convaincre par argument. Nous disons qu'il est impossible de discuter avec lui, parce qu'il a un sens moral corrompu ou fruste, ce qui signifie simplement qu'il emploie une table des valeurs différente de la nôtre. Nous sentons que notre propre système de valeurs est supérieur et nous nous permettons en conséquence de déprécier le sien. Mais nous ne pouvons pas avancer d'argument propre à montrer que notre système est supérieur. Car notre jugement qu'il en est ainsi est lui-même un jugement de valeur, et par conséquent se trouve en dehors de l'objet de la discussion. C'est parce que l'argument nous fait défaut quand nous traitons de pures questions de valeur comme distinctes des questions de fait, que nous recourons finalement à la violence.

En bref, nous estimons que la discussion est possible dans les questions de morale, seulement si un système de valeurs est présupposé. Si notre interlocuteur s'accorde avec nous pour exprimer la désapprobation morale de toutes les actions d'un type donné *t*, alors nous pouvons obtenir de lui qu'il condamne une action particulière A, en montrant que A est du type *t*. Car la question de savoir si A est ou non du type *t* est une simple question de fait. Étant donné qu'une personne propose certains principes moraux, nous concluons qu'elle doit, pour être cohérente, réagir moralement à certaines choses d'une certaine manière. Ce que nous ne discutons pas et ne pouvons discuter, c'est au sujet de la validité de ces principes moraux. Nous les louons ou condamnons simplement à la lumière de nos propres sentiments.

Si quelqu'un doute de l'exactitude de cette manière de considérer les discussions morales, qu'il essaye de construire une argumentation, si imaginaire soit-elle, sur une question des valeurs qui ne se réduise pas à une argumentation sur une question de logique ou sur une matière de fait empirique. Je suis convaincu qu'il ne réussira pas à produire un seul exemple. Et s'il en est ainsi, il doit admettre que le fait d'impliquer l'impossibilité d'une argumentation purement éthique n'est pas comme Moore le pensait, une objection à notre théorie, mais au contraire un argument en sa faveur.

Ayant défendu notre théorie contre la seule critique qui semblait la menacer, nous pouvons maintenant lui faire définir la nature de toutes les enquêtes éthiques. Nous trouvons que la philosophie éthique consiste simplement à dire que les concepts éthiques sont des pseudo-concepts et par conséquent inanalysables. La tâche ultérieure de décrire les différents sentiments que les différents termes éthiques ont coutume d'exprimer, et les différentes réactions qu'ils provoquent habituellement, est une tâche de psychologue. Il ne peut pas y avoir une chose telle qu'une science éthique, si par science éthique on veut dire l'élaboration d'un système de morale « vrai ». Car nous avons vu que les jugements éthiques étant de pures expressions de sentiments, il ne peut y avoir aucun moyen de déterminer la validité d'un système éthique, et en effet, aucun sens à demander si un tel système est vrai. Tout ce qu'on peut demander dans cette conception est : « Quelles sont les habitudes morales d'une personne donnée ou d'un groupe de personnes, et quelles sont les causes qui déterminent chez elles précisément ces habitudes et ces sentiments ? » Et cette enquête tombe pleinement dans la juridiction des sciences sociales existantes.

Il apparaît donc que l'éthique comme branche de connaissance n'est rien de plus qu'un département de la psychologie et de sociologie. Si quelqu'un pense que nous omettons l'existence de la casuistique, nous pourrions remarquer que la casuistique n'est pas une science mais une investigation purement analytique à l'intérieur de la structure d'un système de morale donné. En d'autres termes, c'est un exercice de logique formelle.

Lorsqu'on se met à poursuivre l'enquête psychologique qui constitue la science éthique, on est immédiatement à même de rendre compte des théories morales kantiennes et hédonistiques. Car on découvre qu'une des principales causes du comportement moral est la crainte, à la fois consciente et inconsciente du déplaisir d'un dieu, et la crainte de l'inimité de la société. Et cela est en effet la raison pour laquelle les préceptes moraux se présentent à certaines personnes comme des commandements catégoriques. Et on découvre aussi que le code moral d'une société est en partie déterminé par les croyances de cette société concernant les conditions de son propre bonheur, ou en d'autres termes qu'une société tend à encourager ou à décourager un type donné de conduite par l'usage des sanctions morales selon qu'il paraît promouvoir ou diminuer le contentement de la société comme totalité.

Et c'est la raison pour laquelle l'altruisme est recommandé dans la plupart des codes moraux et l'égoïsme condamné. C'est de l'observation de cette connexion entre la moralité et le bonheur que naissent les théories morales hédoniques ou eudémoniques exactement comme la morale de Kant est basée sur le fait, expliqué antérieurement, que les préceptes moraux ont pour certains gens al force des commandements inexorables. Comme chacune de ces théories ignore le fait qui se trouve à la racine de l'autre, toutes les deux peuvent être critiquées comme partielles, mais ce n'est pas là la principale objection à l'une et à l'autre. Leur défaut essentiel est qu'elles traitent les propositions qui se réfèrent aux causes et attributs de nos sentiments moraux comme si elles étaient des définitions de concepts éthiques. Et ainsi elles échouent à reconnaître que les concepts éthiques sont des pseudo-concepts et conséquemment indéfinissables.

Comme nous l'avons déjà dit, nos conclusions sur la nature de l'éthique s'appliquent aussi à l'esthétique. Les termes esthétiques sont employés exactement de la même manière que les termes éthiques. De termes esthétiques, tels que « beau » et « hideux », sont employés comme les termes éthiques, non pour formuler des jugements de fait, mais simplement pour exprimer certains sentiments et pour provoquer une certaine réponse. Il s'ensuit que comme en éthique, il n'y a aucun sens à attribuer une validité objective aux jugements esthétiques et aucune possibilité de discuter de questions de valeur en esthétique, mais seulement de questions de faits. Un traitement scientifique de l'esthétique nous montrera quelles ont été les causes des sentiments esthétiques, pourquoi les différentes sociétés ont produit et admiré telles œuvres d'art, pourquoi le goût varie à l'intérieur d'une société donnée, etc. Et ce sont là des questions ordinaires de psychologie ou de sociologie. Elles n'ont évidemment que peu ou pas de rapport avec la critique esthétique comme nous l'entendons. Mais c'est parce que le but de la critique esthétique n'est pas tant de fournir une connaissance que de communiquer une émotion. Le critique, en attirant l'attention sur certains traits de l'ouvrage et en exprimant ses propres sentiments à leur sujet, s'efforce de nous faire partager son attitude à l'égard de l'œuvre dans son ensemble. Les seules propositions pertinentes qu'il formule sont les propositions décrivant la nature de l'ouvrage. Et ce sont de simples rappels de faits. Nous concluons donc qu'il n'y a rien en esthétique de plus qu'en éthique pour justifier la thèse qu'elle relève d'un type de connaissance original.

Il doit maintenant être clair que la seule information que nous puissions légitimement tirer de l'étude de notre expérience esthétique et morale est l'information au sujet de notre propre complexion mentale et physique. Nous prenons note de ces expériences comme fournissant les données pour nos généralisations psychologiques et sociologiques. Et c'est la seule manière dont elles puissent servir à augmenter notre connaissance. Il s'ensuit que toute tentative de faire des concepts éthiques et esthétiques la base d'une théorie métaphysique concernant l'existence d'un monde des valeurs, comme distinct du monde des faits, implique une fausse analyse de ces concepts. Notre propre analyse a montré que les phénomènes de l'expérience morale ne peuvent pas être légitimement utilisés pour soutenir une doctrine rationaliste ou métaphysique quelconque. En particulier, ils ne peuvent pas comme l'espérait Kant être utilisés pour établir l'existence d'un dieu transcendant.

JOHN MACKIE

LA SUBJECTIVITÉ DES VALEURS [*]

Il n'y a pas de valeurs objectives. Voilà une énonciation brute de la thèse présentée dans ce chapitre, mais avant de la défendre, je devrai la clarifier et la restreindre de façon à devancer certaines objections et à prévenir quelques malentendus.

Énoncer une telle thèse risque de provoquer trois genres de réaction, très différents les uns des autres. Certains penseront qu'elle est non seulement fausse, mais pernicieuse ; ils y verront une menace pour la morale et pour tout ce qui vaut quelque chose, en trouvant qu'il est paradoxal ou même choquant de l'avancer dans ce qui prétend être un livre sur l'éthique. D'autres la regarderont comme une vérité triviale, presque trop évidente pour être mentionnée, et sans doute trop patente pour mériter une justification quelconque. D'autres encore diront qu'elle est vide de sens ou insignifiante, car aucun problème réel n'est soulevé par la question de savoir si, oui ou non, les valeurs font partie de la trame du monde. Mais c'est précisément dans la mesure où ces trois réactions différentes sont possibles qu'il est nécessaire d'en dire un peu plus.

[*] John Leslie Mackie, extraits du chapitre « The Subjectivity of Values », *Ethics. Inventing Right and Wrong*, Penguin, 1977, p. 15-49. Traduction de Gaël Kervoas et d'Anna Zielinska.

La thèse selon laquelle les valeurs ne sont pas objectives, qu'elles ne font pas partie de la trame du monde, est censée s'appliquer non seulement à la bonté morale, que l'on pourrait tout naturellement identifier à la valeur morale, mais également à d'autres choses qu'on pourrait appeler de façon un peu plus vague des valeurs et des non-valeurs morales – le bon* et le mauvais* (*rightness and wrongness*), le devoir, l'obligation, le fait qu'une action soit méchante et méprisable, etc. On pourrait aussi y inclure des valeurs non-morales, en particulier les valeurs esthétiques, comme la beauté et toutes sortes de mérite artistique. Je ne dirai rien de très spécifique sur celles-ci, mais il est évident que les mêmes considérations s'appliquent aux valeurs esthétiques et aux valeurs morales, et toute position qui accorderait un statut différent aux unes et aux autres serait dès le départ assez peu plausible.

Puisque ce sont avant tout les valeurs morales qui m'intéressent, le point de vue que j'adopte ici pourrait alors être qualifié de scepticisme moral. Mais ce nom prête facilement à confusion : on pourrait également désigner par « scepticisme moral » chacune de deux conceptions de premier ordre différentes, ou peut-être encore un mélange incohérent des deux. Un sceptique moral pourrait être le genre de personne qui affirme : « Tout ces bavardages sur la morale ne sont que des balivernes » – quelqu'un qui rejette la morale et refuse de la prendre en compte. Il est possible qu'une telle personne rejette littéralement tout jugement moral; mais il est plus probable qu'elle soit en train de porter un jugement moral de son cru en exprimant ce qui n'est rien d'autre qu'une condamnation morale de toutes les conventions morales. Il est également possible qu'elle confonde ces deux points de vue logiquement incompatibles et se trouve affirmer qu'elle rejette toute morale, tandis qu'elle ne fait que rejeter une morale particulière, propre à la société dans laquelle elle a été élevée. Toutefois, les mérites ou les défauts d'une telle position ne me concernent pas pour le moment. Il s'agit là d'opinions morales de premier ordre, positives ou négatives : la personne qui en adopte une, prend de ce fait une certaine attitude pratique, normative. En revanche, ce que je souhaite examiner est une conception de second ordre, qui concerne le statut des valeurs morales et la nature de la valorisation morale (*moral valuing*), ainsi que la question de savoir où et comment ces valeurs s'inscrivent dans le monde. Ces conceptions de premier et de second ordres ne sont pas seulement distinctes, mais aussi tout à fait indépendantes : on pourrait être un sceptique moral de second ordre sans en être un du premier, ou inversement. Quelqu'un pourrait adopter des positions morales très fermes, et même certaines dont le contenu serait entièrement conventionnel, tout en étant convaincu qu'il s'agit là simplement d'attitudes et de lignes de conduite que lui et d'autres gens adoptent de fait. Inversement, quelqu'un d'autre pourrait rejeter toute morale établie, tout en étant convaincu que le caractère mauvais ou corrompu de cette morale soit une vérité objective.

Face à un autre type de malentendu, le scepticisme moral ne semblerait pas tant pernicieux qu'absurde. Comment pourrait-on nier qu'il y a une différence entre une action aimable et une action cruelle, ou qu'un homme courageux et un lâche se comportent différemment face au danger ? Tout cela est évidemment indéniable, mais le problème n'est pas là. Les genres de comportement auxquels on attribue des valeurs morales, positives ou négatives, font effectivement partie de l'ameublement du monde, tout comme les différences naturelles, descriptives, qui existent entre eux ; toutefois, il n'en va peut-être pas de même pour les différences de valeur. C'est un fait solidement établi que les actions cruelles sont différentes des actions aimables, et que nous pouvons ainsi apprendre à les distinguer plus ou moins correctement – ce que nous faisons tous en pratique – et à utiliser les mots « cruel » et « aimable » dans un sens descriptif relativement clair; mais s'agit-il d'un fait tout aussi solide que l'on doive condamner les actions cruelles au sens descriptif? C'est la question de l'objectivité de la valeur en tant que telle qui est en jeu ici, et non celle de l'objectivité des différences naturelles et factuelles sur lesquelles se fonde l'attribution de valeurs différentes.

2. Subjectivisme

Une expression que l'on utilise souvent à la place de « scepticisme moral » pour désigner la conception dont il est question ici, est celle de « subjectivisme ». Mais celle-ci aussi a plus d'une signification. Comme dans le cas précédent, le subjectivisme moral pourrait être une conception normative, du premier ordre, selon laquelle chacun devrait vraiment faire tout ce qu'il pense avoir à faire. Il s'agit manifestement d'une conception (systématique) du premier ordre; dès qu'on l'analyse, elle cesse rapidement d'être plausible, mais là n'est pas la question, car elle est relativement indépendante de la thèse de second ordre qui nous intéresse ici. Plus déroutant est le fait que plusieurs conceptions de second ordre rivalisent pour porter le nom de « subjectivisme ». Certaines sont des doctrines sur la signification des termes et des énoncés moraux. Souvent, on qualifie de subjectivisme moral la doctrine selon laquelle « Cette action est moralement juste* » signifie « J'approuve cette action », ou plus généralement, celle selon laquelle les jugements moraux sont équivalents à ce que le locuteur constate sur ses propres sentiments ou attitudes. Or il faut distinguer la conception dont je suis en train de parler de ce genre de doctrine, sur deux points essentiels. Premièrement, ce que j'ai appelé « scepticisme moral » est une doctrine négative, qui n'a rien de positif : elle dit ce qui n'est pas, et non ce qui est. Elle affirme que des entités ou des relations d'un certain genre, les valeurs ou les exigences objectives, n'existent pas, contrairement à ce que croient la plupart des gens. Certes, le sceptique moral ne peut en rester là. Pour que sa position ait une quelconque plausibilité, il devra expliquer d'une manière ou d'une autre comment d'autres gens ont pu tomber dans ce qu'il considère être une erreur, et ses explications devront préciser les raisons pour lesquelles les valeurs manquent d'objectivité, la nature de ce que l'on a pris pour des valeurs objectives, ou l'origine des fausses croyances à leur propos. Toutefois, il s'agira d'un développement de sa théorie, non de son cœur : son cœur est la négation. Deuxièmement, ce que j'ai appelé « scepticisme moral » est une thèse ontologique, et non linguistique ou conceptuelle. Contrairement à la doctrine que l'on qualifie souvent de subjectivisme moral, il n'y est pas question de la signification des énoncés moraux. De nouveau, pour qu'il ait une quelconque plausibilité, on devra rendre compte de leur signification [...], mais il s'agira là aussi d'un développement, et non pas du cœur, de cette théorie.

Il est vrai que ceux qui ont adopté le subjectivisme moral – autrement dit la doctrine selon laquelle les jugements moraux sont équivalents à ce que le locuteur constate sur ses propres sentiments ou attitudes – présupposent généralement le scepticisme moral au sens que j'avance ici. C'est parce qu'ils supposent qu'il n'y a pas de valeurs objectives qu'ils vont chercher ailleurs l'analyse de ce que les assertions morales pourraient signifier, et qu'ils s'arrêtent sur des constats subjectifs. En effet, si toutes nos assertions morales étaient de tels constats subjectifs, il s'ensuivrait que, autant que nous puissions en être conscients, il n'y a pas de valeurs morales objectives. Si nous en étions conscients, nous pourrions en dire quelque chose. En ce sens, cette sorte de subjectivisme entraîne le scepticisme moral. Mais la réciproque n'est pas vraie. Le refus d'admettre l'existence de valeurs objectives ne nous impose aucune conception particulière concernant la signification des assertions morales, et certainement pas celle selon laquelle elles seraient équivalentes à des constats subjectifs. Certes, si les valeurs morales ne sont pas objectives, elles sont subjectives en un sens très large, et pour cette raison je pourrais à la rigueur admettre que « subjectivisme moral » est un autre nom pour le scepticisme moral. Mais il faut distinguer ce subjectivisme au sens large de la doctrine spécifique sur la signification, dont il était question plus haut. Aucune de ces étiquettes n'est entièrement satisfaisante : nous devons simplement rester vigilants face aux (multiples) erreurs d'interprétation que chacune d'entre elles est susceptible d'engendrer. […]

6. Impératifs hypothétiques et impératifs catégoriques

Nous pouvons mieux cerner notre problème en nous référant à la distinction établie par Kant entre impératifs hypothétiques et impératifs catégoriques, bien que ce qu'il appelle « impératif » est exprimé plus naturellement par un énoncé du type « tu devrais » que par un énoncé sur le mode impératif. « Si tu veux X, alors fais Y » (ou « tu devrais faire Y ») sera un impératif hypothétique si l'on présuppose que Y est, dans les circonstances données, le seul (ou le meilleur) moyen disponible pour atteindre X, c'est-à-dire s'il est fondé sur une relation causale entre Y et X. La raison de faire Y réside dans sa relation causale avec une fin désirée, X; le devoir-faire dépend du désir. Mais « Tu devrais faire Y » sera un impératif catégorique si l'on doit faire Y indépendamment de tout désir à l'égard d'une des fins à laquelle Y contribuerait, autrement dit si le devoir-faire ne dépend pas d'un quelconque désir […].

Un impératif catégorique exprimerait donc une raison d'agir qui est inconditionnelle, au sens où elle ne dépend pas de la présence d'un désir en l'agent, que l'action recommandée contribuerait à satisfaire à titre de moyen. Pour le dire plus simplement, «Tu devrais danser» demeure un impératif hypothétique, dès lors que la raison implicite n'est autre que de vouloir danser ou d'aimer le faire. Or Kant soutenait de son côté que les jugements moraux sont des impératifs catégoriques, ou peut-être sont-ils tous des applications d'un seul impératif catégorique; on peut en tout cas affirmer sans hésiter que de nombreux jugements moraux contiennent un élément catégoriquement impératif. En ce qui concerne l'éthique, ma thèse selon laquelle il n'y a pas de valeurs objectives revient tout particulièrement à nier qu'un quelconque élément catégoriquement impératif de ce type soit objectivement valide. Les valeurs objectives que je rejette dirigeraient les actions de façon absolue, et non relative aux désirs et aux inclinations de l'agent (de la manière indiquée plus haut). [...]

7. LA REVENDICATION D'OBJECTIVITÉ
(*THE CLAIM TO OBJECTIVITY*)[1]

Si je suis parvenu à décrire de manière suffisamment précise les valeurs morales dont je rejette toute objectivité, ma thèse peut sembler à présent trivialement vraie. De toute évidence, dira-t-on, assigner une valeur, préférer, choisir, recommander, rejeter, condamner, etc., sont des activités humaines, et il n'est nul besoin de rechercher des valeurs qui seraient premières et indépendantes de toutes ces activités. Il peut y avoir un commun accord dans nos évaluations, et en général les jugements de valeur particuliers ne sont pas arbitraires ou isolés : ils sont habituellement cohérents avec d'autres, on peut les critiquer si ce n'est pas le cas, on peut en donner des raisons, et ainsi de suite. Si

---

1. Le mot «claim» signifie dans ce texte à la fois la *revendication* d'objectivité, mais aussi la *prétention à* l'objectivité, et nous utilisons ici les deux traductions possibles, en fonction du contexte [N.d.T.].

tout ce que le subjectiviste affirme est en fin de compte que les désirs, les fins, les visées et leur semblables figurent quelque part dans le système des raisons, et que nulles fins ou visées ne sont objectives, étant au contraire seulement intersubjectives, alors on peut le concéder sans problème.

Cependant, je ne pense pas que cela doive être concédé aussi facilement. Comme je l'ai dit, la tradition principale de la philosophie morale européenne fait l'affirmation contraire, celle selon laquelle il existe des valeurs objectives du genre que je viens justement de rejeter. J'ai déjà fait référence à Platon, Kant et Sidgwick. Kant, en particulier, soutient que l'impératif catégorique est non seulement catégorique et impératif, mais qu'il l'est objectivement : bien qu'un être rationnel se donne la loi morale, la loi qu'il se construit ainsi est déterminée et nécessaire. Aristote commence son *Éthique à Nicomaque* en disant que le bien est ce vers quoi tendent toutes les choses, et que l'éthique est une part de la science qu'il appelle « politique », dont le but n'est pas la connaissance mais la pratique ; toutefois il ne doute pas qu'il puisse y avoir une *connaissance* de ce qui est bon pour l'homme, et, après avoir identifié ce qui est bon comme étant le bien-être ou le bonheur, *eudaïmonia*, il ne doute pas non plus que l'on puisse connaître et déterminer de manière rationnelle ce en quoi consiste le bonheur. Manifestement, il pense que ce bonheur est intrinsèquement désirable, et non pas bon seulement parce qu'il est désiré. Le rationaliste Samuel Clarke soutient que

> de ces différentes relations que les choses ont entre elles, nécessairement et éternellement, il résulte qu'il est *convenable et raisonnable* que les créatures agissent d'une manière plutôt que d'une autre [...] indépendamment d'aucune *volonté positive*, ou d'aucun *commandement de Dieu*, comme aussi antécedemment à toute *espérance de profit et de récompense*, et

à toute *crainte de dommage personnel et de punition*, soit pour le présent, soit pour l'avenir[1].

Même le sentimentaliste Hutcheson définit la bonté morale comme « quelque qualité perçue dans les actions qui provoque l'approbation »[2], tout en disant que le sens moral par lequel nous percevons la vertu et le vice nous a été donné (par l'Auteur de la nature) afin de diriger nos actions. Certes, Hume était dans l'autre camp, mais il sert de témoin à la tradition objectiviste dominante, car d'après lui, lorsque nous aurons vu « que la distinction du vice et de la vertu n'est pas fondée sur les seules relations entre objets et qu'elle n'est pas perçue par la raison », cela « renversera tous les systèmes courants de morale »[3]. Et Richard Price insiste sur le fait que bon* et mauvais* sont de « véritables caractéristiques des actions », et non « des qualités de nos esprits » ; elles sont perçues par l'entendement. Il critique la notion de sens moral pour la raison que cela ferait de la vertu une affaire de goût, et que le bien* et le mal* ne seraient alors « rien dans les objets eux-mêmes » ; il rejette les vues de Hutcheson parce qu'il les voit (peut-être à tort) s'aligner sur celles de Hume.

Cependant, cet objectivisme des valeurs n'est pas seulement un trait caractéristique de la tradition philosophique. Il trouve aussi de solides fondements dans la pensée ordinaire, et même dans la signification des termes moraux. Moore exagérait sans doute d'affirmer que « bon » est le nom d'une qualité non

---

1. S. Clarke, « Discours sur les devoirs immuables de la religion naturelle », dans *Œuvres philosophiques de Samuel Clarke*, trad. fr. P. Ricotier, Charpentier, 1843, p. 194.

2. F. Hutcheson, *Recherche sur l'origine de nos idées de la beauté et de la vertu*, trad. fr. A.-D. Balmès, Vrin, 1991, p. 123.

3. D. Hume, *Traité de la nature humaine*, livre III, trad. fr. Ph. Saltel (modifiée), Paris, GF–Flammarion, 1993, p. 65.

naturelle, même s'il ne serait pas tellement faux de dire que, dans les contextes moraux, ce terme est utilisé comme si c'était le nom d'une certaine qualité non naturelle, où la qualification « non naturelle » permet de faire entrer les aspects évaluatifs, prescriptifs et intrinsèquement directifs, censés être propres à cette qualité. On peut illustrer ce point en pensant aux récents conflits et revirements d'opinion entre noncognitivistes et naturalistes au sujet de la signification centrale, fondamentale, des termes éthiques. Si nous rejetons l'idée selon laquelle ces termes ont pour fonction d'introduire des valeurs objectives dans le discours sur la conduite et les choix d'action, il semble que nous ayons alors affaire à deux grands types de description possibles. Le premier (qui comprend des subdivisions très différentes) est que les termes éthiques expriment conventionnellement soit des attitudes que le locuteur déclare adopter à l'égard de ce qu'il est en train d'examiner du point de vue moral, soit des prescriptions ou des recommandations, peut-être sujettes à la contrainte logique de l'universalisabilité. Différentes conceptions de ce type partagent la thèse centrale selon laquelle les termes éthiques ont, au moins en partie et avant tout, une sorte de signification à la fois non-cognitive et non-descriptive. Les conceptions de l'autre type soutiennent qu'ils sont descriptifs en leur signification, mais qu'ils ne décrivent que des caractéristiques naturelles : d'une part les caractéristiques reconnaissables par tout un chacun, même par un noncongnitiviste, comme ce qui distingue les actions aimables des actions cruelles, le courage de la lâcheté, la politesse de la grossièreté, et ainsi de suite, et d'autre part (même si les deux se recoupent) les relations entre les actions et certains désirs humains, leurs satisfactions, et autres choses de ce genre. Je crois que ces deux types de points de vue parviennent à saisir une part de vérité. Chacune de ces approches est capable de rendre compte du fait que les jugements moraux guident l'action ou ont une dimension pratique. Toutefois, chacune tire pour beaucoup sa plausibilité du sentiment d'inadéquation causé par l'autre. L'analyse noncognitiviste des termes éthiques suscite une réaction tout à fait naturelle de protestation, l'idée que l'éthique ne se réduit pas à cela, qu'elle renvoie à quelque chose d'extérieur à celui qui exprime des jugements moraux, quelque chose dont l'autorité s'exerce aussi bien sur lui-même que sur ceux dont il parle ou à qui il parle. Cette réaction aura tendance à persister même si l'on tient compte des contraintes logiques et formelles de la prescriptivité et de l'universalisabilité pures.

Nous sommes portés à croire qu'en éthique, il est plus question de connaissance, et moins de décision, que ne le laisse entendre l'analyse noncognitiviste. Et bien évidemment, le naturalisme satisfait à cette demande. Savoir si une action est cruelle, injuste, imprudente ou susceptible de produire plus de détresse que de plaisir ne sera pas une affaire de choix ou de décision. Mais en satisfaisant à cette demande, on introduit le défaut contraire. Selon l'analyse naturaliste, les jugements moraux peuvent être pratiques, mais leur dimension pratique est entièrement relative aux désirs ou aux satisfactions possibles de la personne, ou des personnes, dont les actions doivent être guidées ; or, il semble que les jugements moraux en disent plus. Cette conception laisse de côté le caractère catégorique des exigences morales. En réalité, aussi bien l'analyse naturaliste que l'analyse noncognitiviste laissent de côté l'autorité manifeste de l'éthique, en excluant pour la première l'aspect catégoriquement impératif, et pour la seconde la prétention à la validité objective ou à la vérité. Lorsqu'un usager ordinaire du langage moral s'exprime du point de vue moral, par exemple à propos d'une action possible, c'est de cette action en elle-même, ou telle qu'elle serait si elle était réalisée, qu'il parle ; il ne veut ni constater ni exprimer l'existence d'une relation ou d'une attitude – la sienne propre ou celle de qui que ce soit – à l'égard de cette action. Toutefois, ce qu'il veut dire n'est sans doute pas purement descriptif non plus; ce n'est pas quelque chose d'inerte, mais qui implique au contraire un appel à agir ou à se refréner, qui est absolu et ne dépend pas d'un désir, d'une préférence, d'un règlement ou d'un choix – les siens ou ceux de qui que ce soit. Celui qui se trouve dans un état de perplexité morale, en se demandant par exemple s'il serait moral* ou non de s'engager dans un travail de recherche lié à la guerre bactériologique, veut parvenir à un jugement sur ce cas concret, sur son travail à ce moment précis et dans ces circonstances données; les caractéristiques pertinentes de sa situation feront partie du sujet du jugement, mais aucune relation entre lui et l'action proposée ne composera le prédicat.

La question n'est pas, par exemple, celle de savoir s'il veut vraiment faire ce travail, si cela lui donnera satisfaction ou pas, s'il l'appréciera toujours sur le long terme, ou même s'il pourrait recommander ce type d'action avec enthousiasme et sincérité dans tous les cas comparables. Il n'est même pas en train de se demander si une action de ce type peut être recommandée dans tous les cas comparables. Il veut savoir si cette ligne de conduite serait mauvaise* en soi. Des propos de ce genre traduisent une conception objectiviste de tous les jours, que le philosophe reconstruit en parlant de qualités non naturelles. La prédominance de cette tendance à objectiver les valeurs – et pas seulement les valeurs morales – est confirmée par un motif que l'on retrouve chez les existentialistes et chez ceux qu'ils ont influencés. Le rejet des valeurs objectives peut entraîner une réaction émotionnelle extrême, un sentiment que rien n'a d'importance, que la vie a perdu son sens. Bien sûr, cela ne s'ensuit pas; l'absence de valeurs objectives n'est pas une bonne raison pour abandonner l'intérêt subjectif que l'on prend à ce qui nous entoure, ou pour cesser de vouloir quoi que ce soit. Mais l'abandon de la croyance en des valeurs objectives peut provoquer, au moins temporairement, une baisse d'intérêt et du sentiment de sens. Que cela se produise est une preuve que les gens qui manifestent cette réaction tendent à objectiver ce qui les préoccupe et leur donne un but, en lui accordant une autorité externe fictive. La prétention à l'objectivité est si fortement associée à leurs préoccupations et à leurs visées que la chute du premier élément semble aussi saper le second.

Cette opinion, selon laquelle l'analyse conceptuelle révélerait une prétention à l'objectivité, est parfois dramatiquement confirmée par les philosophes qui se situent officiellement de l'autre bord. Bertrand Russell, par exemple, dit que « les énoncés éthiques devraient être exprimés sur le mode optatif, et non pas à l'indicatif » ; il se défend lui-même contre l'accusation d'inconsistance, suscitée par le fait d'affirmer que les évaluations éthiques ultimes sont subjectives tout en exprimant des opinions très marquées sur les questions éthiques. Il admet toutefois à la fin :

> Certainement il *semble* qu'il y a là quelque chose de plus. Supposez, par exemple, que quelqu'un se mette à soutenir l'introduction de la tauromachie dans ce pays. En m'opposant à cette proposition, je devrais *sentir* non seulement que j'exprime ainsi mes désirs, mais que mes désirs en ce qui concerne cette question sont *justes**, quoi que cela puisse vouloir dire. Du point de vue argumentatif je peux, me semble-t-il, montrer que je ne suis pas coupable d'une inconsistance logique en soutenant cette interprétation de l'éthique et en exprimant de fortes préférences éthiques en même temps. J'ai toutefois un sentiment d'insatisfaction [1].

Il conclut néanmoins avec beaucoup de bon sens par cette remarque : « je peux seulement dire que, même si mes propres

1. B. Russell, « Reply to Criticisms » in *The Philosophy of Bertrand Russell*, Paul Arthur Schilpp (ed.), Evanston and Chicago, Northwestern University, 1944, p. 681-741, p. 724.

opinions en ce qui concerne l'éthique ne me satisfont pas, celles d'autres personnes me paraissent encore plus frustrantes »[1].

J'en conclus alors que les jugements moraux ordinaires comportent une prétention à l'objectivité, une supposition selon laquelle il existe des valeurs objectives justement au sens auquel je m'efforce de les rejeter. Et je ne pense pas que l'on aille trop loin en disant que cette supposition a été incorporée aux significations de base, conventionnelles, des termes moraux. Toute analyse de la signification des termes moraux qui négligerait cette revendication d'une prescriptivité objective et intrinsèque serait de ce point de vue incomplète; et cela est vrai de toute analyse non-cognitiviste ou naturaliste, et de toute combinaison des deux.

Si l'éthique du second ordre était confinée à une analyse linguistique et conceptuelle, elle devrait alors conclure que les valeurs morales sont au moins objectives. Qu'il en soit ainsi fait partie de ce que nos énoncés moraux ordinaires signifient : les concepts moraux traditionnels de l'homme ordinaire aussi bien que ceux de la majorité des philosophes occidentaux sont des concepts de valeur objective. Mais c'est précisément pour cette raison que l'analyse linguistique et conceptuelle ne suffit pas. La revendication d'objectivité, bien qu'incrustée dans notre langage et notre pensée, ne se valide pas d'elle-même. Elle peut et elle devrait être mise en question. Cependant, le rejet des valeurs objectives devra être mis en avant, non pas en tant que résultat d'une approche analytique, mais comme une « théorie de l'erreur », une théorie selon laquelle bien que la plupart des gens en faisant des jugements moraux prétendent implicitement, entre autres, se référer à quelque chose d'objectivement prescriptif,

---

1. B. Russell, « Reply to Criticisms », *op. cit.*

ces revendications sont fausses. C'est cela même qui rend le nom de « scepticisme moral » approprié.

Puisqu'il s'agit là d'une théorie de l'erreur, allant à l'encontre des présuppositions qui se sont incrustées dans notre pensée et qui s'intègrent à certains usages de notre langage, puisqu'elle s'oppose à ce qu'on appelle parfois le sens commun, elle aura besoin d'un fondement très solide. Ce n'est pas quelque chose que l'on peut accepter à la légère ou avec désinvolture, pour ensuite faire comme si de rien n'était. Si nous sommes censés adopter ce point de vue, nous devons présenter des arguments explicites en sa faveur. Traditionnellement, il est soutenu par deux genres d'argument principaux, que j'appellerai l'argument de la relativité et l'argument de la bizarrerie, mais ces derniers peuvent être complétés de plusieurs manières, comme je vais le montrer.

8. L'ARGUMENT DE LA RELATIVITÉ

L'argument de la relativité a pour prémisse le constat bien connu que les codes moraux varient d'une société à une autre et d'une période à une autre, et que différentes croyances morales se rattachent à des groupes et à des classes différentes au sein d'une communauté complexe. En soi, une telle variation est une simple vérité de la morale descriptive, un fait anthropologique qui n'entraîne aucune position éthique du premier ordre ou du second ordre. Toutefois, elle peut étayer de façon indirecte le subjectivisme du second ordre : des différences radicales entre jugements moraux du premier ordre font qu'il est difficile de considérer ces jugements comme des appréhensions de vérités objectives. Mais ce n'est pas la simple présence de désaccords qui parle contre l'objectivité des valeurs. Des désaccords sur des questions d'histoire, de biologie ou de cosmologie ne montrent pas qu'il n'existe pas dans ces domaines des problèmes objectifs, à propos desquels les chercheurs peuvent s'opposer. Cependant, un désaccord scientifique de ce genre résulte d'inférences spéculatives ou d'hypothèses explicatives fondées sur des preuves insuffisantes, et il est peu plausible que l'on interprète le désaccord moral de cette manière. Le désaccord sur les codes moraux semble refléter l'adhérence et la participation des gens à différentes manières de vivre. La relation causale semble prendre la direction suivante : les gens approuvent la monogamie parce qu'ils participent au mode de vie monogame ; et non : ils participent au mode de vie monogame parce qu'ils approuvent la monogamie. Bien sûr, les normes peuvent être une idéalisation du mode de vie dont elles émanent : la monogamie que les gens pratiquent peut être moins complète, moins rigide, que celle qu'ils sont conduits à approuver. Cela ne veut pas dire pour autant que les jugements moraux sont purement conventionnels. Bien entendu, il y a eu et il y a encore des hérétiques moraux et des réformistes, des gens qui se dressent contre les règles établies et les pratiques de leur propre communauté pour des raisons morales – et souvent pour des raisons morales que nous pourrions adopter. Néanmoins, dans la plupart des cas, on peut comprendre ces démarches comme l'application – certes nouvelle et non conventionnelle, mais qui semble requise par souci de cohérence – de règles auxquelles ils adhèrent déjà, et qui émanent d'un mode de vie déjà en place. Bref, l'argument de la relativité tire sa force simplement du fait qu'il est plus facile d'expliquer les variations réelles des codes moraux par l'hypothèse selon laquelle elles reflètent des modes de vie, que par celle selon laquelle elles expriment la perception de valeurs objectives, où cette perception serait dans la plupart des cas franchement défectueuse et fâcheusement déformée.

Cependant, il existe un contre-argument bien connu que l'on oppose à celui de la relativité ; on dit alors que les entités qui peuvent prétendre en premier lieu à la validité objective ne sont pas des règles ou des codes moraux spécifiques, mais des principes fondamentaux très généraux, reconnus au moins implicitement par toute société ou presque. Ces principes fourniraient les fondements de ce que Sidgwick a appelé les différentes méthodes de l'éthique : le principe d'universalisabilité, peut-être ; ou la règle disant que l'on devrait se conformer aux règles spécifiques de tout mode de vie auquel on participe, dont on tire profit et sur lequel on compte ; ou encore le principe utilitariste de faire ce qui tend, ou pourrait tendre, à promouvoir le bonheur général. Il est facile de montrer que de tels principes généraux, en épousant des circonstances concrètes de toutes sortes, différentes manières de faire ou préférences, donneront naissance à différentes règles de morale sociale ; et il est assez plausible d'affirmer que les règles spécifiques ainsi obtenues varieront d'une communauté à une autre, ou d'un groupe à un autre, en relation étroite avec les variations existant entre les codes admis.

On ne peut donc contrer qu'en partie l'argument de la relativité. Pour adopter ce raisonnement, l'objectiviste doit dire que ce n'est qu'au niveau des principes que le caractère moral objectif s'attache immédiatement à son fondement ou à son sujet spécifié dans la description : d'autres jugements moraux sont objectivement valides ou vrais, mais seulement de façon dérivée et contingente – si les choses s'étaient présentées différemment, d'autres types d'actions auraient été justes*. Et malgré la notoriété dont jouissent l'universalisation, les principes utilitaristes, etc., au sein de l'éthique philosophique récente, tout cela est très loin de constituer la totalité de ce qui est effectivement admis comme fondamental dans la pensée morale ordinaire. Dans une grande mesure, on s'intéresse ici davantage à ce que Hare appelle des « idéaux » ou, moins gentiment, le « fanatisme ». C'est-à-dire que les gens jugent certaines choses comme bonnes ou justes*, et d'autres comme mauvaises ou injustes*, non pas – ou en tous les cas pas seulement – parce qu'elles exemplifient quelques principes généraux que l'on devrait communément accepter, mais parce que ces choses font immédiatement surgir en eux certaines réponses, même si elles feraient surgir chez d'autres personnes des réponses radicalement et irrémédiablement différentes. Le « sens moral » ou l'« intuition », plutôt que la « raison », semblent à l'origine plus plausibles pour décrire ce qui nourrit beaucoup de nos jugements moraux de base. Compte tenu de tous ces points de départ de la pensée morale, l'argument de la relativité garde toute sa force.

9. L'ARGUMENT DE LA BIZARRERIE
(*ARGUMENT FROM QUEERNESS*)

Cependant, l'argument le plus important et sans aucun doute le plus généralement applicable, est celui de la bizarrerie. Il a deux parties, l'une métaphysique, l'autre épistémologique. S'il y avait des valeurs objectives, il y aurait alors des entités, qualités ou relations d'un genre très étrange, complètement différentes de tout ce que l'on trouve dans l'univers. Par conséquent, si nous en étions conscients, ce serait grâce à une faculté spéciale de perception ou d'intuition morale, entièrement différente de nos manières ordinaires de connaître tout le reste. C'est ce que Moore reconnaissait en parlant de qualités non naturelles, ainsi que les intuitionnistes en discourant sur une « faculté d'intuition morale ». L'intuitionnisme a été longtemps méprisé, et il est en effet facile de repérer ses faiblesses. Pourtant, ce que l'on ne souligne pas assez, et qui est bien plus important, est que toutes les conceptions objectivistes des valeurs sont au bout du compte condamnées à adopter la thèse centrale de l'intuitionnisme. Celui-ci ne fait que rendre évident, avec tous ses désagréments, ce que d'autres formes d'objectivisme camouflent. Bien évidemment, si l'on suggère que pour porter des jugements moraux ou résoudre les problèmes moraux, il suffit de rester assis et d'avoir une intuition éthique, cette suggestion est une parodie de la véritable pensée morale. Néanmoins, quelle que soit sa complexité, le véritable processus exigera (s'il est censé présenter des conclusions normativement prescriptives) un apport spécifique de ce genre, soit en tant que prémisses, soit dans la forme du raisonnement, ou les deux. Lorsque l'on pose la question maladroite de savoir comment nous pouvons être conscients de la prescriptivité normative (*authoritative*), de la vérité de ces prémisses spécifiquement éthiques ou de la puissance de ce raisonnement spécifiquement éthique, aucune description ordinaire de la perception sensible, de l'introspection, de l'élaboration et de la confirmation des hypothèses, de l'inférence, de la construction logique, de l'analyse conceptuelle ou d'une quelconque combinaison de ces éléments, ne pourra fournir de réponse satisfaisante. «Un genre particulier d'intuition» est une réponse boiteuse, mais c'est aussi la seule à laquelle l'objectiviste lucide est forcé de recourir.

À vrai dire, le meilleur mouvement qu'un objectiviste moral puisse effectuer ici est de ne pas esquiver cette question, mais de se chercher des complices. Par exemple, Richard Price soutient que notre connaissance morale n'est pas la seule à ne pas avoir d'explication satisfaisante au sein de l'empirisme de Locke ou de Hume, mais qu'il en va de même pour notre connaissance des idées de l'essence, du nombre, de l'identité, de la diversité, de la solidité, de l'inertie, de la substance, de l'existence nécessaire et de l'extension infinie du temps et de l'espace, de la nécessité et de la possibilité en général, du pouvoir et de la causalité. L'entendement, défini par Price comme cette faculté en nous qui discerne la vérité, est aussi une source de nouvelles idées simples d'autant de genres différents : ne peut-il pas alors être aussi un pouvoir de percevoir immédiatement ce qui est moralement juste* ou non*, c'est-à-dire des caractéristiques réelles des actions ?

Voilà une objection importante à l'argument de la bizarrerie. La seule réponse appropriée ici serait de montrer comment, sur des bases empiristes, nous pouvons construire une explication des idées, des croyances et de la connaissance que nous avons de toutes ces choses : je ne peux pas même commencer à le faire ici, bien que je me sois déjà en partie attelé à cette tâche ailleurs. Je ferai seulement part de ma conviction que l'on peut donner une explication satisfaisante de presque toutes ces choses en des termes empiriques. Si de prétendues nécessités ou essences métaphysiques résistaient à un tel traitement, elles devraient alors être comptées, avec les valeurs objectives, parmi les cibles de l'argument de la bizarrerie.

Cette bizarrerie ne consiste pas simplement dans le fait que les énoncés éthiques sont « invérifiables ». Bien que le positivisme logique avec sa théorie vérificationniste de la signification descriptive ait donné un élan aux conceptions non-cognitives de l'éthique, ce ne sont pas seulement les positivistes logiques, mais aussi les empiristes d'un tempérament bien plus libéral qui trouveront difficile de s'adapter aux valeurs objectives. En effet, je serais tenté de rejeter non seulement le principe de vérification, mais aussi la conclusion que l'on en tire habituellement, selon laquelle les jugements moraux manquent de signification descriptive. Affirmer l'existence de valeurs objectives, d'entités ou de caractéristiques intrinsèquement prescriptives, telles que les jugements moraux ordinaires les présupposent, n'est pas selon moi dépourvu de signification, mais faux.

Les Formes de Platon donnent une image très parlante de ce que devraient être les valeurs objectives. La Forme du Bien est telle que celui qui en prend connaissance dispose à la fois d'une direction et d'un motif prévalant ; le fait qu'une chose soit bonne indique à celui qui le sait de poursuivre cette chose, et il le fait aussi la poursuivre effectivement. Un bien objectif serait donc recherché par toute personne qui en a eu directement connaissance, non pas à cause du fait contingent que cette personne-là, ou toute personne, soit constituée de façon à désirer cette fin, mais seulement parce que l'à-poursuivreté (*to-be-pursuedness*) est en quelque sorte inscrite dans cette fin. De même, s'il y avait des principes objectifs de ce qui est juste* ou injuste*, toute ligne de conduite injuste* (possible) contiendrait en elle-même de l'à-ne-pas-faisance (*not-to-be-doneness*). Ou alors, nous devrions avoir affaire, comme c'est le cas selon Clarke, à des relations nécessaires de convenance (*fitness*) entre situations et actions, où la situation contiendrait en quelque sorte en elle-même une demande pour telle ou telle action.

On peut faire ressortir le besoin d'un argument de ce type en réfléchissant sur l'argument de Hume, selon lequel la « raison » – qui comprend ici toutes sortes de connaissances et de raisonnements – ne peut jamais être un « motif qui influence la volonté » [1]. On pourrait objecter que l'argumentation de Hume se fonde abusivement sur l'absence de pouvoir influent (qui ne dépend pas des désirs) dans les objets ordinaires de la connaissance et dans le raisonnement ordinaire, et l'on pourrait maintenir que les valeurs diffèrent des objets naturels précisément par leur pouvoir d'influencer la volonté dès qu'elles sont connues. À cela, Hume pourrait et devrait répondre en montrant que cette objection conduit à postuler des entités-valeurs ou des caractéristiques-valeurs d'un ordre tout à fait différent de tout ce que nous avons rencontré jusqu'à présent, ainsi qu'une faculté correspondante, capable de les détecter. En d'autres termes, il devra compléter son argument explicite par ce que j'ai appelé l'argument de la bizarrerie.

Une autre manière de faire ressortir cette bizarrerie consiste à se demander, à propos de tout ce qui est censé posséder une

1. D. Hume, *Traité de la nature humaine*, livre II (Des passions), partie III, section 3 : « Sur les motifs qui influencent la volonté » [N.d.T.].

qualité morale objective, comment cette dernière est liée à ses caractéristiques naturelles. Quelle est la connexion entre le fait naturel qu'une action soit un cas de cruauté délibérée – disons, faire souffrir autrui juste pour s'amuser – et le fait moral qu'elle soit moralement mauvaise*? Cela ne peut pas être une implication, une nécessité logique ou sémantique. Pourtant, il ne s'agit pas non plus d'une simple occurrence simultanée de ces deux caractéristiques. L'immoralité* de l'action doit en quelque sorte «être consécutive» ou «survenir»; elle est mauvaise* parce que c'est un cas de cruauté délibérée. Mais, dans *le monde*, que signifie ce «parce que»? Et comment pouvons-nous connaître la relation qu'il signifie, si le fait que la société condamne de telles actions (nous y compris, peut-être parce que nous sommes imprégnés des attitudes de notre environnement social) n'est pas ce dont il est question ici? Il n'est même pas suffisant de postuler l'existence d'une faculté qui «perçoit» l'immoralité*: il nous faut postuler l'existence de quelque chose qui doit voir instantanément les caractéristiques naturelles qui constituent la cruauté, ainsi que l'immoralité* et le lien consécutif mystérieux entre les deux. Éventuellement, l'intuition requise pourrait être la perception que l'immoralité* est une propriété d'ordre supérieur, appartenant à son tour à certaines propriétés naturelles; mais en quoi consiste cette appartenance de propriétés à d'autres propriétés, et comment pouvons-nous la discerner? Comme cette situation serait plus simple et plus compréhensible si nous pouvions remplacer la qualité morale par une sorte de réponse subjective, qui pourrait être causalement liée à la détection des caractéristiques naturelles, et dont cette prétendue qualité morale serait censée découler.

On peut penser que c'est donner un avantage de départ à l'argument de la bizarrerie que de l'associer aux productions les plus sauvages de l'imaginaire philosophique: les Formes platoniciennes, les qualités non-naturelles, les relations de convenance évidentes en soi, les facultés d'intuition, etc. Cet argument reste-il aussi puissant lorsqu'on l'applique aux expressions susceptibles d'entrer dans nos jugements moraux de tous les jours – et toujours dotées, comme indiqué dans la section 7, d'une prétention à l'objectivité – comme « tu dois le faire », « tu ne peux pas le faire », « obligation », « injuste », « méchant », « honteux », « mesquin » ; ou lorsqu'on l'applique aux discours sur les bonnes raisons de faire ou de ne pas faire telle ou telle action possible ? Il faut admettre que non ; mais c'est parce que la prescriptivité objective, celle dont le caractère normatif (*authoritativeness*) est incorporé à la pensée et au langage moraux ordinaires, n'a pas encore été isolée dans ces formes de discours, et qu'elle apparaît au beau milieu des relations aux désirs et aux sentiments, des raisonnements sur les moyens pour atteindre les fins désirées, des demandes interpersonnelles, de l'injustice qu'il y a à violer ce qui dans ce contexte définit les normes du mérite, des constituants psychologiques de la mesquinerie, etc. Il n'y a rien de bizarre dans aucun de ces éléments, et au milieu de tout cela, la revendication normative morale peut passer inaperçue. Mais si j'ai raison de soutenir qu'elle est bien là d'habitude, et qu'elle est de ce fait susceptible de se fondre presque automatiquement dans les descriptions philosophiques de l'éthique qui systématisent notre pensée ordinaire, même en des termes d'apparence aussi innocente que ceux-ci, alors il faut l'examiner, et pour cette raison il faut l'isoler et l'exposer telle qu'on la présente dans les reconstructions philosophiques les moins prudentes.

12. CONCLUSION

J'ai soutenu qu'il existe une véritable difficulté concernant le statut des valeurs, y compris celui des valeurs morales. Le scepticisme moral, le rejet des valeurs morales objectives, ne doit pas être pris pour une conception normative du premier ordre, ni confondu avec l'analyse conceptuelle ou linguistique. En effet, les jugements moraux ordinaires ont une prétention à l'objectivité que les analyses non-cognitiviste et naturaliste échouent toutes les deux à capturer. Par conséquent, le scepticisme moral doit adopter la forme d'une théorie de l'erreur, en admettant que croire en des valeurs objectives s'inscrit dans notre pensée et notre langage moral ordinaire, tout en maintenant que cette croyance, bien qu'enracinée, est fausse. En tant que tel, des arguments sont nécessaires pour le soutenir contre le « sens commun »; mais on peut en trouver de solides. Les considérations qui sont favorables au scepticisme moral sont les suivantes : premièrement, la relativité ou la variabilité de certains points de départ importants de la pensée morale et leur dépendance manifeste à l'égard des modes de vie effectifs; deuxièmement, l'excentricité métaphysique des valeurs prétendument objectives, et notamment le fait qu'elles auraient une capacité intrinsèque à guider les actions et à motiver; troisièmement, le problème de savoir comment de telles valeurs pourraient être consécutives à, ou survenir sur, des caractéristiques naturelles; quatrièmement, la difficulté épistémologique correspondante d'expliquer notre connaissance des valeurs en tant qu'entités ou caractéristiques, tout comme celle de leurs relations aux caractéristiques dont elles seraient la conséquence ; cinquièmement, la possibilité d'expliquer, en termes de modalités d'objectification différentes, dont des traces perdurent dans notre langage et nos concepts moraux, comment, même en l'absence de telles valeurs objectives, les gens pourraient non seulement en venir à supposer qu'elles existent, mais aussi tenir fermement à cette croyance. Ces cinq points résument le plaidoyer pour le scepticisme moral, mais il est presque aussi important de se prémunir contre les malentendus qui entravent souvent un examen juste et explicite de cette thèse, et d'isoler les entités que le sceptique moral met en doute des nombreuses autres qualités et relations associées, dont le statut objectif n'est pas en cause.

Que se passera-t-il si nous parvenons à établir cette conclusion négative selon laquelle il n'y a pas de valeurs objectives ? Comment cela peut-il nous aider à dire quoi que ce soit de positif au sujet de l'éthique ? N'élimine-t-on pas ainsi d'un seul coup toute l'éthique normative, en montrant que tous les jugements affirmatifs du premier ordre sont faux dès lors qu'ils incluent, en vertu de la signification même de leurs termes, des prétentions à l'objectivité sans aucune garantie ?[1]

1. La réponse à cette question se trouve dans le chapitre 5 du livre de Mackie. Pour l'auteur, le travail du philosophe moral ne devrait sans doute pas emprunter le chemin proposé par Sidgwick, celui qui nous permettrait de *découvrir* la vérité éthique et d'établir la science d'une conduite morale (p. 101 d'*Ethics...*). Cela n'est pas envisageable, car « [l]a morale ne doit pas être découverte mais il faut la construire : nous devons décider quelles vues morales nous allons adopter, quelles positions nous allons prendre » (p. 102). Un recueil d'essais a été récemment consacré à J.L. Mackie : R. Joyce, S. Kirchin (eds), *A World Without Values : Essays on John Mackie's Moral Error Theory*, Dordrecht, Heidelberg, London, New York, Springer, 2009 [N.d.E.].

JOHN SKORUPSKI

LES PROPOSITIONS PORTANT SUR DES RAISONS[*]

1. COGNITIVISME ET RÉALISME

La controverse, propre à l'épistémologie et à la métaéthique, sur le statut des énoncés (*claims*) normatifs a pris une forme assez particulière au cours des dernières décennies. D'un côté, on trouve les réalistes, naturalistes ou non; et de l'autre, les non-cognitivistes. Il y a par ailleurs les théoriciens de l'erreur, dont la présence même suggère que le problème est d'une importance majeure puisque, s'ils ont raison, des classes entières d'énoncés normatifs (*normative claims*) ne pourraient pas en principe être garanties (*warranted*).

Certains affirment que ce débat en tant que tel est mal posé. Dans le présent article, je voudrais apporter mon soutien à cette position[1]. Toutefois, je me contenterai d'examiner la sémantique

---

[*] John Skorupski, «Propositions about Reasons», *European Journal of Philosophy*, vol. 14/1, avril 2006, p. 26-48. Le lecteur trouvera une version développée des idées présentes dans cet article dans les chapitres 16 et 17 du dernier livre de John Skorupski, *The Domain of Reasons* (Oxford, Oxford University Press, 2010). Traduction d'Anna Zielinska.

[1] Certains auteurs travaillant sur la métaéthique semblent avoir exprimé leur méfiance à l'égard de ce débat, et cela de plusieurs points de vue. Parmi eux, se trouvaient Thomas Nagel (*Le point de vue de nulle part* (1986), trad. fr. S. Kronlund, Paris, Éditions de l'Éclat, 1993, chap. VIII, § 1 et 2), Hilary Putnam

et l'épistémologie des énoncés portant sur les *raisons* (sur ce que constitue pour quelqu'un une raison de croire, de sentir ou de faire). Si tous les énoncés normatifs peuvent être analysés comme des énoncés portant sur les raisons, alors mes conclusions pourront être étendues à tous les énoncés normatifs. Mais même si je crois qu'il en est ainsi, je n'essaierai pas de le prouver dans ce cadre.

Supposez que nous acceptions que les énoncés sur des raisons expriment des propositions susceptibles d'être vraies, et qui sont les objets spécifiques de la cognition et de l'assertion. Nous soutiendrons alors que la théorie sémantique doit s'occuper des énoncés (*sentences*) déclaratifs portant sur des

---

(*Ethics without Ontology*, Cambridge, MA, Harvard University Press, 2004, p. 52-70 ; traduction française à paraître aux Éditions du Cerf), T. M. Scanlon (*What We Owe to Each Other*, Cambridge, MA, Harvard University Press, 1998, p. 55-64), et Crispin Wright (« Truth in Ethics », *Ratio* IX, 1996, p. 209–226). Je n'attribue à aucun d'entre eux les opinions spécifiques sur les faits et la vérité, ou sur la spontanéité et la réceptivité, qui sont présentées ici : je sais que, dans certains cas, ils les rejetteraient. (Thomas Nagel se décrit lui-même comme un « réaliste » ; de mon côté, je donne – dans la section 4 plus loin – mes raisons pour préférer le terme « irréaliste ». Il est possible que cela ne soit qu'un désaccord terminologique, car aussi bien mon point de vue que le sien sont résolument cognitivistes. D'un autre côté, les travaux importants de Terry Horgan et de Mark Timmons en métaéthique, dont le résumé se trouve dans « Non-Descriptivist Cognitivism : Framework for a New Metaethic » (*Philosophical Papers* 29, 2000, p. 121-153), arrivent à des conclusions similaires, mais en partant de fondements sémantiques tout à fait différents : il me semble qu'ils restent dans un esprit très expressiviste.) Par ailleurs, ce qui est dit ici est censé s'appliquer au concept de raison dans toutes ses occurrences, aussi bien épistémiques que pratiques et évaluatives (*cf.* section 2). J'ai déjà tenté de soutenir cette position dans les articles : « Objectivity and Convergence » (*Proceedings of the Aristotelian Society* LXXXVI, p. 235-250), « Irrealist Cognitivism » (dans J. Dancy (ed.) *Ratio*, numéro spécial, XII, 1999, p. 436-459), « The Ontology of Reasons » (*in* C. Bagnoli, G. Usberti (eds) « Meaning, Justification and Reasons », *Topoi* 1, 2002, p. 113-124) ; l'objectif du présent article est de développer dans le détail des réponses à certaines questions cruciales sur sa sémantique et son épistémologie.

raisons comme d'une branche tout à fait légitime de la sémantique des énoncés déclaratifs en général – en fournissant de façon uniforme une condition de vérité correspondant à la forme de chaque énoncé de ce type. Notre position sera alors simplement cognitiviste, ou déclarativiste. Mais est-elle alors nécessairement «réaliste»? Les réalistes tirent souvent des inférences qui vont de la sémantique à la métaphysique : des conditions de vérité aux «vérifacteurs» (*truthmakers*). A contrario, le non-cognitiviste défend l'idée selon laquelle, puisque les énoncés (*claims*) sur les raisons n'ont pas de vérifacteurs, ils n'ont pas non plus de conditions de vérité. Dans les deux cas, l'inférence fait appel à la correspondance ou au modèle pictural des propositions. Les non-cognitivistes acceptent ce modèle tout autant que les réalistes, mais ils maintiennent qu'il ne peut convenir aux énoncés sur les raisons. Ils en concluent que ces énoncés ne sont pas de véritables assertions, puisqu'il n'y a pas de véritables propositions à asserter dans ce domaine. Nous *parlons* comme s'il y en avait, mais ce n'est qu'une caractéristique superficielle de notre discours, qui nécessite une explication. Car un discours ne peut être véritablement déclaratif que s'il dépeint vraiment quelque chose. Par opposition, j'aimerais soutenir que les propositions portant sur les raisons sont non-picturales (*nondepictive*), et cela sans aucun mystère. Afin d'y voir plus clair, nous avons besoin de distinguer entre la notion nominale de fait et ses notions substantielles. La notion nominale *identifie* les faits aux propositions vraies, ou aux entités abstraites que l'on assigne conventionnellement une à une aux propositions vraies. Ici, trivialement, il y a un fait pour chaque proposition vraie. Néanmoins, une notion substantielle de fait considère que les faits sont distincts des propositions. Le modèle correspondantiste ou pictural des propositions requiert une notion substantielle de fait : la proposition dépeint un fait possible qui, s'il se produit, la rend vraie. Je soutiens, dans la section 3, qu'il n'y a pas d'inférence possible de la sémantique à l'existence de tels faits. La sémantique vériconditionnelle requiert la notion de vérité; en revanche, elle n'a pas besoin de la théorie de la vérité comme correspondance, que je rejette. Il *ne* faut *pas* en conclure pour autant qu'il n'y a pas de faits substantiels. De mon côté, j'admets – contrairement aux philosophes pour qui la seule notion tenable de fait est nominale – que nous avons aussi une notion de fait robuste, non nominale ou substantielle. Cette notion substantielle est inhérente à l'ontologie du sens commun, et c'est elle qui nous fournit notre notion de proposition *factuelle*. Une assertion factuelle dit qu'un certain fait substantiel a lieu. Et c'est précisément dans ce sens-là de « fait » que nous ne considérons pas les propositions sur les raisons comme étant factuelles.

L'existence de ce contraste entre le factuel et le normatif dans notre manière de penser est, je pense, insuffisamment prise en compte par les réalistes « quiétistes » ou « indolores » quant au normatif, qui tiennent au caractère assertorique du langage normatif pour affirmer ensuite qu'on ne peut faire aucune distinction entre les assertions qui décrivent la réalité et celles qui ne le font pas[1]. On mélange ici les deux notions de fait; dans la section 4, je soutiens que si l'on maintient, au contraire, la distinction entre ces deux notions, alors la conception des propositions portant sur les raisons qui en résulte est jugée à juste titre comme « irréaliste ». Dans la section 5, je tente de montrer que, dans l'épistémologie des propositions sur les raisons, rien n'implique une notion de fait qui soit ontologiquement substantielle, en me servant pour ce faire du contraste kantien entre la réceptivité et la spontanéité. Je conclus que l'épistémologie n'exige pas de traiter les propositions sur les raisons comme s'il

---

1. *Cf.* par exemple S. Lovibond, *Realism and Imagination in Ethics*, Oxford, Basil Blackwell, 1983.

s'agissait de propositions portant sur des faits substantiels, pas plus que ne le fait la sémantique. Et si ni la sémantique ni l'épistémologie ne nous imposent d'image réaliste des raisons, alors je me permets de suggérer que rien ne nous l'impose.

Je commencerai cependant par esquisser quelques remarques concernant les raisons. Il ne s'agit que d'une esquisse, sans argument pour l'étayer. Son objectif est d'identifier en termes généraux le concept fondamental dont on examinera ensuite l'ontologie et l'épistémologie.

2. LE CONCEPT DE RAISON – TERMINOLOGIE ET DISTINCTIONS

En me dépêchant pour aller à l'aéroport, je me dis que le coût élevé du taxi est une raison pour prendre le car, mais le manque de fiabilité de ce dernier est une raison pour prendre le taxi. Un rapport scientifique soutient que les preuves, prises dans leur ensemble, nous donnent une certaine raison, peut-être même une raison suffisante, de croire que les émissions du dioxyde de carbone provoquent le réchauffement climatique. Une amie parvient à trouver un éditeur pour son premier roman : elle a une bonne raison d'être heureuse et fière. On peut caractériser ces raisons respectivement comme des raisons pratiques, épistémiques et évaluatives. Les croyances, les états affectifs (ressentir ceci ou cela à propos de telle ou telle chose) et les actions au sens ordinaire étroit de ce que l'on fait ou est en train de faire, ont tous un contenu intentionnel intelligible, et on peut les apprécier comme étant raisonnables ou non. Il est utile d'avoir un terme philosophique suffisamment large pour les couvrir tous. Par facilité, je les appellerai tous « actes ». Que « ψ » inclut les actes pris en ce sens, et que « $\psi(c)$ » inclut les actes dirigés vers le contenu c.

Les raisons sont des faits ou, comme on peut les représenter, des ensembles de faits[1], qui se trouvent dans une certaine relation avec un agent et un type d'acte, ainsi qu'un degré de force de cette raison et un temps. Nous avons ainsi :

$$R(p_i, x, \psi, d, t)$$

L'ensemble des faits p_i donne à x une raison de degré d, à un temps t, de ψ[2].

Comprises ainsi, les raisons sont des *raisons graduées* – elles peuvent se produire en degrés de force variables. On pourrait avoir diverses « raisons graduées » spécifiques de ψ, d'une force plus ou moins grande. Avoir une pensée sur des raisons graduées c'est avoir une pensée sur la *relation de raison*, R. Toutefois, nous arrivons également à certaines conclusions concernant la question de savoir s'il y a là une raison *suffisante* de ψ. Nous avons alors des croyances portant sur la *relation de raison suffisante*, S, où il n'y a pas de place d'argument parcourant des degrés de force, et que l'on peut noter ainsi :

$$S(p_i, x, \psi, t)$$

L'ensemble des faits p_i donne à x une raison suffisante, à un temps t, de ψ.

---

1. Étant donné la distinction faite dans la section précédente, s'agit-il là de faits au sens purement nominal ou au sens substantiel ? De plusieurs points de vue, il pourrait être plus commode pour la logique des raisons de les considérer comme purement nominaux, mais il se peut également que l'on puisse en principe élaborer une théorie des raisons qui comprend toutes les raisons comme consistant en des faits substantiels, dans la mesure où nous nous sommes autorisés à faire une distinction entre des modes de présentation d'un seul et même fait. Nous n'avons pas besoin de le décider ici.

2. « ψ » peut lui-même contenir une référence temporelle, comme par exemple « s'envoler vers Paris le 1er juin ».

S peut-il être défini en termes de R ? Dans le cas des raisons pratiques, cela peut sembler plausible – on a une raison suffisante de réaliser toute action qu'on a la plus grande raison de réaliser, en comptant l'inaction et la délibération supplémentaire comme des actions. Mais dans le cas des raisons épistémiques et évaluatives, ce n'est pas aussi évident. L'inaction peut être considérée comme une sorte d'action, mais *ne pas* croire et *ne pas* sentir ne sont pas des sortes de croyance ou de sentiment. Supposons que la police enquête sur un crime. À présent, A est le principal suspect – il y a davantage de raisons de croire que c'est A qui a commis le crime plutôt que quelqu'un d'autre. Ainsi, A est la personne dont on a le plus de raisons de croire qu'elle a commis le crime. Il ne s'ensuit pas pour autant qu'il y ait dès à présent une raison *suffisante* pour que la police en soit persuadée. À ce stade, cette conclusion pourrait se révéler bien imprudente. La même chose s'applique aux sentiments (*feelings*) ou aux états affectifs. C'est peut-être de l'irritation, et non la de gratitude, que vous avez le plus de raisons de ressentir à l'égard de Jim et du prétendu service qu'il vient de vous rendre ; toutefois, à bien considérer tous les faits, il se peut aussi que les raisons de vous sentir irrité ne soient pas, après tout, suffisantes. Sans poursuivre cette question, acceptons qu'il puisse y avoir deux termes primitifs exprimant les relations des raisons, S et R. Il est plausible qu'il y en ait en fait un troisième, que nous appellerons R_o. Car à côté des raisons *spécifiques* de ψ, il existe aussi un degré global de raisons de ψ, prenant en compte toutes les raisons spécifiques. Si cela est correct, alors les inférences de R à R_o, et de R_o à S, sont substantielles (*substantive*) et non définitionnelles. Mais la sémantique et l'épistémologie que j'avance ici s'appliqueront à tous les trois.

On doit également noter deux autres points fondamentaux dans la logique des raisons.

1. La logique des raisons épistémiques se distingue par un aspect important : les faits qui donnent à l'agent une raison de croire quelque chose le font relativement à ce que l'on peut appeler les *champs épistémiques* de l'agent. Les champs épistémiques de x à un moment t consistent en des ensembles de faits que x peut découvrir conjointement, qu'il peut apprendre ou dont il peut prendre conscience directement ou indirectement à un moment t ; on pourrait aussi dire : les ensembles de faits qui sont conjointement accessibles à x. Il s'agit là des champs de données (*evidence*) accessibles à x à un moment t, qu'il ait fait ou pas des recherches pour les recueillir. Nous avons besoin de parler au pluriel, au moins en principe, parce que si x entreprend effectivement de découvrir les faits, l'activité même de se pencher sur certains d'entre eux rend impossible d'en découvrir d'autres. Les uns et les autres n'appartiennent pas au même ensemble de faits découvrables conjointement – ils appartiennent à différents ensembles dans une structure arborescente de recherches possibles à un moment t, dont chacun consiste en un ensemble maximal de faits que x aurait pu découvrir conjointe-ment si seulement il avait poursuivi un programme de recherches approprié à un moment t[1].

C'est en référence au champ épistémique entier que se décide la question de savoir si un sous-ensemble de faits dans un champ donné constitue ou non une raison pour une croyance. Ainsi, le

---

1. Néanmoins, c'est au singulier que nous pensons souvent au champ épistémique de l'enquêteur (comme lorsque nous demandons si la police aurait pu accéder à suffisamment de pièces à conviction (*evidence*) pour incriminer un suspect. Sans contexte, il n'est pas facile de savoir clairement ce que nous voulons dire : nous pourrions avoir à l'esprit les raisons de croire qui sont disponibles dans l'un des champs épistémiques de l'enquêteur à ce moment, ou les raisons de croire qui soient disponibles dans *tous* ces champs, ou encore quelque chose de plus compliqué et/ou de plus vague (les faits qui *auraient pu* être découverts par l'enquêteur en un temps donné, par exemple).

fait que la pelouse soit humide peut, dans un champ épistémique donné, être une raison de croire qu'il a plu récemment, même si je n'en ai pas connaissance. Je n'en sais rien parce que je n'ai pas regardé par la fenêtre, mais j'aurais pu facilement le savoir en jetant un coup d'œil dehors. Cependant, le même fait peut se trouver dans un champ épistémique sans pour autant être une raison de croire qu'il a plu. Supposons qu'un autre fait se trouvant dans mon champ épistémique est que je viens d'arroser la pelouse. Je pourrais facilement m'en rappeler en y repensant. Dans ce cas, mon champ épistémique contient ces deux faits à la fois, dans un ensemble conjointement accessible – et ainsi, dans ce champ, le fait que la pelouse soit humide n'est *pas* pour moi une raison de croire qu'il a plu récemment[1].

Les raisons épistémiques, comme les raisons évaluatives ou pratiques, sont des relations à des ensembles de faits, mais elles sont valides relativement au champ épistémique de l'agent[2]. C'est en ce sens qu'elles diffèrent, à mon avis, des raisons évaluatives et pratiques, qui ne sont pas ainsi relativisées. Par exemple, le fait que l'un de vos proches vous ait rendu un grand service constitue pour vous une raison de vous sentir reconnaissant, que vous le sachiez ou non. De même, le fait que ce liquide soit du poison, et non de l'eau, est pour vous une raison de ne pas le boire, que vous le sachiez ou non. Un observateur pourrait dire

---

1. Ce qui vient d'être dit est une version du réquisit de la totalité des données (*total evidence*) proposée par Carnap (*Logical Foundations of Probability*, Chicago, University of Chicago Press, 1950, p. 211-213).

2. Ainsi, dans le cas des raisons épistémiques, nous pourrions représenter R ainsi : $R(e_{j, x, t}, p_i, x, \beta(p), d, t)$. Dans le j^e champ épistémique de x au moment t, l'ensemble des faits p_i donne à x une raison d'un degré d de croire que p au moment t. Il en va de même pour S. Cette structure arborescente (*tree structure*) des champs pose problème. À quelles conditions sera-t-il vrai qu'il y a là une raison pour x (suffisante ou autre) de croire que p au moment t ? En particulier, que se passe-t-il si une raison existe dans un $e_{j, x, t}$, et non dans un autre ? Dans la suite de cette section, je prétendrai que nous avons une réponse à cette question.

à juste titre qu'il y a là une raison de vous sentir reconnaissant, ou de ne pas boire ce liquide, que vous soyez ou non au courant de l'existence de cette raison.

2. Il devient néanmoins nécessaire à cette étape de faire une distinction pour laquelle il est pourtant difficile de trouver une bonne terminologie. On s'y réfère souvent en parlant de la différence entre les raisons « objectives » et « subjectives ». Comme cela prête à confusion, parlons plutôt des raisons *tout court*** et des raisons « garantissables » (*warrantable*). Les raisons garantissables se distinguent en ceci qu'elles sont sujettes à l'auto-vérification : nous les avons si et seulement si nous pouvons constater que nous les avons, par simple réflexion. (Je laisse de côté la question de savoir jusqu'où nous devrions idéaliser nos pouvoirs réflexifs, bien que cela devient important dans d'autres contextes. Ainsi la force du « pouvons » dans « nous pouvons constater » peut être de ce point de vue sujet à discussion.) Dans les exemples que l'on vient de donner : il y a une raison, mais pas une raison garantissable, de vous sentir reconnaissant, et il y a une raison, mais pas une raison garantissable, de ne pas boire ce liquide. Peut-être avez-vous des raisons garantissables de boire ce liquide, parce que vous avez une raison garantissable de croire qu'il s'agit là d'eau, et que vous avez soif. De même, il peut y avoir une raison – dans votre champ épistémique – de croire quelque chose, sans qu'il s'agisse là d'une raison garantissable, parce que vous n'avez pas encore découvert le fait qui constitue cette raison (même s'il se trouve dans votre champ épistémique, encore à découvrir – vous pouvez découvrir que ce n'est pas de l'eau en buvant, par exemple).

R, R_0 et S sont des concepts primitifs. Il n'est pas nécessaire de caractériser les raisons garantissables par un concept primitif

---

distinct, puisqu'on peut les définir en ces termes-là. Mais puisqu'elles sont telles qu'on peut les constater en y réfléchissant de façon suffisamment attentive, nous avons besoin pour cette définition d'une notion plus étroite que celle de champ épistémique; disons, celle d'*état* épistémique. L'*état* épistémique de x au moment t est l'ensemble des faits auxquels x pourrait avoir accès de façon conjointe au moment t simplement en y dirigeant son attention, sans rien faire de plus. Ce cercle plus étroit de faits est compris à l'intérieur de l'ensemble des champs épistémiques de x, de façon à ce que chaque fait se trouvant dans l'état épistémique puisse également se trouver dans tous les champs. Ce cercle plus étroit peut donc être circonscrit ainsi : le fait-que-p est dans l'état épistémique de x à un moment t si et seulement si :

> (i) x pourrait en arriver à croire que p se produit à un moment t, en dirigeant simplement son attention au fait que p, sans rien faire de plus, et
> (ii) dans tout champ épistémique qui comprend le fait que p, ce fait même est pour x une raison suffisante de croire que p, indépendamment des autres faits se produisant dans ce champ.

Par exemple, le fait que je pense me souvenir (*I seem to remember*) d'avoir arrosé la pelouse peut se trouver dans l'un de mes états épistémiques actuels, conformément à cette définition. Car il peut être vrai que j'en vienne à croire que je pense m'en souvenir, juste en me posant la question de savoir si je pense m'en souvenir, et le fait que je pense m'en souvenir constitue pour moi une raison suffisante pour croire que je pense m'en souvenir, dans tout champ épistémique. En revanche, le fait que je me rappelle ne peut être dans aucun de mes états épistémiques, bien qu'il puisse se trouver dans mes champs épistémiques.

Armé du concept d'état épistémique, nous définissons les raisons garantissables en termes des relations R, R_0 et S de façon suivante :

> Dans l'état épistémique $s_{x,\,t}$, x a une raison garantissable
> (spécifique, globale ou suffisante) de ψ si et seulement si,
> dans $s_{x,\,t}$, x a une raison suffisante [1] de croire qu'il a une
> raison (spécifique, générale ou suffisante) de ψ.

Ainsi, par exemple, x a une raison garantissable de se sentir reconnaissant dans $s_{x,\,t}$ seulement si, dans $s_{x,\,t}$, il existe pour x une raison suffisante de croire qu'il y a là une raison de se sentir reconnaissant. Notons que x peut ne pas l'avoir remarquée; il peut alors avoir une raison garantissable de se sentir reconnaissant sans s'en rendre compte. En général, on peut avoir des raisons garantissables sans s'en rendre compte – les raisons garantissables que l'on a n'équivalent pas aux raisons que l'on croit avoir. Notons également que x peut avoir une raison garantissable de se sentir reconnaissant, même s'il n'*a* pas de raison de se sentir reconnaissant. Il en est ainsi parce qu'un état épistémique (tout comme un champ épistémique) peut nous donner des raisons de croire que p sans que p soit effectivement le cas. Un état épistémique peut donc vous donner une raison de croire qu'il existe une raison de ψ même quand il n'y en a pas. En général, on peut avoir une raison garantissable de ψ même s'il n'existe pas de raison de ψ[2]. Les raisons garantissables de ψ ne sont pas un sous-ensemble des raisons qu'il *y a* de ψ.

---

1. J'ai simplifié : la question de savoir si la raison de croire doit être suffisante ou bien si elle peut aussi être spécifique ou globale nécessite manifestement une considération.

2. Notez également que, dans le cas des raisons pratiques, *adopter une stratégie* afin de prendre une décision, alors que l'on dispose d'informations inadéquates, constitue souvent l'une des options qui se présentent à nous. Ainsi, si vous ignorez totalement si l'ennemi attaquera par la gauche ou par la droite, tirer à pile ou face afin de décider d'une défense éventuelle sur votre gauche ou votre droite, peut être ce que vous avez une raison garantissable suffisante de faire. Mais ce pour quoi vous *avez* le plus de raisons d'agir, c'est de défendre le flanc par lequel l'ennemi attaquera effectivement.

Supposons, pour le formuler en des termes neutres, qu'entre votre état épistémique et la croyance que $(\exists p_i)R(p_i,$ vous, se sentir reconnaissant à l'égard de Smith) il y ait la relation S ; mais qu'en réalité, ce n'est pas le cas que $(\exists p_i)R(p_i,$ vous, se sentir reconnaissant à l'égard de Smith). Sachant cela, dirions-nous que vous avez une raison de vous sentir reconnaissant à l'égard de Smith ? Eh bien, oui et non. En un sens, vous avez une raison, mais en un autre sens, vous n'en avez pas. Dirions-nous qu'il *existe* une raison de vous sentir reconnaissant ? Ici, on aurait plutôt tendance à dire non. Car dans ce cas, on pourrait vouloir dire que, bien que vous ayez une garantie de *penser* qu'il y a là une raison, vous avez tort. C'est à cette différence dans la réponse que je me réfère dans mon choix terminologique. Dire que vous avez une raison garantissable laisse ouverte la question de savoir si cette raison existe réellement.

Un dernier point à noter est le suivant : le simple fait que *x* a telle ou telle autre raison garantissable ne doit pas obligatoire-ment jouer de rôle explicatif dans l'explication des actes de *x*. Ce qui vous pousse à agir (croire, ressentir ou faire) n'est pas, directement, l'ensemble des raisons qu'*il y a* d'agir, ni même les raisons garantissables que vous avez d'agir, mais un certain sous-ensemble des raisons que vous *pensez* avoir [1].

---

1. Une distinction tripartite similaire a été faite par Allan Gibbard (*Sagesse des choix, justesse des sentiments moraux* (1990), trad. fr. S. Laugier, Paris, P.U.F., 1996) : selon sa terminologie, les raisons qui s'imposent à vous sont vos « raisons potentielles », vos raisons garantissables sont vos « raisons disponibles » et les raisons que vous pensez vous-même avoir sont vos « raisons putatives ». Mais le terme « potentiel » semble trompeur : en réalité, les « raisons potentielles » *sont* des raisons. Une autre question à noter : pour qu'un fait soit une raison pour *x*, *x* doit-il être potentiellement capable de reconnaître le caractère *donneur-de-raisons* de ce fait ? Un fait peut-il être une raison d'agir pour *x* si *x* est complètement imper-méable à l'idée qu'un fait de ce type possède une force donnant des raisons – ne pourrait-il pas simplement considérer la réalisation d'un tel fait comme étant une raison ? Nous n'en dirons pas davantage ici.

Après ce bref détour, j'en conclus que R, R_o, et S sont les seules relations dont nous devons considérer l'ontologie et l'épistémologie. Nous allons y retourner à présent; notre première tâche consistera à déterminer clairement ce que veut dire être *réaliste* en ce qui concerne les raisons.

3. FAITS, PROPOSITIONS ET VÉRITÉ

Les raisons sont des (ensembles de) faits. Il est important de souligner dès le départ que ceci ne constitue pas encore, en tant que tel, un réalisme à propos des raisons. Le réalisme que je veux rejeter ne consiste pas dans la thèse selon laquelle les raisons sont des faits – il s'agit plutôt de la thèse selon laquelle il existe des faits substantiels en vertu desquels les propositions sur les raisons sont vraies quand elles sont vraies. Cette différence peut être rendue plus claire à l'aide d'un exemple. Soit :

(i) Le fait que skier fait plaisir à Joan constitue pour elle une raison de skier.

Cela veut dire que la relation de raison R se produit entre le fait que skier fait plaisir à Joan, Joan et l'acte de skier :

(i)' R (le fait que skier fait plaisir à Joan, Joan, skier)

Cela n'identifie pas la relation de raison *elle-même* à aucun de ces faits, ou de ces ensembles de faits qui la satisfont – cela n'aurait aucun sens, les faits et les relations étant deux sortes d'entités différentes. Dire qu'un fait est une raison équivaut simplement à lui attribuer une relation de raison. Par exemple, si je dis « La raison pour laquelle nous devrions quitter ce bâtiment est qu'il est en train de s'effondrer », je formule ainsi un énoncé d'identité au sein duquel un fait est caractérisé par sa propriété relationnelle d'être une raison : le x tel que x est la raison de partir = le fait que le bâtiment est en train de s'effondrer.

Mais – de façon cruciale – voulons-nous dire que (i) en tant que tel, s'il est vrai, « correspond » à un fait ?

Il existe de nombreux problèmes liés à la manière dont nous sommes censés individuer les faits « vérifacteurs ». Nous n'allons pas nous en occuper ici[1]. Il n'y a qu'un point qui soit important dans notre contexte : l'idée de correspondance ou de représentation (*depiction*) est inéliminable de notre conception de ce que veut dire être une proposition *factuelle*. Une proposition factuelle dépeint un fait ou des faits possibles. Le monde comprend la totalité des faits. Nous ne mettons pas en cause l'existence de cette idée dyadique de représentation dans le cas des propositions factuelles. La question se pose en revanche sur son rôle : se contente-t-elle d'expliquer ce qui fait d'une proposition une proposition *factuelle* ? Ou bien le rôle qu'elle doit jouer est-il plus important, celui de définition générale de la vérité ou de ce qu'est *être* une proposition ?[2]

En particulier, pouvons-nous appliquer cette image de l'« image » aux propositions sur les raisons ? Nous devons nous concentrer ici sur les propositions qui ne portent que sur des relations de raisons. L'énoncé (i) ne porte pas purement sur R,

---

1. L'« argument du lance-pierre » peut être mis de côté (voir S. Read, « The Slingshot Argument », in *Logique et Analyse*, 143-4, 1996, p. 195-218). Malgré cela, la question de savoir comment développer la notion substantielle de fait à partir du cas des simples prédications est, c'est bien connu, sujette à débat – qu'en est-il des faits négatifs, conditionnels, existentiels ? Peut-être ces problèmes sont-ils importants en tant que tels. Mais en ce qui nous concerne, la seule question sera celle de savoir s'il y a des faits substantiels liés aux relations de raisons – une question à laquelle on peut répondre indépendamment de toute manière particulière d'individualiser les faits au sens substantiel.

2. Je vais supposer ici, conformément au cadre frégéen que je vais utiliser, qu'une proposition est une « pensée » frégéenne, c'est-à-dire le « sens » de l'énoncé. Ce choix n'est pas essentiel à notre argument : seule la distinction entre les propositions et les faits (au sens substantiel) est essentielle.

dès lors qu'il entraîne que faire du ski procurera du plaisir à Joan, ce qui est une proposition factuelle.

Considérons alors la paire suivante :

(P) $(\varphi)(x)$(si φ-er procure du plaisir à x, alors le fait que φ-er procure du plaisir à x constitue pour x une raison de φ-er)

(F) Le fait que $(\varphi)(x)$(si φ-er procure du plaisir à x, alors le fait que φ-er procure du plaisir à x constitue pour x une raison de φ-er)

(P) ne porte que sur R. Devrions-nous y appliquer l'image de l'« image » ? Devrions-nous introduire des faits substantiels tels que F, et dire qu'ils sont au bout du compte des vérifacteurs pour les propositions comme P ? Je ne le pense pas.

Sans aucun doute, P a une condition de vérité. Comprendre cette phrase requiert que l'on saisisse cette condition de vérité *en tant que* condition de vérité. Toutefois, une quelconque exigence sémantique nous conduit-t-elle de l'idée d'assigner une condition de vérité à un énoncé jusqu'à l'idée d'un fait vérifacteur ?

On doit distinguer entre les tâches et les exigences d'une théorie logique et sémantique d'un côté, et celles de la métaphysique de l'autre. La sémantique vise à proposer une explication uniforme de la manière dont la valeur de vérité d'un énoncé est déterminée par les valeurs sémantiques des expressions qui le composent. Pour cela, nous avons besoin d'attacher des valeurs sémantiques aux termes singuliers, aux prédicats et aux opérateurs, et de décrire comment les valeurs de vérité des énoncés en sont des fonctions. Ce que l'on postule comme valeurs sémantiques dépend de notre sémantique. Prenons comme modèle la sémantique de Frege[1]. Ici, les prédicats et les expressions relationnelles sont compris comme se référant aux concepts et aux relations au sens de Frege. Considérons l'énoncé suivant : « Ce feu est brûlant ». Selon Frege, cet énoncé est vrai si et seulement si le concept frégéen dénoté par le prédicat « ξ est brûlant » situe l'objet dénoté par « ce feu » dans le Vrai. La même chose se produit dans le cas d'un énoncé sur les raisons – disons « Le fait que je sois en retard est une raison de me dépêcher ». Ici, la condition de vérité est que la relation frégéenne dénotée par l'expression relationnelle « ξ constitue pour ν une raison de χ » situe la séquence (le fait que je sois en retard, moi, le type d'acte de se dépêcher) dans le Vrai. Comprendre ces énoncés équivaut à saisir leurs conditions de vérité de façon appropriée, autrement dit, conformément au mode de présentation qui constitue leur sens. Cela suppose de saisir le sens des prédicats, des expressions relationnelles et des termes singuliers – c'est-à-dire de leurs modes de présentation d'une valeur sémantique. Ainsi, le théoricien de la sémantique frégéenne doit postuler des *valeurs sémantiques* et des *sens* – mais non des faits (au sens substantiel précisé plus haut).

Mais si nous parlons de conditions de vérité, ne devons-nous pas expliquer ce qu'est cette vérité ? La question mérite d'être examinée. Dans la mesure où il est question de sémantique, ce que nous devons faire est expliquer la signification de « vrai », de façon à rendre ce terme utilisable par cette discipline. Il est suffisant pour notre propos de dire que la signification de « vrai » est saisie, non par une définition explicite, mais en saisissant (i) la connexion entre la vérité et l'objectif de l'assertion, (ii) la

---

1. Ce n'est pas le seul modèle possible, bien évidemment. Des théories sémantiques différentes auront des ontologies abstraites différentes. Mais ce que je suis en train de dire ici en employant la sémantique frégéenne comme exemple s'applique de manière générale.

vérité de certains principes sémantiques où apparaît le concept
de vérité, (iii) l'idée que ces principes sont posés en employant le
terme « vrai ». « Vrai » n'est pas définissable explicitement, il
n'est pas non plus possible de l'éliminer sans en perdre le
pouvoir expressif. Telle était l'opinion de Frege – « La signification du mot "vrai" est énoncée dans les lois de la vérité »[1]. La
question de savoir si nous choisissons une théorie correspondantiste, assertibilitiste, ou cohérentiste de la vérité relève donc de la
métaphysique, et non de la sémantique. La sémantique en tant
que telle ne fait pas la loi ici. Cependant, bien que la sémantique
n'ait pas de pouvoir législatif sur ce terrain, il est possible de
soutenir – comme l'a fait Frege – que la définition de « vrai »
exigée à des fins sémantiques est non seulement suffisante pour
les questions de sémantique, mais aussi qu'elle constitue tout ce
que l'on peut dire de la vérité. Il s'agit là, pour ainsi dire, d'une
théorie anti-métaphysique ou « sans théorie », et c'est bien celle-
ci qui est correcte à mon avis.

On prétend parfois que la conception correspondantiste de la
vérité, en un *certain* sens de correspondance, peut être regardée
comme une platitude acceptable par tous. Au mieux, ces propos
sont trompeurs. Considérez le schème : « Il est vrai que *p* si et
seulement si c'est un fait que *p* ». Si, avec Frege, on prend le fait
que *p* comme étant la proposition vraie que *p*, le schème devient
en effet banal, mais il n'exprime aucune notion de correspondance binaire. Or, si « fait » est pris en un autre sens, davantage
« vérifacteur », qui introduit une notion de correspondance
binaire, le schème cesse d'être une platitude.

Que répondrait un théoricien de la vérité comme
correspondance ? Peut-être la question est-elle plutôt celle de

---

1. « De ces lois [de l'être vrai], on verra se dégager ce que veut dire le terme
"vrai" » (G. Frege, « La pensée », dans *Écrits logiques et philosophiques*, trad. fr.
Cl. Imbert, Paris, Seuil, p. 171).

savoir ce qui explique pourquoi l'énoncé «Ce feu est brûlant» est vrai quand il est vrai? Mais quel type d'explication cherchons-nous ici? Il existe une explication triviale : «Ce feu est brûlant» est vrai (en français) parce que ce feu est brûlant, et c'est ce que l'énoncé français «Ce feu est brûlant» veut dire. Ici, l'explication consiste à spécifier quelle est la proposition exprimée par l'énoncé et à l'asserter. Une autre explication est que «Ce feu est brûlant» est vrai parce que le charbon est en train de brûler et produit en conséquence des gaz à haute énergie. Dans ce cas, on fait appel à une explication scientifique de ce qui rend le feu brûlant. Un théoricien correspondantiste doit montrer que l'on peut en dire autre chose.

Voici un troisième type d'explication : le *concept* frégéen assigné à «χ est brûlant» situe ce feu dans le vrai parce que ce feu a la *propriété* d'être brûlant. Je concède que c'est une explication, dans la mesure où la propriété de chaleur, au sens de «propriété» signifié ici, n'est identique ni au concept frégéen, c'est-à-dire la valeur sémantique du prédicat, ni au sens de celui-ci. Ces éléments sont des *abstracta* introduits par le sémanticien frégéen, alors que la propriété de chaleur, au sens entendu (*intended*) dans cette explication, est un attribut concret des choses, doté d'une nature, d'une essence ou d'une constitution que les physiciens explorent. En menant leurs recherches, ces derniers ne se penchent pas sur la nature de fonctions ou d'ensembles. On pourrait dire la même chose à propos d'autres cadres sémantiques. Si notre sémantique dit que le prédicat «χ est brûlant» signifie un ensemble d'extensions dans des mondes possibles, alors le feu se trouve dans l'extension indexée sur le monde réel, car il a une certaine propriété, celle d'être brûlant. Toutefois, ce troisième type d'explication peut être fourni précisément parce que nous avons affaire à une proposition *factuelle*. Dans ce contexte, «fait» est pris en son sens substantiel : un fait consiste en la possession de propriétés et de relations par des objets, ainsi que (si le temps est réel) les modifications de celles-ci. Ces propriétés et ces relations ne sont pas identifiables aux valeurs sémantiques, qu'elles soient des fonctions frégéennes ou des extensions lewisiennes à travers tous les mondes possibles. Tout comme nous avons distingué entre faits nominaux et substantiels, nous pouvons également faire la distinction entre les propriétés nominales et les propriétés substantielles. Puisque les faits au sens nominal sont identifiés aux propositions vraies, les propriétés au sens nominal doivent être identifiées non pas aux concepts frégéens mais aux sens des prédicats [1]. En conséquence, la troisième explication de pourquoi « Ce feu est brûlant » exprime une proposition vraie fait appel à la propriété substantielle (et pas nominale) de chaleur ; bref, au fait substantiel que ce feu est brûlant. Sans surprise, étant donné que la proposition factuelle *dit* qu'un fait (substantiel) se produit, nous pouvons expliquer pourquoi une proposition factuelle est vraie en notant que le fait (substantiel) qu'elle énonce comme se produisant, se produit effectivement. Toutefois, et toujours sans surprise, s'il y a des propositions non factuelles, on ne peut pas leur appliquer le même procédé. Si quelqu'un insiste pour dire qu'on peut le faire avec toutes les propositions, il insiste simplement pour dire que toutes les propositions sont substantiellement factuelles. Rien ne l'implique dans la théorie sémantique que nous avons envisagée.

Une toute dernière ligne de défense pourrait être encore proposée en faveur de la théorie de la vérité comme correspon-

---

1. Plus précisément, j'insisterais sur le fait que le concept de propriété d'être juste *est* un concept de propriété « au sens substantiel ». Les concepts théoriques de la sémantique, comme la valeur sémantique d'un prédicat ou le sens d'un prédicat, ne sont pas vraiment les concepts d'une *propriété*, au sens auquel on parle des propriétés (attributs) d'une chose. Il en va de même du concept de fait. Je vais cependant continuer à distinguer explicitement entre les propriétés et les faits pris dans un sens soit « substantiel », soit « nominal ».

dance. Nous pourrions la voir comme une thèse relativement superficielle concernant la signification du mot « vrai » : elle dirait simplement que « Il est vrai que » est correctement attaché à un énoncé seulement si l'énoncé en question exprime une proposition factuelle. Les irréalistes cognitifs pourraient l'accepter s'il s'agissait d'une simple suggestion sur la manière d'employer « vrai » : ils pourraient alors soutenir que, tout comme les propositions factuelles peuvent être qualifiées de vraies ou fausses, les propositions sur les raisons ne peuvent être que « correctes » ou « valides », mais pas vraies ou fausses[1]. Cette façon de parler est attrayante à bien des égards, tant qu'il est question de rendre les choses claires ; elle est cependant laborieuse. La sémantique aura toujours besoin d'un terme général, comme « conditions de correction », pour caractériser la condition qu'elle attache à tout énoncé déclaratif. Dans l'ensemble, il semble préférable d'utiliser « vrai » au sens où nous avons une garantie pour penser que *p* si et seulement si nous avons une garantie pour penser que *p* est vrai – auquel cas le juste terme pour désigner la condition que la sémantique attache aux énoncés sera « condition de vérité ».

---

1. Notez la position opposée qui rejette cette thèse superficielle *sans pour autant* rejeter la thèse plus profonde selon laquelle les propositions sont essentiellement picturales (*depictive*). Par exemple, Simon Blackburn se qualifie lui-même d'agnostique en ce qui concerne la vérité en tant qu'une « propriété "robuste" identifiable », et privilégie une conception « déflationniste » de la vérité. Il est en conséquence prêt à joindre « Il est vrai que » à ces énoncés grammaticalement déclaratifs qui, selon lui, n'expriment pas de réelles propositions (*cf.* S. Blackburn, *Ruling Passions*, Oxford, Oxford University Press, 1998, p. 318-319). En même temps, son argument non-cognitiviste se fonde sur le modèle correspondantiste ou pictural des propositions.

4. Pourquoi « irréalisme » ?

Avant de nous tourner vers l'épistémologie des propositions portant sur les raisons dans la section finale, je voudrais m'interroger sur la pertinence de l'adjectif « *irréaliste* » appliqué au cognitivisme des raisons développé jusqu'à présent.

Ce qui pourrait jouer en sa faveur se fonde sur le contraste que j'ai érigé entre les propositions sur les raisons et les propositions factuelles. J'ai noté qu'afin de comprendre ce que signifie pour une proposition d'être une proposition *factuelle*, la notion de fait au sens substantiel s'avère nécessaire; cela n'engage toutefois pas à accepter la conception correspondantiste comme explication de la nature de la proposition ou de la vérité en tant que telles. À cette étape, deux réponses opposées sont possibles. La première affirme que l'image de la correspondance s'applique à toutes les propositions, l'autre dit que nous n'avons pas du tout besoin de la notion substantielle de fait. La thèse défendue dans le présent article se dirige avant tout contre la première. Qu'en est-il pourtant de la seconde ?

Il est certain que les cognitivistes irréalistes doivent rejeter la théorie correspondantiste en tant que théorie des propositions, c'est-à-dire en tant que description de ce qu'est déclarer que quelque chose est le cas, de l'acte de parole déclaratif. De ce point de vue, ils s'inscrivent dans une tradition sémantique moderne qui a son importance. Mais cette tradition a pris de l'ampleur au point de s'attaquer à la notion même de fait, au sens substantiel du terme. Frege, par exemple, rejette l'idée qu'il y ait des faits au sens envisagé par le théoricien correspondantiste, un sens requis pour jouer le rôle de vérificateur. Il identifie simplement les faits aux propositions vraies[1]. La seconde réponse suit cette ligne de conduite. Elle rejette l'idée même de fait et de

---

1. « Un fait est une pensée qui est vraie », Frege, « La pensée », *op. cit.*, p. 191.

propriété au sens substantiel. Et, de toute évidence, si nous rejetions cette idée, la question du réalisme des raisons, tel que je l'entends, ne pourrait pas se poser. Selon cette position, on pourrait dire qu'on est tout aussi réaliste à propos des raisons qu'on peut l'être pour tout le reste – ou, alternativement, on pourrait dire que l'on est irréaliste à propos de *toutes* les propositions et pas seulement à propos des propositions sur les raisons.

Néanmoins, nous devrions résister à la tentation de rejeter la notion de fait au sens substantiel. C'est une chose de rejeter la théorie de la vérité comme correspondance et en conséquence le besoin de la notion de « vérificateur » comme concept théorique d'une théorie sémantique ; c'en est une autre de rejeter totalement l'existence de faits substantiels. Les faits et les propriétés substantiels ne doivent pas être posés par une théorie sémantique en tant qu'entités destinées à jouer des rôles théoriques dans la sémantique. De ce point de vue, ils sont plutôt redondants. D'après ce que je vois, c'est le seul argument que l'on ait avancé pour rejeter leur existence[1]. Pourtant, cet argument tout particulièrement est fallacieux. Les tables, les fées, les fleurs et le phlogiston ne sont pas des entités exigées par l'activité même de la théorie sémantique, mais cela ne tranche pas la question de leur existence. Celle-ci est déterminée par des domaines de recherche autres que la sémantique, bien qu'il vaille mieux, dans les cas où ces choses existent, que nous ayons les moyens de nous y référer.

Notre pensée sur le monde (le discours de tous les jours, la science, la religion) déploie des notions substantielles d'objets, de propriétés, de relations, de faits. De tels faits ont des pouvoirs causaux : « C'est le fait d'avoir utilisé de l'acier de mauvaise qualité qui a causé l'effondrement des tribunes ». Qui plus est,

---

1. Outre les problèmes liés à leur individuation. Mais il existe des problèmes d'individuation pour toute entité concrète.

*qu'*ils aient des pouvoirs causaux joue un rôle essentiel dans la façon dont nous nous concevons nous-mêmes comme sujets pensants et comme agents dans le monde (le tissu causal total des faits). Cela a des conséquences pour l'épistémologie des propositions factuelles, puisque leur épistémologie doit concorder avec l'idée selon laquelle la connaissance, dans leur cas, consiste en une relation substantielle à un fait substantiel. En revanche, l'épistémologie des propositions sur les raisons ne correspond pas – et n'a pas à correspondre – à cette idée, comme nous allons le voir dans la section suivante. Expliciter ces différences aidera à battre en brèche aussi bien la réponse qui perd les faits substantiels de vue, que celle qui insiste à les présenter comme vérifacteurs pour tous les types de propositions.

Je suggère que la notion de fait substantiel est indispensable dans le contexte de ce qu'on entend habituellement par le *réalisme* des raisons, ou de la normativité en général. Si cela est juste, alors l'irréalisme est une expression appropriée pour désigner la position défendue ici. Naturellement, on considère le *réaliste* comme celui pour qui il y a des faits substantiels concernant les raisons, ou pour qui, en général, les faits normatifs substantiels existent. C'est bien en ce sens que l'on comprend naturellement les expressions comme « fait » et « propriété ». La notion de « fait normatif (substantiel) » peut alors frapper comme étant une expression contradictoire ; ou bien, elle peut sembler particulièrement forte ou audacieuse. Dans les deux cas, un sentiment de provocation et de bizarrerie se produit, ce qui indique de façon univoque que nous assistons à un tour de passe-passe philosophique. C'est le réalisme dans cette acception qui nous conduit à l'idée selon laquelle le « naturalisme » doit être en danger, à moins que nous trouvions un vérifacteur naturaliste pour les propositions sur les raisons. Et à travers l'épistémologie peu plausible qui semble requise par ce réalisme, ainsi que les arguments de la question ouverte [1] qui continuent à le menacer, il recule vers la théorie de l'erreur ou vers le non cognitivisme. Je soutiens de mon côté que ce recul ne peut convenir que si l'on partage l'explication défectueuse de la vérité ou de la nature des propositions [2] proposée par le réaliste.

Un autre point doit être mentionné. Retournons pour l'instant à (P) et (F). L'irréaliste dit que nous n'« expliquons » pas la vérité de (P) en disant que (F) se produit et rend ainsi (P) vrai. Toujours est-il que (F) a tout d'un terme singulier parfaitement correct – quelle est alors sa valeur sémantique ? Les irréalistes ne peuvent pas dire qu'il s'agit là d'un fait substantiel. Ils pourraient tenter de dire que cette valeur sémantique est une proposition vraie. Dans ce cas, étant donné que nous admettons l'existence de faits substantiels, « le fait que p » s'avère référentiellement ambigu. De plus, si l'on s'oppose à l'identification frégéenne de « fait » à « proposition vraie », il faut noter que, dans le langage ordinaire, les faits et les objets sont des objets possibles de la conscience (*awareness*), et non des objets possibles de la croyance, alors que les propositions sont, elles, des objets possibles de la croyance. Si l'on se dit conscient (*aware*) d'une proposition, on entend par là que l'on est conscient d'un objet, de son existence, et non de sa vérité.

Toutefois, on peut également parler du fait d'être conscient de la *vérité* d'une proposition. Nous pourrions alors introduire une réglementation selon laquelle « le fait que p » se réfère au fait

---

1. *Cf.* l'introduction à la première partie du présent volume (les passages consacrés à G. E. Moore en particulier) [N.d. E.].

2. Une question au sujet de l'ontologie des *abstracta* reste ouverte : sens, valeurs sémantiques, *etc.* Je crois que le cognitivisme irréaliste est également approprié ici. Mais ceci aurait besoin d'une argumentation indépendante. Cette question ne se pose pas dans les discussions entre ceux qui adoptent et ceux qui rejettent l'existence des faits normatifs.

substantiel lorsque celui-ci existe, alors que « la vérité (de la proposition) que *p* » se réfère à la proposition que *p* lorsque cette proposition est vraie (ou à une entité abstraite différente, qui existe uniquement si la proposition est vraie). Dans tous les cas, bien que « la vérité de la proposition que *p* » ait la syntaxe d'un terme singulier, il semble qu'on devrait pouvoir l'éliminer. Par exemple « X est conscient de la vérité de la proposition *p* » se réduit simplement à « X est conscient que la proposition *p* est vraie ». La construction relationnelle qui contient « *conscient* de la vérité que *p* » est possible parce que « *conscient que p* » est factif[1] (*factive*).

Une distinction importante que nous devrions prendre en compte est celle entre deux sens dont on parle de la conscience d'un fait. Au premier sens, être conscient d'un fait équivaut à être (cognitivement) conscient de la vérité d'une proposition – ce qui se ramène à être conscient que la proposition est vraie. Au second sens, il s'agit d'être *réceptivement*[2] conscient de l'occurrence ou de la réalisation d'un événement ou d'un état de choses. Parler des faits au premier sens est formel – nous pouvons identifier artificiellement de tels faits nominaux à des propositions vraies, ou nous pouvons éliminer entièrement la référence apparente aux faits.

La seconde façon de faire serait plus élégante car elle supprimerait la distinction entre faits substantiels et nominaux

---

1. En anglais, on parle de verbes ou de prédicats *factive*, factifs, qui se caractérisent entre autres par la présence de la clause « *that* » (« que »); ils supposent également la vérité de ce qui suit le « *that* » en question – ainsi, on parlerait de verbes factifs dans le cas où « X sait que *p* », mais non pas où « X aimerait bien que *p* ». En épistémologie, la factivité définit les conditions de la connaissance en tant que croyance justifiée et vraie; les énoncés exprimant la connaissance sont factifs car ils impliquent la vérité de ce qui est énoncé : « X sait que *p* » est vrai seulement si *p* l'est aussi [N.d.T.].

2. Nous reparlerons de ce terme plus loin.

comme l'élément d'un échafaudage temporaire, et elle nous ferait revenir à la notion unique de fait. Néanmoins, il demeure très commode de s'autoriser à parler des faits, des propriétés et des relations de façon nominale. En particulier, nous pouvons parler de manière nominale des relations de raisons. Comprises de cette manière, les relations et les propriétés sont, à l'instar des propositions, des objets de pensée. Dans le cadre frégéen, elles sont identifiables aux sens des expressions et des prédicats relationnels, tout comme les propositions (« pensées ») sont identifiables aux sens des énoncés, et elles servent donc également de référents indirects dans des contextes indirects. Ainsi, quand nous nous référons à une relation de raisons, nous parlons du sens, ou du mode de présentation, associés à ce prédicat de raison[1].

5. L'ÉPISTÉMOLOGIE DES RAISONS

Maintenant que nous avons écarté les confusions concernant l'image correspondantiste, seules les questions épistémologiques demeurent. Comment pouvons-nous connaître la vérité des propositions sur les raisons? Quelle justification avons-nous pour penser qu'il y a quelque chose à dire sur les raisons qui soit susceptible d'être vrai? Si l'on ne peut pas proposer de description épistémologique satisfaisante de la façon dont on acquiert une connaissance des propositions sur les raisons, qui soit dépourvue de vérifacteurs, alors la notion même de l'existence de telles propositions – de l'« objectivité » de cette région du

---

1. Une quantification d'un ordre supérieur concerne les valeurs sémantiques des prédicats (« Ce fait a une propriété que cet autre fait n'a pas – ceci constitue une raison de ψ »). Pareillement, « la propriété que ce fait possède, mais pas cet autre », si nous le comprenons comme étant d'un ordre supérieur. (La quantification sur des propriétés *substantielles* n'est pas d'un ordre supérieur).

discours – devient précaire. Par là même, si nous pouvons fournir une telle description, nous montrerons que le réalisme à propos des raisons est redondant. Il s'avérerait alors que ni la sémantique, ni l'épistémologie n'exigent de postuler l'existence, quelque part dans le monde, d'une relation substantielle d'être une raison.

Disons qu'une personne a une garantie (*warrant*) pour la croyance ou le jugement que *p* si et seulement si elle a une raison suffisante et garantissable de croire que *p*[1]. Ce dont nous avons alors besoin est une description précise des circonstances dans lesquelles cette personne est considérée comme ayant une garantie pour un pur jugement sur les raisons. Quelle est la différence entre avoir une garantie pour un jugement factuel ou partiellement factuel d'un côté, et pour un pur jugement sur des raisons de l'autre ?

Ici, nous arrivons aux rôles joués par la réceptivité et la spontanéité dans la formation des jugements. Ces termes sont ceux de Kant, et en traitant cette différence épistémologique entre jugements factuels et normatifs, j'entends m'inspirer de ce qu'il a dit. Mais avant cela, il faut noter deux points de divergence. Premièrement, Kant s'interroge sur la spontanéité des jugements et des volitions mais il n'applique pas cette notion de spontanéité aux émotions, alors que d'autres philosophes qui se sont penchés davantage sur le développement et l'éducation du caractère et de l'émotion, ont beaucoup parlé de spontanéité du sentiment (*feeling*)[2]. Je crois que la spontanéité joue un rôle

1. *Cf.* la section 2.
2. Ce commentaire ne fait que signaler une longue histoire. En ce qui concerne la spontanéité du caractère et du sentiment, la contribution la plus marquante de cette époque étaient les *Lettres sur l'éducation esthétique de l'homme* de Schiller, qui restent capitales de deux manières (bien qu'influencées par Rousseau). Cela étend la notion d'éducation de la cognition et la volonté aux sentiments et la notion d'éducation employée dans tous ces cas est celle de

uniforme dans l'épistémologie de ces trois types de raisons, évaluatives aussi bien qu'épistémiques et pratiques (bien que dans l'éthique et dans l'esthétique, les spontanéités affective et conative[1] jouent une multiplicité de rôles, alors que la spontanéité cognitive a moins d'importance[2]). Deuxièmement, Kant traite la spontanéité et la réceptivité à l'intérieur du cadre de l'idéalisme transcendantal – une doctrine dont la portée est

développement, ou de culture libre, de la spontanéité. Ce travail n'applique toutefois pas sa conception de la spontanéité développée à l'*épistémologie* des jugements purement normatifs. En ce qui concerne Kant, il s'approche le plus de la discussion de l'épistémologie de ce que j'ai qualifié de raisons évaluatives, dans sa doctrine du jugement esthétique dans la *Critique de la faculté de juger*. Ceci ressemble, sous certains aspects frappants, à l'épistémologie des raisons décrite plus loin. Mais le contraste entre les jugements « esthétiques » et « logiques » établi par Kant ne correspond pas à la division entre les jugements purs portant sur des raisons et les jugements factuels que nous étudions ici ; ce qui nous empêche d'avoir une vue véritablement générale de tout cela. On aurait pu dire à propos de *tous* les types de jugements sur des raisons, et pas seulement le « jugement de goût », qu'ils « porte[nt] sur des objets des sens, mais non afin d'en déterminer un *concept* pour l'entendement » (Kant, *Critique de la faculté de juger*, trad. fr. A. Philonenko, Paris, Vrin, 1993, § 57, p. 246). Autrement dit : quand je juge, disons, qu'il y a là une raison de croire que cet objet est noir, je ne suis pas en train de juger qu'il est noir – et en ce sens je ne suis pas non plus en train de *déterminer* sous quel concept il tombe. Je fais un jugement qui est garantissable au sens qu'il porte sur moi, mais qui est aussi universellement législatif, au sens où il énonce une raison épistémique pour quiconque se trouvant dans cet état épistémique. Il en va de même avec les raisons pratiques.

Une discussion critique de la notion kantienne de spontanéité peut être trouvée chez John McDowell (*L'esprit et le monde* (1996), trad. fr. Ch. Alsaleh, Paris, Vrin, 2007) ; les connexions qu'il note entre la spontanéité et la *Bildung*, *i. e.* l'éducation comprise comme « pleine ouverture des yeux aux raisons » (p. 119) me semble perspicace aussi bien historiquement que philosophiquement. *Cf.* également ment R. Pippin, *Idealism as Modernism*, Cambridge, Cambridge University Press, 1997, « Introduction », et chap. 2, « Kant on the Spontaneity of Mind ».

1. Conatif – relatif au comportement, à l'action [N.d.T.].

2. Bien qu'elle en ait un peu : pensez aux notions telles que l'idéologie, la duperie de soi, la mauvaise foi.

discutable, mais qui, à ce que je puis en dire, va au-delà de ce qu'exige le cognitivisme irréaliste dans le domaine des raisons[1].

Il est toutefois toujours possible de construire quelque chose à partir de trois intuitions fondamentales de Kant. Premièrement, les jugements purs sur les raisons (*p. ex.* les jugements comme P dans la section 3) n'engagent aucune réceptivité. Deuxièmement, lorsque l'épistémologie du jugement n'engage que la spontanéité, et pas la réceptivité, il faut adopter une position irréaliste à l'égard de ses objets[2]. Troisièmement, un jugement sur les raisons est universel du point de vue de son contenu.

Prenons le premier point, selon lequel les jugements purs sur les raisons n'engagent aucune réceptivité. Supposons, par exem-

---

1. Ici aussi, bien évidemment, le nombre de problèmes à prendre en compte est considérable : en particulier, celui de savoir jusqu'à quel point l'idéalisme transcendantal peut être lui-même interprété comme un type de cognitivisme irréaliste relatif aux raisons. Il existe des parallélismes évidents, mais l'exposé kantien de l'espace et du temps comme des apparences, sa conception nouménale du soi, et son usage de l'idéalisme transcendantal dans le contexte éthique me semble empêcher une telle interprétation. Qui plus est, il présume que le raisonnement et le choix sont nouménaux, alors que le sentiment (*feeling*) appartient à l'expérience du sujet empirique. Le renforcement du contraste entre la croyance et l'action d'un côté et le sentiment de l'autre constitue l'un des effets les plus néfastes de l'idéalisme transcendantal, au moins entre les mains de Kant ; cela signifie par exemple que Kant ne peut pas considérer les émotions comme spontanées (ayant leur origine dans le soi) en ce sens.

2. Ou bien dans l'idéalisme transcendantal de Kant, une position *empiriquement* irréaliste. Dans la pensée de Kant, la distinction entre la spontanéité et la réceptivité joue aussi un rôle crucial dans « l'unité originairement synthétique de l'aperception ». Il présume ici que le soi (*self*) connaissant et agissant n'est pas donné par la réceptivité, par le sens inné dans le cas en question, mais par l'aperception pure. Il doit s'ensuivre que le « je pense » qui (selon Kant) accompagne toutes mes représentations est un acte de pure spontanéité, ce qui conduit Kant à une conception empiriquement irréaliste du soi. Sans doute, ce problème se pose également dans la position défendue ici : le cognitivisme irréaliste devrait-il être appliqué non seulement aux raisons, mais aussi au soi qui raisonne ? J'espère pouvoir développer cette question à une autre occasion.

ple, que je reçoive une représentation auditive d'une note assez haute, suivie d'une note plus basse. Une telle représentation, pense Kant, a déjà reçu un traitement considérable au sein de notre « sensibilité » ; mais ce qui nous intéresse est surtout l'étape où je procède à un *jugement*, à partir de cette représentation, que j'ai en effet entendu une certaine séquence objective de sons. À ce stade, l'«entendement» applique les concepts aux matériaux fournis par mon intuition sensible. Ce faisant, elle manifeste une capacité générale à mettre en évidence des états épistémiques qui donnent une raison pour former des jugements qui déploient ces concepts – x est une note plus haute que y, y vient après x. *Avoir* ces concepts signifie, entre autres, saisir que parmi différentes intuitions sensibles possibles, certaines constituent des raisons pour faire des jugements déployant ces concepts. Cette capacité à appliquer les concepts ou à reconnaître les raisons est spontanée, dans la mesure où elle n'engage pas de forme supplémentaire de réceptivité. Un état épistémique donné est le *produit* de différentes formes de réceptivité, telles que l'audition ; toutefois le fait de reconnaître que cela fournit une raison de faire tel ou tel jugement n'engage pas d'autre forme de réceptivité à un domaine additionnel de faits substantiels[1].

Ainsi, cet exposé kantien rejette l'épistémologie intuitionniste des raisons, selon laquelle la reconnaissance des raisons *engage* en effet une forme de réceptivité qui est *sui generis* à l'entendement. Pour cette raison, je suis prêt à suivre Kant quand il parle de la spontanéité des dispositions ou des réponses normatives, plutôt que d'«intuitions évidentes par elles-mêmes».

---

1. « Les concepts reposent [...] sur la spontanéité de la pensée, comme les intuitions sensibles sur la réceptivité des impressions », donc « la réceptivité ne peut rendre possibles les connaissances qu'en s'unissant à la *spontanéité* ». (*Critique de la raison pure*, A68/B93, A97, trad. fr. A. Tremesaygues et de B. Pacaud, Paris, P.U.F., 1990, p. 87 et 109).

Certes, toute personne qui emploie cette dernière expression n'est pas immédiatement partisane de l'épistémologie intuitionniste mentionnée plus haut[1], et pourtant – à travers une association illicite avec cette épistémologie – parler d'intuitions tend à nous décharger d'une tâche importante : celle de trouver une description concise de ce qui se passe réellement dans l'épistémologie des énoncés normatifs. D'un côté, la pure reconnaissance des raisons n'est pas une question de réceptivité, et de l'autre, aimerions-nous dire, cela ne nous impose pas non plus le conventionnalisme ou le volontarisme des raisons. Ce que nous allons dire de la spontanéité doit nous aider à voir comment cela se produit.

En suivant les analyses kantiennes citées plus haut, je défendrai en grandes lignes ce qui suit. Les jugements purs sur les raisons n'engagent aucune réceptivité, et par conséquent leur épistémologie diffère sur ce point de celle des jugements factuels. Il s'agit de jugements dont la spontanéité seule garantit la légitimité. Mais comme ils sont également universels du point de vue de leur contenu, en les faisant nous nous engageons quant à la convergence avec ce que les autres sujets pensants (*reasoners*) devraient rationnellement accepter. Il s'ensuit qu'il y a deux façons importantes dont un pur jugement sur des raisons peut perdre sa garantie. On peut le saper en montrant que

---

1. Sidgwick vient alors à l'esprit. Trois de ses critères pour les axiomes éthiques (être évident par soi, consistant et consensuel) coïncident assez bien avec les trois facteurs que je mentionne ci-dessous comme jouant un rôle dans l'épistémologie des propositions pures portant sur les raisons (spontanéité, équilibre réfléchi, convergence), *Cf.* H. Sidgwick, *The Methods of Ethics* (1874), livre 3, chap. XI, § 2, Hackett 1981, p. 338-343. Le quatrième, « clarté et précision », soulève des difficultés remarquées par un grand nombre de critiques, *cf.* par exemple Roger Crisp, « Sidgwick and the Boundaries of Intuitionism », (*in* Ph. Stratton-Lake (ed.), *Ethical Intuitionism*, Oxford, Oxford University Press, 2002, p. 56-75). À propos du minimalisme métaéthique de Sidgwick, *cf.* Robert Shaver, « Sidgwick's Minimal Metaethics », *Utilitas* 12 (2000), p. 261-277.

la spontanéité n'était qu'apparente, et on peut le défaire en montrant que la convergence à laquelle il nous engage ne se produit pas (*does not obtain*). La spontanéité et l'universalité sont les bases épistémologiques fondamentales de l'objectivité des jugements purs sur les raisons. Nous nous pencherons à présent sur ces deux notions.

La spontanéité peut caractériser tout acte intentionnel au sens large proposé ici : une croyance, une action, une décision ou encore un sentiment. Au sens que nous avons à l'esprit, elle ne signifie pas « agir sans réfléchir ». C'est plutôt qu'un acte spontané est un acte qui vient bien de moi (*that comes in the right way from me*). Or un tel acte peut être le fruit d'une profonde réflexion. La question cruciale est celle de sa source : il doit être le produit d'une disposition à agir de la sorte, qui soit « réellement mienne ». Un acte spontané est un acte qui s'autodétermine (*selforiginating*), et qui n'est donc pas purement réceptif. De façon connexe, « spontané » s'oppose à « factice » : une réponse ou une disposition factice, par opposition à spontanée, est celle que nous acceptons de la part des autres sans aucune critique, ou celle qui résulte seulement du désir de plaire ou de contrarier... etc. La différence entre l'éducation aux raisons et l'endoctrinement dépend de cette opposition. (« Naturel » versus « artificiel » est une autre paire de termes qui illustre la même opposition, comme dans la remarque de J. S. Mill selon laquelle « les associations morales dont la création est entièrement artificielle, lorsque la culture intellectuelle est très avancée, finissent par céder devant la force dissolvante de l'analyse »[1]). Enfin, « spon-

---

1. J. S. Mill, *Utilitarisme*, trad. fr. P.-L. Le Monnier, Paris, F. Alcan, 1889, p. 58. Juste avant ce passage, Mill sépare la question de savoir si certains sentiments moraux sont naturels de celle de savoir s'ils sont innés. Toutefois, « naturel » entraîne bien des connotations négatives; « spontané », il me semble, sert mieux notre propos.

tané» s'oppose aussi à «conventionnel». Par exemple, ma disposition à conduire à gauche en Grande-Bretagne n'est pas spontanée, elle exprime ma connaissance (*awareness*) d'une certaine convention. Pourtant, le fait même de suivre une convention engage toujours un exercice de spontanéité – il y a de la spontanéité dans le jugement qu'une règle conventionnelle s'applique d'une certaine manière à un cas particulier (comme cela a été mis en avant par Wittgenstein dans ses discussions autour de la question de suivre une règle[1]).

Manifestement, il faudrait en dire davantage de ce que signifie, pour une disposition, d'être «vraiment mienne». En fait, tant de choses *ont été* dites qu'une large étude historico-philosophique sur ce sujet serait utile. Un point de départ important, à mon avis, est que la spontanéité, au sein de nos dispositions cognitives, affectives ou pratiques, est marquée par une certaine *harmonie normative* dont nous avons l'expérience ou que nous ressentons. Une disposition à ψ possède cette forme d'harmonie normative quand elle s'arrange ou s'unit avec la disposition à se considérer soi-même (plus ou moins explicitement) comme ayant une raison de ψ. Qualifions cette disposition, prise en elle-même (*i. e.* avec ou sans la disposition effective à ψ), une *disposition normative à ψ*. Il est essentiel pour cette notion que la disposition normative soit pour nous une «expérience intuitive», qu'elle vienne de l'intérieur, en première personne. C'est une *expérience* ou *impression de comprendre* une raison de ψ *comme* raison (bien que cela puisse ne pas être

---

1. Je soutiens cette idée dans John Skorupski, « Mill on Language and Logic », *in* J. Skorupski (ed.), *The Cambridge Companion to Mill*, Cambridge, 1997, p. 35-56. (Comme Mill, Wittgenstein emploie le terme « naturel », comme dans « continuer naturellement » (*natural way of going on*; *cf.* le § 185 des *Recherches philosophiques* [N.d.T.]); mais là encore, cette notion correspond à ce que je qualifie de « spontané ».)

articulé de manière réfléchie). Une disposition normative à ψ n'est pas équivalente à une croyance effective selon laquelle nous avons une raison de ψ. Nous pouvons croire que nous avons une raison de ψ sans pour autant avoir une disposition normative à ψ au sens proposé ici; nous pouvons par exemple croire quelque chose en nous fondant sur un témoignage ou d'une autre manière indirecte qui n'engage pas l'expérience en première personne d'avoir l'impression de comprendre nous-même la raison. Je peux ainsi être justifié à croire qu'il y a une raison de préférer X à Y en vertu de ce que m'ont dit certains critiques dont le jugement est fiable, sans savoir pour autant quelle est cette raison. De même, nous pouvons avoir une disposition normative à ψ, sans avoir la croyance que nous avons une raison de ψ. Notre disposition à croire que nous avons une raison de ψ est refrénée (*checked*) ou dépassée (*outweighed*) d'une certaine manière. Par exemple, nous avons une disposition normative à penser que toute condition détermine un ensemble, mais nous en savons suffisamment sur la théorie des ensembles pour être immédiatement conscient des problèmes que cela pose. Néanmoins, nous avons *malgré tout* le sentiment qu'il y a comme une raison de le croire : nous pouvons « comprendre » pourquoi il doit en être ainsi.

Normalement, être disposé à ψ va avec l'idée d'être disposé normativement à ψ. Dans nos dispositions, il y a une harmonie normative indéniable. Elle peut toutefois se briser. Il peut me sembler (grâce à une intuition instruite (*in the intuitively experienced way*)) que j'ai une raison de ψ, sans me sentir pour autant disposé à ψ. Je peux aussi avoir une disposition sans la disposition normative correspondante. Dans ces cas de dissonance interne, je commence à m'interroger sur mes dispositions. Ainsi, la question de savoir si j'ai réellement une raison de ψ se pose également.

Supposons par exemple que j'éprouve une disposition normative à admirer une performance particulière et que je n'aie pourtant aucune inclination à l'admirer. Il me semble que la performance est admirable ; c'est juste que je ne ressens en réalité aucune admiration à son égard. Étant donné cette disharmonie normative, je ne pourrai atteindre, en toute sérénité, un verdict quant à la qualité de la performance, que si je peux, de façon crédible, m'expliquer l'une ou l'autre de ces dispositions. La disposition normative peut être expliquée par exemple comme résultant d'un effet de mode trompeur ou d'une pression des pairs. Ou bien l'incapacité d'admirer pourrait être expliquée par la fatigue, la lassitude ou la distraction, l'aversion ou l'envie à l'égard de l'artiste, etc. Dans le premier cas, la disposition normative a été subvertie, elle ne fournit plus de garantie à la croyance. Dans le second cas, elle lui confère une garantie, même si la disposition à admirer est absente. Dans le premier cas, la *spontanéité* de la disposition normative a été mise en doute, alors que dans le second cas, c'est *l'absence* de disposition spontanée à admirer que l'on explique. Nous pourrions aussi avoir le cas inverse : j'admire, mais je n'ai aucune disposition normative à le faire. Là encore, la disharmonie normative peut être surmontée de diverses façons. Je pourrais me dire que mon admiration persiste et finit par emporter avec elle ma disposition normative. Je finis par reconnaître les nouvelles raisons d'admirer de nouvelles choses, à « m'y retrouver ». Éduquer la spontanéité consiste en grande partie à présenter et à résoudre les disharmonies normatives de ce type, en réfléchissant librement sur des cas particuliers et sur leurs conséquences. Ceci s'applique aussi bien à la théorie des ensembles qu'à l'esthétique.

Dans cette recherche de l'harmonie normative de nos dispositions, quel rôle exactement jouent les commentaires qui subvertissent ou expliquent telle ou telle réponse dissonante ? On pourrait dire qu'ils fonctionnent en montrant que la réponse n'est pas, d'une certaine manière, ajustée (*tuned*) à son objet. Si ce n'est pas faux, cela risque de nous induire en erreur, dans la mesure où la notion d'«ajustement correct» (*proper tuning*) a une allure causale (la bonne réception d'un signal), alors que dans ce cas elle est purement normative. La disposition à ψ, ou à juger qu'il y a une raison suffisante de ψ, est ajustée correctement seulement si elle est corrélée de façon appropriée à l'*existence* d'une raison suffisante de ψ. Et dans le cas présent, la corrélation n'est pas une relation causale. Mes disposions à ψ ou à juger qu'il y a une raison suffisante de ψ, ne sont pas *causées* par l'existence d'une raison suffisante de ψ. Les explications subversives ne fonctionnent pas en montrant que la cause requise n'est pas là; elles fonctionnent en montrant que certaines «mauvaises»* causes sont présentes. La réponse dissonante est le produit artificiel (*factitious*) de facteurs externes. La même chose s'applique dans les cas où la dissonance consiste en l'absence de réponse. Pour expliquer cette absence, il faudra montrer que certains facteurs externes masquent ou ralentissent la disposition à laquelle on se serait normalement attendu. À quoi ces facteurs interférents sont-ils «externes»? Encore une fois, à la *spontanéité de la réponse* – à la façon dont je répondrais si les facteurs interférents étaient absents et si mes réponses fonctionnaient de façon active et sans obstacle (*unimpeded*) [1].

S'il existe une disharmonie normative dans mes réactions, celles-ci ne seront pas satisfaisantes pour garantir mes jugements purs sur les raisons. Je dois régler ce problème, soit en atteignant une harmonie, soit en trouvant des explications convaincantes de la disharmonie. Lorsqu'une disharmonie existe, je n'ai pas de

---

1. La disharmonie normative persistante tend à produire le sentiment d'auto-aliénation. Supposez que je «ne peux pas m'empêcher» de croire que tout le monde est hostile à mon égard. Je vois qu'il n'y a aucune raison pour le croire, mais je ne peux pas m'en empêcher. Je vis cette disposition comme étrangère ou intrusive, pas réellement «la mienne». D'un autre point de vue, bien que théoriquement je vois bien les raisons pour écarter cette disposition, elles ne me paraissent pas «familières».

garantie pour la confiance que j'accorde à la spontanéité de mes
réponses, sauf s'il m'est possible de faire l'une de ces choses. Il
ne s'ensuit pas, bien évidemment, que l'harmonie normative de
nos dispositions soit une condition *suffisante* de leur spontanéité.
Même si mes dispositions ne sont pas en conflit interne, je peux
disposer d'autres indices montrant que ma réponse, bien qu'har-
monieuse, n'est pas spontanée. Une explication qui subvertit les
deux côtés de l'harmonie – la disposition et la disposition
normative à ψ – peut être disponible. Si l'on peut effectivement
le montrer, alors la garantie que j'avais en faveur du jugement
stipulant l'existence d'une raison de ψ est mise en cause.

Il est parfois dur de juger si nos dispositions sont spontanées,
et il arrive que cela exige une auto-analyse difficile. (Suis-je
réellement enclin à voir une raison de ψ – est-ce là ce que je pense
réellement –, ou est-ce juste le désir de me conformer aux
attentes des autres ? Ou encore celui de les contrarier ? Y a-t-il là
quelque chose que je ne veux pas reconnaître ?) Et puisque le
semblant de spontanéité peut être subverti par toutes sortes
d'explication causale démystificatrice, l'auto-analyse seule
pourrait ne pas être suffisante – un point de vue extérieur sur
soi pourrait s'avérer nécessaire. Néanmoins, dans bien des cas
d'harmonie normative, nous avons des garanties (certes,
comme toujours, défaisables) pour penser que nos dispositions
normatives sont spontanées.

À la lumière de cette discussion, je propose ce principe de
spontanéité des jugements purs sur les raisons :

> lorsque nous avons une garantie pour nous considérer
> comme ayant une disposition normative spontanée à
> juger qu'un ensemble de faits *pi* donnerait une raison
> de ψ, alors en l'absence de défaiseurs (*defeaters*), cela
> garantit le jugement que l'ensemble de faits *pi* nous
> donnerait une raison de ψ.

Par quoi une disposition réellement spontanée peut-elle être défaite ? En particulier, se pose ici la question de la cohérence globale de nos dispositions normatives. Là où un conflit global a lieu, un pur jugement portant sur des raisons peut être défait même s'il est spontané. En général, on identifie cet aspect de l'épistémologie des énoncés normatifs sous le nom d'équilibre réfléchi, et bien qu'il puisse y avoir des questions intéressantes au sujet de son fonctionnement, je me contenterai simplement de noter ici son importance. Réfléchissons plutôt à la possibilité de défaire sa propre disposition spontanée en discutant avec d'autres personnes.

Un désaccord peut défaire une garantie fondée sur une disposition normative spontanée. Cette défaite se produit lorsque nous n'avons pas de raison suffisante de croire que les jugements sur les raisons portés par ceux qui sont en désaccord avec nous soient fautifs. Cette source de la défaite dépend du principe que j'ai qualifié ailleurs [1] de thèse de la convergence :

> Quand je juge que p, j'assume un engagement stipulant que les enquêteurs – qui ont examiné tout élément de preuve pertinent et tout argument à leur disposition – seraient d'accord que p, à moins que je ne puisse mettre en défaut leurs purs jugements sur les raisons ou leurs preuves.

La thèse de la convergence s'applique à tous les jugements, et en particulier aux jugements purs sur les raisons – dans ce cas cependant, la possibilité de mettre en défaut les preuves d'autres enquêteurs est écartée comme non pertinente. Seule demeure la question de leur capacité d'évaluer les raisons. Ainsi, si d'autres enquêteurs sont en désaccord avec moi dans mes jugements spontanés sur les raisons, je dois me demander dans quelle

1. J. Skorupski, *Ethical Explorations*, Oxford, OUP, 1999, p. 34, 73.

mesure il est crédible de considérer que leurs jugements, et non les miens, sont erronés.

Comment s'érige un tel principe ? Les raisons épistémiques, comme toutes les raisons, sont universelles.

> S'il existe une raison (suffisante) pour quelqu'un dans un champ épistémique e de juger que p, alors il existe une raison (suffisante) pour quiconque dans ce champ e de juger que p[1].

À cela, nous pouvons ajouter que

> Il est irrationnel de juger que : p mais je n'ai pas de raison suffisante pour juger que p.

Supposons que je juge qu'un ensemble de faits pi me donnerait une raison de ψ. Appelons cela « le jugement que q ». Il serait irrationnel que je juge que q si je ne pensais pas qu'il y avait une raison suffisante pour le faire. Par conséquent, en vertu de l'universalité des raisons épistémiques, je suis rationnellement engagé à soutenir que quiconque partage mon champ épistémique mais n'est pas d'accord (après réflexion) que q, se trompe dans ses jugements sur les raisons.

Que se passera-t-il alors si je me rends compte que les autres sont en désaccord avec mes jugements purs sur les raisons, et si j'en conclus, d'une manière ou d'une autre, que je n'ai pas de raisons de douter de la qualité de leur jugement ? Dans ce cas, je suis forcé de douter de la qualité du mien. Je peux commencer par me demander si ma disposition est vraiment spontanée, ou si,

---

1. Comme cela a déjà été noté (p. 181, n. 1), il reste la question de savoir si un fait peut constituer une raison aux yeux d'une personne si celle-ci est complètement hermétique à l'idée que le fait en question ait la force de fournir des raisons. Si nous répondons par la négative, nous devons prendre en compte le fait que « quiconque » et « toute personne » quantifient seulement sur ceux qui sont capables de saisir la classe des raisons en question.

après tout, elle est d'une certaine manière factice, biaisée par un intérêt particulier. D'autre part, je pourrais très bien conclure aussi que ma disposition était réellement spontanée tout en étant inappropriée*, auquel cas je pourrai alors chercher à éduquer ma spontanéité. Toutefois, cela pourrait ne pas marcher. Je pourrais alors en conclure, en prenant du recul par rapport à mes intuitions directes, que dans ce domaine, mes réponses spontanées sont défectueuses. (Dans tel genre artistique, par exemple, mon goût est incorrigiblement mauvais). Enfin, je pourrais me dire, si j'avais suffisamment de confiance en moi et de scepticisme, que la divergence entre les jugements dans ce cas montre simplement qu'il n'y a pas de véritables raisons dans ce domaine – pas de véritable raison, par exemple, d'admirer ceci plutôt que cela.

Dans le cas des jugements purs sur les raisons, il est clair que la thèse de la convergence ne dépend que de l'universalité des raisons. Il existe, en revanche, un modèle de convergence que l'on pourrait qualifier de « modèle photographique » (*camera model*). Selon ce modèle, les connaisseurs fiables, dès lors que leurs facultés réceptives sont confrontées aux mêmes données, produiront le même jugement factuel, à l'instar des appareils photographiques fiables qui, avec les mêmes données, produisent les mêmes photographies. L'idée sous-jacente est que la réceptivité fiable produit les mêmes résultats à partir des mêmes données. Mais dans le cas des jugements purs sur les raisons, nous n'avons guère besoin de faire appel à cette idée – *ici, nous avons dérivé l'argument de la convergence à partir de la seule universalité des raisons.* En suivant Kant, nous avons alors montré que l'épistémologie des raisons ne dépend que de la spontanéité et de l'universalité des raisons. En revanche, l'épistémologie des jugements factuels requiert également la réceptivité. Pour que ma croyance qu'il pleut (par exemple) soit garantie, ma croyance que je reçois de l'information appropriée doit être, elle aussi, garantie : je peux voir qu'il pleut, j'ai reçu le témoignage de quelqu'un qui sait qu'il pleut, etc.

C'est bien ici que l'on constate l'absence cruciale de parallélisme entre l'épistémologie des jugements factuels et l'épistémologie des raisons. L'épistémologie des jugements factuels s'appuie sur la conception des êtres pensants en tant que connectés ou liés par la réceptivité aux états de choses distincts des facultés réceptives par lesquelles ces connexions sont faites. Cette conception n'a aucun rôle à jouer dans le cas des jugements purs sur les raisons. Si la relation de raison est considérée comme une propriété au sens substantiel, elle ne devient connaissable qu'au moyen d'une certaine forme de conscience réceptive (*receptive awareness*) ; mais en réalité, on peut rendre compte de toute notre connaissance des relations de raison en termes de spontanéité de la croyance, de la volonté et des sentiments. Dans ce cas comme dans d'autres, la connaissance est une croyance vraie qui répond de façon fiable à son objet. Néanmoins, *répondre de façon fiable* à la manière dont les relations de raisons se produisent dans un champ donné consiste simplement à avoir la capacité spontanée suffisamment développée pour juger l'applicabilité de R, Ro et S dans ce champ. Notre fiabilité peut être mise en doute, tout comme nos jugements peuvent être corrigés, en montrant que nos réponses ne sont pas spontanées ou qu'elles entrent en conflit avec celles de juges dont les réponses n'ont pas été contestées jusqu'à présent. À moins que la convergence ne s'effondre radicalement, cela est suffisant pour la connaissance des raisons.

La conclusion est la suivante. Nous ne devons pas demander si la relation de raison est identifiable à une quelconque relation naturelle, pas plus que, dans l'idée de réfuter le naturalisme, nous ne devons postuler l'existence de relations métaphysiques substantielles inaccessibles à la science, faute d'avoir trouvé de telle relation naturelle. Il n'est pas non plus nécessaire d'abandonner l'idée selon laquelle le discours sur les raisons est réellement déclaratif ou propositionnel. La question du naturalisme n'est tout simplement pas en jeu. Il n'y a pas de problème de « lieu » où « faire entrer les raisons dans l'image scientifique du monde » ; il ne s'agit pas de montrer où, dans le monde, on peut les trouver. Les propositions pures sur les raisons ne sont pas des images du monde, non pas parce qu'elles sont des images – de façon impossible – de quelque chose d'autre, mais parce qu'elles ne sont pas des *images* du tout [1].

1. J'ai pu profiter des commentaires de Jeremy Butterfield, Roger Crisp, Derek Parfit, Josh Parsons, Agustin Rayo, et de Stewart Shapiro ; je les remercie tous.

LES RÉALISMES

LES ANTI-ANTIRÉALISMES *

Parmi toutes les doctrines métaéthiques citées jusqu'alors, le réalisme moral contemporain est probablement celle qui a reçu en France l'accueil le plus chaleureux. L'un des fruits les plus importants des lectures françaises est le livre de Ruwen Ogien, *Le réalisme moral*[1], qui contient d'un côté un long et précieux essai de l'auteur, et de l'autre, un choix de textes traduits. Il semble en effet que les approches non cognitivistes ou sceptiques dont nous avons traité dans la deuxième partie allaient à l'encontre des intuitions des philosophes et que les nouveaux réalismes constituent avant tout la tentative d'y répondre. Dans les pages qui suivent, quelques mots seront dits sur quatre courants réalistes, dont trois seront ensuite représentés par des articles traduits.

LE RÉALISME DES VERTUS

En 1958, la philosophe britannique Elisabeth Anscombe[2], étudiante et ensuite amie de Ludwig Wittgenstein, spécialiste

---

* Cette préface contient une contribution de Jean-Philippe Narboux présentant le texte de John McDowell.

1. R. Ogien, *Le réalisme moral*, Paris, P.U.F., 1999.

2. *Cf.* le récent ouvrage de Valérie Aucouturier consacré à cette auteure (*Elizabeth Anscombe. L'esprit en pratique*, Paris, CNRS Editions, 2013).

d'Aristote, de Thomas d'Aquin et de la philosophie de l'action[1], a publié un article qui pourrait être qualifié aujourd'hui de manifeste anti-métaéthique, si par métaéthique nous comprenons l'ensemble des problèmes soulevés dans les pages qui précèdent. Pour Anscombe, le travail fait jusqu'à présent par les philosophes moraux «ne peut même pas commencer» avant d'avoir à leur disposition une philosophie de la psychologie digne de ce nom[2]. Étant donnée la disparition des cadres de référence normatifs de la religion, un grand nombre de termes moraux (notamment d'obligation ou de devoir) ont perdu leur sens *moral*. Et si ce réseau de notions morales n'a plus de raison d'être, il faut se concentrer sur des termes qui ne concernent pas les phénomènes extérieurs à l'homme, mais ce qui lui est intérieur. Les notions privilégiées alors sont *action*, *intention*, *plaisir*, et, surtout, *vertu* – l'article cité a en conséquence donné naissance à l'éthique de la vertu, dont l'objectif n'est pas d'ériger les principes abstraits de l'action morale, mais de réfléchir sur la façon dont chacun peut devenir une *bonne personne*. Sans doute, la naissance même de ce courant a été provoquée par la frustration liée au caractère trop théorique et abstrait de la métaéthique, qui semblait ne pas toucher à la sphère pratique. Mais loin d'entraîner la fin des réflexions métaéthiques, l'éthique de la vertu a nourri de nouveaux débats théoriques[3], et Philippa Foot, l'une de ses représentants, apporte une contribution essentielle à la métaéthique.

---

1. Son livre *Intention* (Cambridge (Mass.)), London, Harvard University Press, 1957; *L'Intention*, trad. fr. M. Maurice et C. Michon, Paris, Gallimard, 2002, est souvent considéré comme le début de la philosophie de l'action analytique.

2. G. E. M. Anscombe, « Modern Moral Philosophy », *op. cit.*

3. Le livre d'Alasdair MacIntyre, *Après la vertu* (1981), trad. fr. L. Bury, P.U.F., 1997.

Foot a en effet formulé de nouveaux problèmes en philosophie morale du xxᵉ siècle. Tout d'abord, sa philosophie se compose d'un mélange du naturalisme de Hume et du réalisme de l'éthique des vertus, un mélange improbable et pourtant conforme notamment aux dernières lectures du philosophe écossais. Car depuis trois décennies déjà, des voix s'élèvent contre la lecture de Hume comme sceptique [1], et les positions de Foot sont ici novatrices. Et même pour ceux qui ne se passionnent pas pour les lignes de division de la métaéthique contemporaine tout en s'intéressant néanmoins à l'éthique tout court, Foot a apporté un outil original, le scénario des « tramways déchaînés » [2] : imaginez un tramway dont le frein ne marche pas, et où le conducteur ne peut que soit laisser faire, dans quel cas il tuera cinq ouvriers travaillant sur les rails en face de lui, soit forcer le tramway à tourner vers l'autre direction, où un seul ouvrier travaille, dans quel cas il ne tuerait qu'une personne. Ce scénario, posant un dilemme moral assez puissant, est présenté comme l'illustration de la critique de la doctrine du double effet : ce n'est pas la distinction entre deux types d'intention (oblique et directe) qui compte, mais la distinction entre le fait de *faire* des choses effectivement et de les *permettre* (les laisser faire). Aujourd'hui, ses versions sont utilisées dans toutes sortes de contextes pour tester nos intuitions morales.

Le texte repris dans le présent volume concerne moins l'éthique en tant que telle, mais plutôt la théorie éthique, et s'inscrit directement en dialogue avec les auteurs cités dans la deuxième partie – Ayer, Stevenson & Hare. Car Foot s'y attaque à la dichotomie entre les faits et les valeurs (*cf.* l'introduction à ce

---

1. *Cf.* notamment R. Read et Kenneth A. Richmann (eds), *The New Hume Debate : revised edition*, Abingdon, Routledge, 2007.

2. *Cf.* Ph. Foot, « The Problem of Abortion and the Doctrine of the Double Effect » (1967) dans *Virtues and Vices*, Oxford, Basil Blackwell, 2002, p. 19-32, p. 23 *sq.*

volume), en tentant de montrer que les preuves (les bonnes raisons) en faveur d'un constat factuel ne sont pas si radicalement distinctes des preuves qu'on apporte dans un débat moral – les exigences auxquelles les deux types de preuves doivent se soumettre peuvent être tout aussi restrictives les unes que les autres. Ce faisant cette doctrine invite à élargir la façon dont nous envisageons les problèmes moraux, et à ne pas les traiter comme des artefacts isolés mais comme des éléments qui font partie de notre vie naturelle dans toute sa complexité.

RÉALISMES NATURALISTES ET LE RÉDUCTIONNISME

L'Université de Cornell aux États-Unis a été le lieu où a émergé une autre forme de réalisme naturaliste, à travers les travaux de Richard Boyd, Nicholas Sturgeon, et David Brink. Boyd, qui est à la fois spécialiste en philosophie des sciences et en éthique, a créé des analogies entre les sciences naturelles et la philosophie, en s'opposant, lui aussi, à la prétendue radicalité de la dichotomie entre la pensée sur les faits et celle qui concerne les valeurs. Pour lui, « le réalisme scientifique est une doctrine selon laquelle les théories scientifiques devraient être comprises comme des descriptions putatives des phénomènes réels »[1]. Par analogie, le réalisme moral énonce des thèses susceptibles d'être vraies ou fausses et cela largement de façon indépendante de nos opinions. Qui plus est, les raisonnements moraux, tout comme les raisonnements scientifiques et quotidiens, « constituent, au moins dans la plupart de cas, une méthode fiable pour obtenir et améliorer (se rapprocher de) la connaissance morale »[2]. Tout

---

1. R. Boyd, « How to Be a Moral Realist », *in* G. Sayre-McCord (ed.), *Moral Realism*, Cornell University Press, 1988, p. 181-228, p. 181 ; pour une introduction à ses positions, *cf.* J. Ravat, « Le réalisme moral analogique de Richard Boyd : enjeux, portée, limites », *Philosophia Scientiæ* 13-1, 2009.

2. R. Boyd, « How to Be a Moral Realist », *op. cit.*

comme les propriétés physiques, les propriétés morales jouent un rôle important dans l'explication d'une partie de notre nature.

Cette doctrine se rapproche notamment des positions des Australiens Frank Jackson et Philip Pettit[1], ainsi que de celle de Peter Railton – ces penseurs, tout en partageant les points importants de l'école de Cornell, sont pourtant réductionnistes. Ils défendent en effet l'idée selon laquelle les propriétés morales, bien que réelles, peuvent être décrites entièrement en termes naturels, et les questions de valeur « dépendent des dispositions affectives des agents »[2]. Il est donc particulièrement intéressant de voir comment les philosophes de la seconde moitié du XXe siècle tendent de se défendre de scepticisme ou d'antiréalisme quant à la morale, tout en rendant la réalité de la sphère morale la plus fine possible. Cette subtilité rend finalement assez difficile de saisir la réalité et autonomie postulées des valeurs, et la question « en quel sens s'agit-il toujours du réalisme ? » est l'une des critiques les plus souvent avancées à l'encontre de ces positions.

L'ANTI-ANTIRÉALISME DE MCDOWELL

L'essai « Non-cognitivisme et suivre une règle » occupe une position charnière au sein de l'œuvre de John McDowell, comme en témoignent aussi bien son titre que sa situation au sein du volume d'essais *Mind, Value, and Reality*[3]. Il en clôt la deuxième partie, consacrée à la défense d'une approche « anti-

1. *Cf.* F. Jackson, Ph. Pettit, « Moral Functionalism and Moral Motivation », *The Philosophical Quarterly* 45/178, 1995, p. 20-40 ; « Moral Functionalis, Supervenience and Reductionism », *The Philosophical Quarterly* 46/182, 1996, p. 82-86.

2. *Cf.* S. Darwall, A. Gibbard, P. Railton, « Toward Fin de Siecle Ethics : Some Trends », *Philosophical Review* 101, 1992, p. 115-189, p. 175 *sq.*

3. J. McDowell, *Mind, Value, and Reality*, Cambridge, Harvard UP, 1998.

antiréaliste »[1] du mode d'être des valeurs et de la capacité de la raison à guider l'action. Mais il fait également transition vers la troisième partie, consacrée à la défense d'une approche wittgensteinienne de la capacité de la pensée à avoir prise sur le monde, en un mot, de l'intentionnalité.

La lecture qu'esquisse McDowell des considérations de Wittgenstein sur « suivre une règle » dans le long paragraphe 3 de « Non-cognitivisme et suivre une règle » est poursuivie pour elle-même dans les essais qui composent la troisième partie de *Mind, Value, and Reality*[2]. Comme dans « Virtue and Reason », essai qui clôt la première partie de l'ouvrage[3], et dont le § 4 recoupe le § 3 de « Non-cognitivisme et suivre une règle », les considérations de Wittgenstein sur suivre une règle sont invoquées, dans ce dernier essai, dans le but de circonscrire et de dissoudre, sur un mode généalogique, un *préjugé général sur l'intentionnalité* qui s'avère *barrer l'accès* à une certaine compréhension de l'inculcation et de l'actualisation d'un « horizon moral » (*moral outlook*) déterminé. L'inculcation et l'actualisation d'un horizon moral déterminé ne sont *rationnelles* qu'à condition d'exemplifier une *cohérence interne déterminée*, une conception déterminée de ce que c'est que *continuer de la même manière*. Le préjugé mis en cause par Wittgenstein, selon McDowell, est celui qui voudrait qu'être guidé par une telle conception déterminée de ce que c'est que *continuer de la même manière* revienne à être guidé par *un principe universel formulable*[4], qu'un tel principe soit codifié par un ensemble de règles ou qu'il consiste en un universel au sens classique du terme[5].

1. *Ibid.*, p. VIII
2. Voir en particulier *Mind, Value, and Reality*, essai 11.
3. *Mind, Value, and Reality*, essai 3.
4. *Ibid.*, p. 58.
5. *Ibid.*, p. 203-204.

« Non-cognitivisme et suivre une règle » met en cause une certaine ligne d'argumentation en faveur du non-cognitivisme au motif qu'elle est informée par un tel préjugé. Le noyau commun aux différentes formes de non-cognitivisme est la thèse d'après laquelle les valeurs ne résident pas dans le monde (ne font pas partie du « tissu » même du monde[1]) et ne peuvent sembler y résider qu'à la faveur d'une *projection*[2]. La ligne d'argumentation en faveur du non-cognitivisme que thématise ici McDowell est fondée sur une certaine analogie entre valeurs et qualités secondes. La ligne d'argumentation parallèle dont elle s'inspire explique notre expérience des qualités secondes (disons, des couleurs) par la *synthèse de deux composantes distinctes dont il serait en droit possible de défaire l'intrication* : d'une part, l'enregistrement d'un trait résidant dans le monde tel qu'il est en lui-même, indépendamment de toute expérience que nous pouvons en faire, d'autre part, la projection sur ce trait d'une attitude ancrée dans une sensibilité déterminée. Transposée à l'expérience des valeurs, cette ligne d'argumentation rend compte de l'application de concept que cette expérience étaye en y discernant, et en démêlant l'une de l'autre, les deux composantes suivantes : « La compétence à employer un concept évaluatif implique, en premier lieu, une certaine sensibilité à un aspect du monde tel qu'il est réellement (tel qu'il est indépendamment de l'expérience de la valeur), et, en second lieu, une propension à une certaine attitude – un état non-cognitif constituant la perspective spécifique depuis laquelle des

---

1. L'expression est de John Mackie. Cf. *Ethics, Inventing Right and Wrong*, London, Penguin Books, 1977, p. 15.

2. Le terme de « projection » prend des significations différentes dans les différentes versions du non-cognitivisme : ainsi, l'idiome projectif pourra être mis au service d'une « théorie de l'erreur » (Mackie) ou bien d'un « quasi-réalisme » (Blackburn) (cf. *Mind, Value, and Reality*, p. 152).

entités dans le monde semblent revêtir la valeur en question »[1]. L'ensemble des cas auxquels le concept évaluatif est applicable serait délimitable sur un mode non-évaluatif.

McDowell soutient, en s'appuyant sur le second Wittgenstein, qu'une telle conception de la cohérence interne de la maîtrise d'un concept de valeur est à la fois profondément tentante, intenable et superflue. Une telle conception participe du fantasme d'après lequel nous pourrions accéder à la réalité en contournant l'expérience que nous en faisons, en adoptant sur la structure logique de la réalité et du langage quelque « point de vue oblique (*sideways*) »[2]. Ce fantasme, soutient McDowell à la suite de Cavell[3], procède de l'angoisse qui s'empare de nous à l'idée que l'objectivité ne repose sur aucun autre fondement que « le tourbillon de l'organisme que Wittgenstein appelle "formes de vie" » (Cavell). Il nourrit en retour le « mythe consolateur » qui dépeint la règle comme des rails sur lesquels la pratique consistant à appliquer un concept pourrait, à la faveur de quelque « mécanisme psychologique », s'engager aveuglément. Ce « mythe consolateur » est aussi vain que superflu.

---

1. « Non-cognitivisme et suivre une règle », le § 1 *infra*.

2. James Conant devait faire usage de la terminologie ici introduite par McDowell pour caractériser l'« illusion de perspective » que, selon lui, l'œuvre du premier Wittgenstein s'attache *déjà* à dissoudre (*cf.* « Elucidation and Nonsense in Frege and Early Wittgenstein », *in* A. Crary, R. Read (eds), *The New Wittgenstein*, London, Routledge, 2000, p. 197).

3. Sur les affinités entre la lecture de Wittgenstein par McDowell et celle de Cavell, voir l'introduction d'Alice Crary (*The New Wittgenstein, op. cit.*, p. 8-9). A la suite de Conant, Crary considère que le dénominateur commun des lectures dites « *thérapeutiques* » de l'œuvre de Wittgenstein est qu'elles y discernent une exploration et une critique de l'illusion qu'on pourrait adopter un « point de vue oblique », au sens de McDowell, sur la structure logique de la réalité et du langage (*cf.* A. Crary, *The New Wittgenstein, op. cit.*, p. 6).

Dans « Values and Secondary Qualities » (« Valeurs et qualités secondes »)[1], McDowell soutient que c'est en grande partie pour de mauvaises raisons qu'un non-cognitiviste comme Mackie (qui nie l'existence objective des valeurs morales)[2], rejette le parallèle entre l'expérience des valeurs et l'expérience des couleurs[3]. Les raisons invoquées à l'appui de ce rejet trahissent en effet une conception inadéquate des qualités secondes[4] (à savoir celle-là même qui sous-tend la transposition évoquée ci-dessus). Une conception adéquate du contraste entre qualités premières et qualités secondes permet au contraire de dissoudre l'incompatibilité alléguée entre l'*objectivité* de notre expérience des qualités secondes et le fait que les qualités secondes ne sont intelligibles qu'à titre de dispositions des objets à susciter des réponses *subjectives* déterminées[5]. Au surplus, une telle conception justifie, au moins jusqu'à un certain point[6], le parallèle[7]. Dans « Non-cognitivisme et suivre une règle », toutefois, McDowell ne critique pas cette conception inadéquate du contraste entre qualités premières et qualités secondes, sur laquelle repose la transposition. Il critique directement la conception de l'expérience des valeurs qui résulte de la

1. J. McDowell, *Mind, Value, and Reality*, essai 7.

2. *Cf.* John L. Mackie, *Ethics*, *op. cit.*, p. 16, repris dans le présent volume. Mackie qualifie cette position de « scepticisme moral » et souligne qu'il s'agit d'une position de second ordre, qui comme telle n'implique pas que les énoncés moraux soient conçus comme l'expression de sentiments ou d'attitudes subjectives.

3. En partie seulement : Mackie a raison, selon McDowell, de s'efforcer de faire droit à la phénoménologie irréductible de l'expérience des valeurs.

4. J. McDowell, *Mind, Value, and Reality*, *op. cit.*, p. 133.

5. *Ibid.*, p. 141.

6. L'application d'un concept de valeur n'est pas normée *au seul sens* où l'est l'application d'un concept de couleur. En effet, ce à quoi un concept de valeur est appliqué ne doit pas seulement *susciter*, mais encore *mériter*, une telle réponse. *Cf.* McDowell, *Mind, Value, and Reality*, *op. cit.*, p. 143-144.

7. *Ibid.*, p. 146.

transposition. Il s'agit néanmoins dans l'un et l'autre essais de montrer que *l'antiréalisme moral est alimenté par le fantasme d'une objectivité déliée de tout ancrage dans une sensibilité proprement humaine à ce qui est.* L'antiréalisme moral se nourrit d'une image fantasmatique de ce qu'il croit devoir nier[1]. Inversement, les affinités que décèle McDowell entre la pensée de Wittgenstein et celle d'Aristote gravitent autour de la dissolution du préjugé qui voudrait que cultiver une forme humaine de vie, acquérir une seconde nature, ne puisse ouvrir à la réalité elle-même[2].

NÉOINTUITIONNISME OU PARTICULARISME MORAL

La dernière forme de l'anti-antiréalisme dont il sera question ici est le particularisme moral du Britannique Jonathan Dancy (né en 1946), qui se caractérise par deux points majeurs. Premièrement, comme l'explique le texte que nous présentons ici, il n'y a pas de principes moraux. Deuxièmement, et cette idée est déjà présente dans un écrit précédent de l'auteur publié deux ans plus tôt, les propriétés morales ne constituent pas une classe distincte de propriétés[3]. Les travaux que Dancy consacre à la philosophie morale se situent dans le prolongement de la tradition intuitionniste britannique (*cf.* la préface à la première partie du présent ouvrage)[4]. Ce sont toutefois H. A. Prichard, L. Wittgenstein et J. McDowell qui semblent avoir exercé une influence cruciale

---

1. *Cf.* aussi *ibid.*, p. 132.
2. Cf. *ibid.* p. 147, et l'essai 3.
3. J. Dancy, « On Moral Properties », *Mind* 90, 1981, p. 367-385.
4. Pour d'autres ouvrages contemporains sur l'intuitionnisme, *cf.* M. Huemer, *Ethical Intuitionism*, Palgrave Macmillan, 2006 et Ph. Stratton-Lake (ed.), *Ethical Intuitionism : Re-evaluations*, Oxford University Press, 2003.

sur lui. Dancy – ce qui le rapproche d'ailleurs de Wittgenstein[1] – engage une pratique de la philosophie qui est avant tout une critique, dont les thèses auraient été, si on les énonçait, assez triviales[2]. Dancy formule en effet rarement les thèses du particularisme, ce que nous observons par ailleurs dans le texte qui suit : la défense de sa position n'est qu'une conséquence des critiques des positions des autres, et non pas le fruit d'un travail systématique de construction. Et même si cette remarque concerne surtout la première période de son travail, le minimalisme dans les propositions théoriques positives demeure une caractéristique importante de sa démarche.

Le texte proposé ici est fondateur du particularisme éthique (ou particularisme moral) et montre, à travers l'analyse des autres positions en philosophie morale, que si les principes moraux sont cohérents, ils sont faux (comme dans le cas de l'utilitarisme), alors que, quand ils perdent leur cohérence immuable, ils ne peuvent plus être considérés comme principes et deviennent en conséquence superflus. Ce texte été suivi de deux ouvrages consacrés au particularisme moral, publiés en 1993[3] et en 2004[4]. En 1993, Dancy introduit un nouvel élément à sa doctrine qu'il qualifie de « holisme des raisons », l'idée selon laquelle ce qui peut être une raison pour faire une chose dans une situation, peut ne pas l'être du tout dans une autre situation ; le holisme exige une prise en compte attentive de l'ensemble des raisons d'agir dans une situation donnée. En 2004, Dancy admet le caractère métaphysique, et non plus seulement épistémologique, de sa position[5].

---

1. « Le travail du philosophe consiste à amasser des souvenirs dans un but déterminé », L. Wittgenstein, *Recherches philosophiques*, *op. cit.*, § 127, p. 88.

2. *Ibid.*, § 128, p. 88.

3. J. Dancy, *Moral Reasons*, Blackwell, Oxford, 1993.

4. J. Dancy, *Ethics Without Principles*, Clarendon Press, Oxford, 2004.

5. *Cf.* p. 140 *sq.*

PHILIPPA FOOT

LES CROYANCES MORALES *

I

Pour beaucoup de gens, il semble que l'avancée la plus
remarquable en philosophie morale au cours de ces cinquante
dernières années ait été la réfutation du naturalisme ; et ils sont un
peu bouleversés par l'idée que de nos jours encore on puisse
rouvrir cette discussion. Il est facile de les comprendre : à suivre
certains présupposés apparemment incontestables, il serait aussi
absurde d'essayer de réintroduire le naturalisme que de vouloir
résoudre la quadrature du cercle. Ceux qui partagent cette façon
de voir sont persuadés d'avance que toute théorie naturaliste
recèle forcément une faille quelque part, et l'idée de perdre
encore du temps à dénoncer ce vieux sophisme ne fait que les
contrarier. Dans cet article, je les invite à regarder d'un œil
critique les prémisses sur lesquelles ils fondent leurs arguments.

Il ne serait pas exagéré d'affirmer que toute la philosophie
morale, telle qu'on l'enseigne généralement aujourd'hui, repose

* Philippa Foot, « Moral Beliefs », *Proceedings of the Aristotelian Society*,
New Series, vol. 59, 1958-1959, p. 83-104 ; repris dans Ph. Foot, *Virtues and Vices
and Other Essays in Moral Philosophy*, Oxford, Basil Blackwell, 2002,
p. 110-131. Traduction de Gaël Kervoas et de Ronan Sharkey.

sur une opposition entre les énoncés factuels et les évaluations, à peu près de la manière suivante :

> La vérité ou la fausseté d'un énoncé factuel est attestée par des preuves concrètes (*evidence*) ; et ce qui compte comme preuve est déterminé par la signification des expressions employées dans cet énoncé. (Par exemple, c'est le sens des mots « rond » et « plat » qui a permis aux voyages de Magellan d'attester que la Terre était ronde plutôt que plate ; à quelqu'un qui continuerait à se demander si cette preuve en est bien une, on pourrait finalement montrer qu'il a commis une erreur linguistique). Il s'ensuit que deux personnes ne peuvent pas affirmer le même énoncé tout en considérant comme preuve de cette affirmation des choses complètement différentes ; en fin de compte au moins l'une d'entre elles sera reconnue coupable d'ignorance linguistique. Il s'ensuit également que si l'on avance des éléments de preuve solides en faveur d'une conclusion factuelle, personne ne peut refuser la conclusion sous prétexte que, dans sa façon de voir les choses, cette preuve n'en est pas une.
>
> Avec les évaluations, cependant, il en va autrement. Une évaluation n'est pas liée logiquement aux énoncés factuels sur lesquels elle est fondée. Quelqu'un peut très bien dire qu'une chose est bonne en raison de certains faits la concernant, et quelqu'un d'autre refuser de considérer ces faits comme une preuve quelconque, car il n'y a rien dans la signification de l'adjectif « bon » qui permette de le rattacher à un élément de « preuve » plutôt qu'à un autre. Ainsi, quelqu'un d'un peu excentrique du point de vue moral pourrait soutenir des conclusions morales à partir de prémisses tout à fait arbitraires ; il pourrait dire, par exemple, qu'un homme est bon, parce qu'il a joint ses mains à plusieurs reprises et qu'il ne s'est jamais dirigé vers le nord-est après s'être tourné vers le sud-ouest. Il pourrait aussi rejeter l'évaluation de quelqu'un d'autre simplement en niant que les preuves sur lesquelles celui-ci s'appuie soient réellement des preuves.
>
> Ce qui permet à cet excentrique d'utiliser encore l'adjectif « bon » de telle sorte que son discours ne perde pas toute

signification, c'est la fonction « pratique » de ce mot, sa capacité à guider l'action. Le mot conserve au moins cela. Car, comme tout le monde, l'excentrique se considère comme obligé de choisir les choses qu'il appelle « bonnes » plutôt que celles qu'il appelle « mauvaises ». Comme tout le monde il utilise « bon » en relation à une « pro-attitude » ; seulement, il a des pro-attitudes à l'égard de choses très différentes, choses qu'il qualifie donc de « bonnes ».

Il y a ici deux présupposés au sujet de l'« évaluation », que j'appellerai présupposé (1) et présupposé (2).

Selon le présupposé (1), un individu peut, sans commettre d'erreur logique, fonder entièrement ses croyances concernant des questions de valeur sur des prémisses que personne d'autre ne serait prêt à reconnaître comme probantes. Selon le présupposé (2), étant donné le genre d'énoncé qui est considéré par d'autres gens comme preuve d'une conclusion évaluative, cet individu peut refuser cette conclusion pour la simple raison que *cette* preuve-*là* ne compte pas pour *lui* comme telle.

Considérons le présupposé (1). On pourrait dire qu'il dépend de la possibilité de garder la signification de « bon » constante, malgré tous les changements susceptibles d'affecter ce dont les faits contribuent à établir la bonne valeur. (Bien entendu, je ne veux pas dire par là qu'un homme puisse changer les choses à loisir ; mais seulement que, quel que soit son choix, on ne pourra pas d'emblée le déclarer non recevable). Il existe pourtant une meilleure formulation, qui coupera court à tout ergotage possible sur la signification que « bon » se trouve avoir pour une partie de la communauté. Disons que ce présupposé stipule que la fonction évaluative de « bon » peut rester constante à travers les changements susceptibles d'intervenir dans les principes évaluatifs ; sur cette base on pourrait dire que, même si personne ne qualifie de *bon* un homme qui a simplement joint les mains, il peut en faire l'éloge ou exprimer une *pro-attitude* à son égard et, si nécessaire, inventer un nouveau vocabulaire moral pour exprimer ce code moral inhabituel.

Ceux qui soutiennent une telle théorie ajouteront naturellement quelques réserves. En premier lieu, la plupart des personnes suivent Hare, contre Stevenson[1], quand il dit que des mots comme « bon » ne s'appliquent à des cas particuliers que par l'application de principes généraux, de telle sorte que même le moraliste le plus excentrique doit accepter l'existence de principes prescriptifs. Deuxièmement, « prescrire » ou « recommander », « avoir une pro-attitude », etc., sont des notions qu'on suppose être en lien avec l'action et le choix, de telle sorte qu'on ne pourrait pas dire par exemple qu'un homme est bon seulement s'il vit pendant mille ans. Le champ de l'évaluation est censé se restreindre à celui des choix et des actions possibles. Mon propos n'est pas ici de mettre en question ces restrictions admises dans l'usage des termes évaluatifs, mais seulement de montrer qu'elles ne sont pas suffisantes.

La question cruciale est celle-ci : est-il possible d'extraire de la signification de mots comme « bon » un élément appelé la « signification évaluative », qui est censé avoir une relation extérieure à ses objets ? Un tel élément serait représenté, par exemple, dans la règle selon laquelle, lorsqu'on préconise une action, celui qui parle doit se considérer comme obligé d'accepter l'impératif « Faisons ces choses-là ». Ici, la relation est extérieure à l'objet

---

1. Richard M. Hare (1919-2002), philosophe oxfordien, principal défenseur du « prescriptivisme universel » et auteur de *The Language of Morals* (Oxford : Clarendon Press, 1952), qui est le principal ouvrage visé par l'argument du présent article. Sur Hare, on peut consulter *Hare et la philosophie morale*, sous la direction de J.-Y. Goffi, *Recherches sur la philosophie et le langage* n° 23 (Grenoble, 2004) ; Charles L. Stevenson (1908-1979), auteur de *Ethics and Language* (Yale University Press, 1944) et chef de file du courant « émotiviste » en méta-éthique, soutient que les énoncés éthiques et évaluatifs ne *dénotent* pas mais ne font qu'*exprimer* l'état affectif de celui qui parle [N.d.T.].

parce que, tout en tenant compte de la restriction signalée plus haut concernant les actions possibles, il n'est pas absurde de penser que tout puisse faire l'objet d'une telle « préconisation ». D'après cette hypothèse, il nous serait possible de dire qu'un excentrique moral recommande de joindre les mains en le présentant comme une bonne action, sans que nous ayons besoin de rechercher un arrière-plan qui donnerait du sens à cette supposition. Autrement dit, selon cette hypothèse, on pourrait préconiser de joindre les mains sans aucune explication ; cela pourrait être ce que de telles théories appellent « un principe moral ultime ».

Je tiens à dire que cette hypothèse est intenable, et qu'il n'y a pas moyen de décrire la signification évaluative de « bon », l'évaluation, la préconisation d'une action, ou quoi ce soit du même genre, indépendamment de l'objet auquel toutes ces attitudes sont censées se rattacher. Si nous n'identifions pas d'abord l'objet propre de l'évaluation, nous risquons de récolter soit quelque chose de très différent, comme accepter un ordre ou prendre une résolution, soit rien du tout.

Avant d'examiner cette question, je vais d'abord traiter d'autres croyances et attitudes mentales ayant cette relation interne avec leur objet. J'espère ainsi clarifier le concept de relation interne à un objet et, par la même occasion, si mes exemples sont en fin de compte acceptables malgré les réticences qu'ils peuvent provoquer, j'espère montrer comme il est facile de ne pas voir une relation interne là où il y en a une.

Prenons l'exemple de la fierté.

Les gens sont souvent surpris à l'idée qu'il y ait des limites aux choses dont on peut être fier, pour lesquelles on peut ressentir de la fierté. Je ne sais pas exactement comment ils seraient prêts à décrire la fierté ; peut-être par le fait de marcher d'un air désinvolte tout en souriant et en exhibant un objet à la vue de tout le monde ; ou peut-être pensent-ils que la fierté est

une sorte de sensation intérieure, telle qu'on pourrait dire en se
frappant la poitrine, « la fierté est quelque chose que je ressens
là ». On connaît bien les difficultés de cette dernière position :
un objet défini de manière purement privée ne saurait être ce que
désigne un nom du langage public[1]. La première position est la
plus plausible, et il semble raisonnable de dire qu'en fonction de
son comportement, un homme peut être décrit comme quelqu'un
de fier, quel que soit ce dont il est fier. En un sens, ceci est vrai,
mais dans un autre sens, non. Quel que soit l'objet, l'action ou la
caractéristique personnelle que l'on décrit, il n'est pas possible
de l'exclure d'emblée des choses dont on peut être fier. Avant de
pouvoir l'exclure, nous avons besoin de savoir ce qu'en dirait
l'homme qui est censé en être fier, ou en ressentir de la fierté ; et si
ce qu'il croit à ce sujet n'est pas juste, son attitude, quelle qu'elle
soit, n'est pas de la fierté. Considérons, par exemple, l'idée que
quelqu'un puisse être fier du ciel ou de la mer : il les regarde et ce
qu'il ressent c'est de la *fierté*, ou bien il gonfle sa poitrine et
gesticule avec *fierté* dans leur direction. Cela n'a de sens que si
l'on fait une supposition particulière à propos de ce qu'il croit,
par exemple qu'il est pris d'une sorte de folie et s'imagine avoir
empêché le ciel de tomber ou la mer de s'assécher. L'objet
caractéristique de la fierté se présente a) comme appartenant à
l'homme, d'une manière ou d'une autre, et b) comme une sorte
de réussite ou d'avantage ; sans cet objet, on ne peut décrire la
fierté. Pour saisir la nécessité de cette deuxième condition, on
devrait essayer d'imaginer qu'un homme puisse se sentir fier
parce qu'il a posé l'une de ses mains sur l'autre, trois fois en une
heure. Là encore, la supposition qu'il en ressent de la fierté sera
parfaitement compréhensible à condition de la replacer dans un
certain contexte. Peut-être est-il malade, et c'est déjà pour lui un

1. Voir L. Wittgenstein, *Recherches philosophiques*, en particulier les
§ 243-315.

exploit de faire cela; peut-être ce geste a-t-il une signification religieuse ou politique, et seul un homme courageux oserait ainsi défier les dieux ou les pouvoirs établis. Mais en l'absence d'un contexte particulier, on ne peut parler de fierté, non parce que personne ne pourrait, psychologiquement, ressentir de la fierté dans ce cas, mais parce que, s'il ressent quelque chose, cela ne pourra pas logiquement être de la fierté. Bien entendu, les gens peuvent considérer toutes sortes de choses bizarres comme de belles réussites, mais pas n'importe quelles choses, et il arrive qu'ils s'identifient à de lointains ancêtres, à certaines de leurs relations, à des voisins, et même parfois à l'Humanité. Je ne nie pas qu'il y ait beaucoup d'exemples de fierté farfelus et comiques.

Nous aurions pu choisir beaucoup d'autres exemples d'attitudes mentales qui sont pareillement liées à leur objet de façon interne. Par exemple, avoir peur, ce n'est pas simplement trembler, courir, et pâlir; sans la crainte d'un danger approchant, rien de tout cela ne serait équivalent à de la peur. De même on ne pourrait pas dire que quelqu'un se sent consterné par quelque chose qu'il ne trouve pas mauvais; s'il pense qu'en fait cette chose est bonne, il ne pourra pas dire que ce qu'il ressent est (bizarrement) de la consternation. « Comme c'est bizarre, je me sens consterné alors que je devrais être content », voilà le prélude à une recherche de l'aspect négatif de la chose, qui se cache derrière une façade agréable. Mais on pourrait objecter que la fierté, la peur et la consternation sont des sentiments ou des émotions, et qu'elles ne sont donc pas comparables à ce qu'on entend par « préconiser »; nous aurions de fait intérêt à examiner un type d'exemple différent. Nous pourrions discuter, par exemple, de la croyance qu'une certaine chose est dangereuse, et nous demander si cette croyance est susceptible de s'appliquer logiquement à n'importe quel objet. Tout comme « ceci est bien », « ceci est dangereux » est une affirmation, que nous devrions naturellement accepter ou rejeter en disant qu'elle est vraie ou fausse ; nous étayons de tels énoncés sur des preuves, et par ailleurs il semble y avoir une « fonction d'avertissement » liée au mot « dangereux », tout comme il semble y avoir une « fonction de préconisation » liée au mot « bien ». Car supposons que des philosophes, que la propriété de dangerosité rend perplexes, décident que ce mot ne dénote aucune propriété que ce soit, mais qu'il soit essentiellement un terme pratique ou incitatif visant à *mettre en garde*. A moins d'être utilisé dans un sens « entre guillemets », le mot « dangereux » serait employé pour mettre en garde, et cela voudrait dire que celui qui va utiliser ce mot s'engage à éviter les choses qu'il qualifie de dangereuses, à empêcher les autres de s'en approcher, et peut-être à fuir dans la direction opposée. Si ce n'était pas manifestement ridicule, il serait facile d'en inférer qu'un homme qui utilise le terme différemment de nous pourrait dénoncer les choses les plus étranges comme étant dangereuses, et cela sans craindre la réfutation ; l'idée serait qu'on pourrait encore dire qu'il « les pense dangereuses », ou du moins qu'il « met en garde », parce qu'il en aurait rempli les conditions par son attitude et ses actions. Cela est absurde parce que, sans leur objet propre, *mettre en garde* comme *croire dangereux* n'existent pas. Il est logiquement impossible de mettre en garde contre quelque chose qu'on ne considère pas comme un mal menaçant, et pour qu'il y ait danger, il nous faut un mal particulièrement sérieux, une lésion grave ou la mort par exemple.

Cependant, il y a quelques différences entre, d'un côté, penser qu'une chose est dangereuse et, de l'autre, se sentir fier, effrayé, ou consterné. Lorsqu'un homme dit que quelque chose est dangereux, il doit fonder cette affirmation sur une sorte de preuve ; mais lorsqu'il dit qu'il se sent fier, effrayé ou consterné, la description de l'objet de sa fierté, de sa peur ou de sa consternation n'a pas tout à fait la même relation avec son affirmation initiale. Si on lui montre qu'en fait la chose dont il est fier ne lui appartient pas, ou qu'elle n'a rien d'extraordinaire, il devra sans doute reconnaître que sa fierté n'était pas justifiée, mais il ne sera pas obligé de retirer l'affirmation qu'il était fier. En revanche, si quelqu'un dit qu'une chose est dangereuse, et s'aperçoit plus tard qu'il s'est trompé en pensant qu'elle pouvait causer du tort, il doit revenir sur son affirmation et admettre qu'il s'est trompé. Néanmoins, dans un cas comme dans l'autre, cette personne ne peut faire comme si de rien n'était. Si un homme découvre que ce n'est pas son potiron, mais celui de son voisin, qui a gagné le prix, il pourra dire qu'il se sent fier malgré tout, seulement s'il trouve une autre raison de l'être. C'est en ce sens que même les sentiments sont logiquement vulnérables aux faits.

On pourra objecter que ces exemples, en partie du moins, éludent la question. On dira en effet qu'un homme ne peut être fier que de quelque chose qu'il considère comme une bonne action, ou une réussite, ou un signe de noblesse ; comme il ne peut se sentir consterné que devant quelque chose qu'il considère comme mauvais, et ne se sentir effrayé que devant un mal menaçant ; de même il ne peut mettre en garde que s'il est également prêt à parler, par exemple, de dommages corporels. Mais cela limitera l'éventail des objets possibles de ces attitudes et de ces croyances seulement si l'éventail de ces termes est limité à son tour. Pour répondre à cette objection, je vais étudier la signification de « lésion corporelle » (*injury*) parce que c'est le cas le plus simple.

Celui qui serait tenté de dire que n'importe quoi peut être considéré comme une réussite, comme un danger dont on peut avoir peur, ou comme ce qui peut provoquer la consternation, devrait s'essayer à ce qui suit. Je souhaite examiner la proposition selon laquelle n'importe quelle chose peut être considérée comme dangereuse, parce que si elle provoque une lésion elle est dangereuse, et que n'importe quoi peut être considéré comme une lésion. J'examine ici le dommage corporel parce que c'est le genre de dommage qui est lié au danger ; en effet, il ne convient pas de mettre un panneau « danger ! » au bord de la route à cause des buissons qui risquent d'érafler les voitures. De même on ne peut pas étiqueter une substance « dangereuse » parce qu'elle abîme les tissus délicats ; bien que nous puissions parler des dangers qu'elle serait par là-même susceptible de causer, ce n'est pas cette utilisation du mot que je considère ici.

Lorsqu'un corps est blessé, son état change d'une certaine façon et pour le pire, et nous voulons savoir quelles sortes de changements constituent des lésions. D'abord, il est important de savoir comment une lésion est infligée ; par exemple, elle ne peut pas être causée par une dégradation naturelle. Ensuite il est clair qu'il ne peut s'agir de n'importe quel genre de chose, par exemple d'une marque inhabituelle sur le corps, même si l'on se donne beaucoup de mal pour la faire disparaître. Les lésions les plus importantes sont de loin celles qui affectent une partie du corps, et elles comptent comme des lésions parce qu'elles causent une interférence avec la fonction de cette partie du corps : lésion à une jambe, à un œil, une oreille, une main, un muscle, au cœur, au cerveau, à la moelle épinière. Une lésion à l'œil est ce qui affecte, ou risque d'affecter, la vue ; une lésion à la main, ce qui risque de nuire à sa capacité à toucher, à saisir, et à accomplir d'autres opérations de ce genre. On parle d'une lésion à la jambe, dans la mesure où ses mouvements et son rôle de support en sont affectés ; aux poumons, dans la mesure où ils peuvent devenir trop faibles pour aspirer la quantité d'air nécessaire. Nous parlons plus facilement de lésions quand la fonction d'une partie du corps est d'accomplir une opération spécifique, comme dans ces exemples. Nous hésiterions peut-être à dire qu'un crâne puisse subir une lésion, en parlant ici plutôt de dommage (*damage*), car bien que le crâne ait effectivement une fonction (fonction de protection), il n'effectue pas d'opération. Mais en pensant à la fonction protectrice du crâne, peut-être souhaiterions-nous parler en l'occurrence de lésion. Dans la mesure où le concept de *lésion* dépend de celui de *fonction*, il est étroitement limité, parce que seules certaines utilisations de parties du corps peuvent être considérées comme leur fonction. Comment se fait-il que, même quand il s'agit des moyens de gagner leur vie, nous ne considérerions jamais la suppression de la bosse du nain ou de la barbe de la femme à barbe comme une lésion corporelle ? Il est tentant de dire que ces choses sont des malformations, mais là n'est pas la question ; si nous supposons qu'un homme ayant un muscle supplémentaire invisible gagne sa vie comme clown en remuant les oreilles, son oreille ne serait pas atteinte si on enlevait ce muscle. S'il était naturel pour les hommes de communiquer par des mouvements de l'oreille, alors les oreilles auraient une fonction de signalement (nous n'avons pas de mot pour ce genre de « langage ») et une grave détério-ration de cette fonction serait une lésion ; mais les choses ne sont pas ainsi. Ce clown utiliserait ses oreilles pour faire rire les gens, or ce n'est pas la fonction des oreilles.

Sans doute beaucoup vont s'impatienter à l'énoncé de ces faits, parce qu'à leur avis, cela n'a aucune importance que ceci ou cela *se trouve* être le cas, et qu'il leur semble arbitraire de ne pas vouloir considérer la perte de la barbe, de la bosse, ou du muscle de l'oreille, comme une lésion. La perte des moyens de gagner sa vie n'est-elle pas déjà une perte catastrophique ? Et pourtant, il semble naturel de ne pas les compter comme des lésions si l'on pense aux conditions de la vie humaine, et si l'on compare la perte d'une capacité rare à faire rire ou à ébahir les gens, avec la capacité de voir, d'entendre, de marcher ou de manier les objets. On a besoin de la première seulement si l'on mène une vie très particulière ; en revanche, chacun a besoin de l'autre, et cela dans tout avenir envisageable. Cette restriction semble d'autant plus naturelle si nous remarquons quelles autres menaces, outre les dommages physiques, peuvent constituer un danger : la mort, par exemple, ou l'aliénation mentale. Un choc susceptible de causer un dérangement mental ou une perte de mémoire serait appelé dangereux, car l'homme a besoin d'intelligence, de mémoire, de concentration, tout comme il a besoin de la vue, de l'ouïe ou de l'usage de ses mains. Là, nous ne parlons pas de *lésion*, à moins de pouvoir lier cette détérioration à une modification physique, mais nous parlons néanmoins de danger dans la mesure où l'on y retrouve la même perte d'une capacité dont tout homme a besoin.

Une lésion peut se produire en dehors de la gamme de possibilités que nous venons de prendre en considération ; car on peut parfois dire d'un homme qu'il a subi des lésions sans qu'aucune fonction du corps ne soit atteinte. De façon générale, il me semble qu'un coup qui perturberait le corps au point d'entraîner une douleur persistante lui infligerait une lésion, même s'il n'engendrait pas d'autre mal, mais je ne crois pas qu'il soit important d'élargir davantage ce concept.

Il semble donc que, puisque la quantité des choses que l'on peut appeler lésions est très étroitement restreinte, le mot « dangereux » est lui aussi restreint dans la mesure où il est lié à une lésion. Nous avons donc le droit de dire qu'un homme ne peut pas simplement décider d'appeler dangereux ce qu'il veut, malgré toutes les défenses qu'il peut ériger et tous les signes de tête qu'il peut faire en guise de protestation.

J'ai soutenu jusqu'ici que des choses comme la fierté, la peur, la consternation, et la pensée que quelque chose est dangereux, sont en relation interne avec leur objet, et j'espère que ce que je veux dire devient plus clair. Nous devons maintenant nous demander s'il en est de même avec les attitudes ou les croyances qu'étudie la philosophie morale, ou si des choses telles que « l'évaluation », « la croyance que quelque chose est bien » et « la préconisation » peuvent logiquement se combiner avec n'importe quel objet. Tout ce que je peux faire ici, c'est proposer un exemple qui devrait rendre cette suggestion invraisemblable, et lui ôter certains de ses appuis. Notre exemple est tiré de la même catégorie d'actions triviales et absurdes, celle que nous avions envisagée en parlant d'un homme qui joint les mains trois fois par heure, et nous pouvons aussitôt souligner ce qu'il y a d'étrange à vouloir appeler une telle action bonne. Pour respecter les termes de la question posée, nous devons ici nous abstenir de toute référence à un contexte particulier, et il faut dire encore une fois que la question posée s'interroge sur ce qui serait susceptible de compter en faveur du caractère bon ou mauvais d'un homme ou d'une action, et non pas ce qui pourrait être bon ou mauvais, ou considéré comme tel, dans un contexte particulier. Je suis en effet convaincue que souvent, le point de vue que je conteste semble plausible uniquement parce qu'on y introduit subrepticement ce contexte particulier.

Quelqu'un affirmant que joindre les mains trois fois par heure est une bonne action devra avant tout répondre à la question « Que voulez-vous dire ? », car la phrase « ceci est une bonne action » n'a alors pas un sens très clair. Par principe, puisque nous parlons de philosophie morale, cela ne veut pas dire ici : « c'était une bonne chose à faire », comme on pourrait le dire d'un homme qui s'est montré habile dans l'exécution d'une entreprise ; nous devons limiter notre attention à « l'usage moral de "bon" ». Certes, je ne suis pas sûre que cela ait un sens de parler d'un « usage moral de "bon" », mais nous pouvons identifier un certain nombre de cas qui soulèvent des questions morales. C'est parce que ceux-ci sont si variés et que « ceci est une bonne action » ne correspond en l'occurence à aucun d'eux, que nous devons demander « Que voulez-vous dire ? » Par exemple, certaines choses que nous faisons relèvent de notre devoir, par exemple le devoir de parents envers leurs enfants ou celui des enfants envers leurs parents. Je suppose que lorsque les philosophes parlent de bonnes actions, ils y incluent ce genre de choses. Certaines actions relèvent d'un certain type de vertu, comme la charité, et on les inclura aussi. D'autres encore requièrent les vertus de courage et de tempérance, et leur dimension morale est alors due au fait qu'elles sont accomplies en dépit de la peur ou de la tentation du plaisir; elles doivent en effet être réalisées en vue d'un bien réel ou supposé, mais pas nécessairement en vue de ce que les philosophes appelleraient un bien moral. Le courage ne vise pas *particulièrement* à sauver la vie d'autrui, pas plus que la tempérance ne vise à lui laisser leur part de boisson et de nourriture; la bonté de *ce que l'on fait* peut ici relever de toutes les formes d'utilité. C'est parce que l'on inclut (supposons-le) toute cette diversité de cas sous l'expression « bonne action » que nous devrions refuser de l'employer sans nous demander au préalable ce que l'on veut dire par là, et nous devrions donc nous demander ce que l'on veut dire lorsque quelqu'un est censé affirmer que « joindre les mains trois fois par heure est une bonne action ». Cette action est-elle censée remplir un devoir? Mais alors en vertu de quoi un homme a-t-il ce devoir, et envers qui? Nous avons promis de ne pas tomber dans un contexte particulier, mais personne ne peut avoir le *devoir* de joindre les mains en l'absence d'un tel contexte. Ce ne pourrait pas plus être un acte de charité, car il ne semble pas bénéfique à qui que ce soit, ni un geste d'humilité, à moins de forger quelque hypothèse qui le rendrait tel. L'action pourrait être courageuse, mais seulement si elle était accomplie à la fois en dépit de la peur et en vue d'un bien; et nous n'avons pas le droit de faire intervenir des circonstances spéciales pour faire en sorte que ce soit le cas.

Je suis certaine qu'on me fera maintenant l'objection suivante : « Bien sûr que nous ne reconnaissons pas l'une de nos vertus familières dans le fait de joindre les mains trois fois par heure, mais cela veut simplement dire que ce n'est pas une bonne action d'après notre code moral habituel. Il est logiquement possible que, dans un code moral très différent, on puisse reconnaître des vertus très différentes, pour lesquelles nous n'avons même pas de nom ». Je ne peux pas répondre correctement à cette objection, car pour cela il faudrait que nous disposions d'une analyse satisfaisante du concept de vertu. Mais si quelqu'un pense qu'il est facile de décrire une vertu inédite, liée au fait de joindre les mains trois fois par heure, libre à lui d'essayer. A mon avis, il s'apercevra qu'il est obligé de tricher et de supposer que, dans une communauté donnée, on confère au fait de joindre les mains une signification particulière, ou lui attribue un effet particulier. La difficulté est évidemment liée au fait qu'en l'absence d'un arrière-plan spécifique, il n'est pas possible de répondre à la question « Pour quoi faire ? ». Il ne suffit pas de dire que cette action aurait un sens parce qu'elle est moralement bonne : la question est de savoir comment on peut la décrire de cette façon sans d'abord parler de sa raison d'être. Et il est tout aussi fou de supposer qu'on puisse assigner *quoi que ce soit* comme la raison de faire quelque chose sans avoir à énoncer quelle est justement la raison d'être de *cette chose-là*. En joignant les mains on peut produire un léger bruit d'aspiration, mais à quoi cela sert-il ? Il doit être clair que les vertus morales doivent avoir un lien avec ce qui est bon ou mauvais pour l'être humain, et qu'il est tout à fait impossible d'appeler n'importe quoi un bien ou un mal. Examinons, par exemple, l'idée qu'un homme prétende qu'on lui a causé du tort en tirant un seau d'eau de la mer. Là encore, il serait possible d'imaginer des circonstances où cette remarque aurait un sens, par exemple dans le cadre de croyances en des influences magiques ; mais alors le mal résiderait dans ce qui est fait par les esprits mauvais, pas dans le fait de tirer de l'eau de la mer. Il serait tout aussi étrange si quelqu'un disait qu'on lui a fait du mal en ramenant les cheveux de sa tête à un nombre pair [1].

J'en conclus que le présupposé (1) est vraiment très douteux, et que personne ne devrait pouvoir parler comme si notre compréhension de « l'évaluation », d'une « préconisation » ou d'une « pro-attitude » allait de soi, quelle que soit l'action concernée.

II

Je propose maintenant d'examiner ce que nous avons appelé le présupposé (2), selon lequel quelqu'un pourrait toujours refuser d'accepter les conclusions d'une discussion sur les valeurs, pour la simple raison que ce qui compte comme preuve pour les autres ne compte pas pour lui. Le présupposé (2) pourrait être vrai même si le présupposé (1) était faux, car on pourrait dire que, lorsqu'une question axiologique particulière – disons une question morale – a été acceptée, tout participant à la discussion est certes tenu d'accepter la pertinence des éléments de preuve fournis, qui sont les mêmes pour tout le monde, mais il peut toujours refuser d'en tirer une quelconque conséquence morale ou de discuter de toute question qui introduit des termes moraux dans le débat. Et je ne dis pas « il pourrait refuser d'en tirer la conséquence » dans le sens banal où chacun est en mesure de refuser de tirer *n'importe quelle* conséquence ; ce qui compte ici est l'idée qu'un énoncé évaluatif semble toujours aller au delà de tout énoncé factuel, si bien qu'on pourrait avoir une raison

---

1. Confrontés à ce type d'exemple, beaucoup de philosophes se réfugient dans les brumes de l'esthétique. Il serait intéressant de savoir s'ils seraient prêts à faire dépendre entièrement leur position de la possibilité qu'il y ait des objections esthétiques à ce qui est fait.

d'accepter ces prémisses factuelles tout en refusant la conclusion évaluative. Cela semble découler, pour ceux qui soutiennent cette thèse, des implications pratiques de l'évaluation. Quand un homme utilise un mot comme « bien » dans un sens « évaluatif » et non dans un sens « entre guillemets », on s'attend à ce qu'il engage sa volonté. Il semble s'ensuivre inévitablement qu'il existe une séparation logique entre fait et valeur ; car n'est-ce pas une chose d'affirmer que quelque chose est ainsi, et une autre d'avoir une attitude particulière à l'égard du fait qu'elle soit ainsi ? Une chose de voir que certains effets suivront une action donnée, et une autre de s'en soucier ? Quelle que soit la façon dont on se représente les traits essentiels de l'évaluation – qu'on parle en termes de sentiments, de comportements, d'acceptation d'impératifs ou que sais-je encore – le fait demeure qu'avec un jugement de valeur apparaît un engagement sous une forme nouvelle, qui ne saurait guère être garanti par une quelconque acceptation des faits.

Je vais soutenir que cette perspective est erronée, que les implications pratiques de l'usage de termes moraux n'ont pas été bien identifiées, et que lorsque celles-ci sont correctement décrites, l'écart logique entre prémisses factuelles et conclusion morale disparaît.

Dans cette discussion, il sera utile de prendre comme modèle la force pratique ou « incitative » (*action-guiding*) du mot « lésion », qui ressemble sous certains aspects (mais pas tous) à celle de termes moraux. Je crois qu'il est clair qu'une lésion est nécessairement quelque chose de mauvais et donc quelque chose qu'en tant que tel, on a toujours une raison d'éviter. Les philosophes seront par conséquent tentés de dire que quiconque utilise « lésion » dans son sens pleinement « incitatif » s'engage à éviter les choses qu'il appelle des lésions. Ils se retrouveront alors dans les difficultés habituelles de l'homme qui reconnaît qu'il devrait faire quelque chose mais n'a pas l'intention de le faire; et peut-être aussi celles concernant la faiblesse de la volonté. Au lieu de procéder ainsi, essayons plutôt de regarder de nouveau le genre de choses qui comptent comme des lésions, afin de voir si le lien avec la volonté n'en provient pas. Comme on l'a montré, un homme est mutilé, blessé, dès lors qu'une partie de son corps, ayant été endommagée, est devenue moins apte à remplir sa fonction ordinaire. Il s'ensuit qu'il souffre d'un handicap, ou risque d'en souffrir : avec une main blessée, il aura moins de facilité à ramasser les choses, il aura du mal à les tenir, à les attacher ou à les couper, etc. Avec des yeux défectueux, il y a des milliers d'autres choses qu'il sera incapable de faire, et dans les deux cas nous pouvons naturellement dire qu'il sera souvent incapable d'obtenir ce qu'il veut obtenir, ou d'éviter ce qu'il veut éviter.

Les philosophes vont sans doute s'arrêter sur ce mot « veut » (*want*) pour dire que si nous supposons que quelqu'un veut des choses qu'une lésion corporelle l'empêche d'obtenir, nous présuppons déjà « une pro-attitude »; et que celui qui, en l'occurrence, ne les veut pas, peut toujours refuser d'utiliser « lésion » dans son sens prescriptif ou « incitatif ». Et ainsi il pourrait sembler que la seule façon d'établir une relation *nécessaire* entre le mot « lésion » et les choses qu'il faut éviter, c'est de dire qu'il est utilisé dans un « sens incitatif » seulement lorsqu'il s'applique à quelque chose que le locuteur a l'intention d'éviter. Mais nous devons être particulièrement attentifs au raisonnement employé ici, et examiner de manière critique l'idée selon laquelle quelqu'un puisse effectivement ne pas vouloir quoi que soit qui puisse nécessiter l'usage de ses mains ou de ses yeux. Les mains et les yeux, comme les oreilles et les jambes, jouent un rôle dans tant de gestes et de mouvements que les seuls cas où l'on pourrait dire qu'une personne n'en a pas besoin sont ceux où elle n'aurait envie de rien du tout. Que de telles personnes existent vraiment – dans les asiles psychiatriques – ce n'est pas la question; disposer de l'usage de ses membres est quelque chose qu'un homme a des raisons de vouloir, dès lors qu'il veut quelque chose.

Je ne sais pas ce qu'aurait à l'esprit celui qui soutiendrait le contraire. Peut-être voudrait-il changer les faits de l'existence humaine, de telle sorte qu'un simple souhait, ou le son de la voix, mette le monde à notre disposition? Plus vraisemblablement, se propose-t-il d'altérer les circonstances de l'existence d'un individu dans le monde ordinaire, en supposant par exemple que c'est un prince dont les serviteurs vont semer et moissonner pour lui, puis aller et venir, et ainsi utiliser leurs mains et leurs yeux à son service, de telle sorte qu'il n'ait pas besoin d'utiliser les siens. Supposons qu'on puisse raconter une histoire pareille; elle est follement improbable, mais admettons le contraire pour l'instant. Il est clair que malgré cela nous pouvons dire que chacun a des raisons d'éviter les blessures; car même si à la fin de sa vie quelqu'un pouvait se dire que par un étrange concours de circonstances, il n'a jamais eu besoin de se servir de ses yeux ou de ses mains, rien de tel ne pourrait être absolument prévisible. C'est seulement en changeant une fois de plus les faits de l'existence humaine, et en supposant qu'on puisse en prévoir toutes les vicissitudes, qu'on peut faire une telle supposition.

Cela ne veut pas dire qu'une lésion ne puisse amener un gain imprévu plutôt qu'un mal inévitable. Il suffit de penser à l'époque où l'on ordonnait de passer tous les hommes valides au fil de l'épée. On pourrait même, dans certaines circonstances, anticiper les avantages d'une blessure, de telle sorte qu'on pourrait avoir de bonnes raisons de la rechercher au lieu de l'éviter. A cet égard, le mot «lésion» se démarque des termes comme «injustice»; la force pratique de «lésion» signifie seulement que quelqu'un a *une* raison d'éviter les blessures, et non pas qu'il a toujours une raison prévalente de le faire.

On remarquera que cette présentation de la force « incitative » du mot *lésion* le rattache à des raisons d'agir plutôt qu'à un acte effectif. Je ne pense pas, cependant, que cela en fasse un moins bon modèle de comparaison avec la force « incitative » des termes moraux. Les philosophes qui ont supposé que l'emploi sincère du terme « bien » ne peut s'appliquer qu'à des actions effectives ont rencontré des difficultés face à la faiblesse de la volonté, et ils admettraient sûrement qu'il suffit de pouvoir montrer que tout homme a des raisons de rechercher la vertu et de fuir le vice. Toutefois, cela devient-il insurmontable quand on aborde le genre de choses qu'on qualifie de vertus et de vices ? Examinons, par exemple, les vertus cardinales, la prudence, la tempérance, le courage et la justice. Evidemment, tout homme a besoin de prudence, mais est-ce qu'il n'a pas aussi besoin de résister à la tentation d'un plaisir quand celui-ci s'accompagne d'un mal ? Et comment pourrait-on soutenir qu'un homme ne puisse jamais affronter un danger pour l'amour d'un bien ? Il est très difficile de comprendre ce que veut dire celui qui affirme que la tempérance ou le courage ne sont pas de bonnes qualités, et cela non à cause du sens « élogieux » de ces *mots*, mais à cause de ce que sont réellement le courage et la tempérance.

J'aimerais utiliser ces exemples pour montrer combien sont artificielles les notions de « préconisation » et de « pro-attitudes » telles qu'on les emploie d'habitude. Les philosophes qui parlent de ces choses diront qu'après avoir reconnu les faits – par exemple, que X est le genre d'homme qui gravirait des montagnes dangereusement escarpées, tiendrait tête à un employeur irascible pour avoir une augmentation, et de façon générale affronterait un danger pour quelque chose qui selon lui en vaut la peine – la question demeure quant à ce qu'il convient de « préconiser » ou d'« évaluer ». Si l'on emploie le mot « courage », ils demanderont si oui ou non celui qui dit que X a du courage est en train d'en faire l'éloge. Si nous répondons « oui », ils insisteront pour dire que ce jugement sur le courage *va au delà des faits*, et pourrait donc être rejeté par quelqu'un qui refuserait de faire ce jugement. Si nous répondons «non», ils soutiendront que le mot «courage» est utilisé ici dans un sens purement descriptif ou «entre guillemets», et que nous n'avons pas encore un exemple de l'usage évaluatif du langage, alors que c'est ce dernier que le philosophe moral souhaite étudier en particulier. Quel sens peut-on donner, toutefois, à la question «Est-il en train de faire un éloge?» Quel est cet élément supplémentaire qui est censé être présent ou absent après que les faits aient été établis? Il ne s'agit pas d'aimer l'homme qui a du courage, ni même de penser que c'est quelqu'un de bien, mais il s'agit de «le louer pour son courage». Comment sommes-nous censés faire cela? La réponse donnée sera que nous ne faisons l'éloge de quelqu'un en disant qu'il est courageux que si nous acceptons l'impératif «sois courageux» pour nous-mêmes. Or ceci n'est d'aucune utilité. Je peux dire que quelqu'un a la vertu de courage, et bien sûr la reconnaître comme une vertu au sens propre, tout en sachant que je suis une parfaite poltronne qui ne souhaite absolument pas se réformer. Je sais que ce serait mieux pour moi si j'étais courageuse, et que j'ai donc une raison de cultiver le courage, mais je peux aussi savoir que je n'en ferai rien.

Si quelqu'un disait que le courage n'est pas une vertu, il devrait dire que le courage n'est pas une qualité qui incite un homme à agir bien. Il pourrait peut-être penser que le courage peut créer des ennuis, ce qui est vrai, mais seulement si un mal accidentel en découle. Par exemple, l'homme courageux pourrait avoir sous-estimé un risque, et aller au désastre, alors qu'un poltron aurait évité ce désastre en refusant de prendre le moindre risque. Et son courage, comme toute autre vertu, aurait pu lui causer du tort si, la possédant, il tombait dans une forme d'orgueil désastreuse[1]. De même, ceux qui ont des doutes sur la vertu de tempérance pensent probablement non pas à la vertu elle-même, mais aux hommes dont la tempérance a consisté à résister au plaisir au nom d'un bien illusoire, ou ceux qui ont fait de cette vertu leur orgueil.

Qu'en est-il de la justice, demandera-t-on? Car alors que la prudence, le courage et la tempérance sont des qualités qui bénéficient à leur propriétaire, la justice semble plutôt bénéficier aux autres, et travailler au désavantage de celui qui est juste. La justice telle qu'on la considère ici, comme l'une des vertus cardinales, recouvre toutes ces choses que l'on doit aux autres. Le meurtre, le vol et le mensonge relèvent de l'injustice, de même que le refus de donner ce qui est dû aux enfants par les parents, et aux parents par les enfants, ainsi que tous les agissements appelés injustes dans le langage courant. Ainsi l'homme qui refuse l'injustice se verra privé des choses qu'il a rendues à leur propriétaire, incapable d'obtenir un avantage par la fraude ou le mensonge, et pris dans toutes les difficultés que dépeint Thrasymaque dans le premier livre de la *République* afin de montrer que l'injustice est plus profitable que la justice, à l'homme fort et intelligent. On nous demandera comment, d'après notre théorie, la justice peut être une vertu et l'injustice un vice, puisqu'il sera sûrement difficile de montrer que tout homme a besoin d'être juste dans le même sens qu'il a besoin de l'usage de ses mains et de ses yeux, ou qu'il a besoin de prudence, de courage et de tempérance?

Avant de répondre à cette question, je soutiendrai que si l'on ne peut y répondre, alors la justice ne peut plus être louée ou recommandée en tant que vertu. Le but de tout ceci n'est pas de montrer qu'on doit pouvoir y répondre, puisque la justice est une

---

1. Thomas d'Aquin, *Somme théologique*, I-II, q. 55, art. 4.

vertu, mais plutôt de suggérer que nous devrions au moins réfléchir à la possibilité que la justice ne soit pas une vertu. Cette suggestion a été prise au sérieux par Socrate dans la *République*, alors que tout le monde admettait que, si Thrasymaque pouvait établir sa prémisse – que l'injustice est plus profitable que la justice – sa conclusion s'ensuivrait : un homme qui serait assez fort pour s'en tirer avec injustice aurait raison de suivre cette voie comme étant la meilleure façon de vivre. C'est un fait remarquable en philosophie morale moderne : personne ne voit la moindre difficulté à accepter le principe de Thrasymaque et à rejeter ses conclusions, et c'est parce que la position de Nietzsche sur ce point est beaucoup plus proche de celle de Platon qu'il est très loin des moralistes académiques d'aujourd'hui.

Dans la *République*, on présuppose que si la justice n'est pas un bien pour l'homme juste, les moralistes qui la recommandent comme une vertu sont des imposteurs. Et puisque je suis d'accord avec cela, on va me demander où exactement se situe l'imposture ; où est-on censé raconter le mensonge selon lequel la justice est profitable à la personne ? En guise de réponse préliminaire, nous pouvons poser la question de savoir combien de gens sont prêts à dire franchement que l'injustice est plus profitable que la justice ? En mettant de côté, comme ailleurs dans ce texte, les croyances religieuses qui pourraient compliquer ce problème, nous supposerons qu'un athée pur et dur demande « pourquoi devrais-je être juste ? » (Ceux pour qui cette question est faussée peuvent employer leur moyen favori pour en extraire « la signification évaluative », et supposer que la question est « Pourquoi devrais-je être "juste" ? »). Sommes-nous prêts à répondre « Pour ce qui est de vous seul, vous vous porteriez mieux en étant injuste, mais il est important pour nous autres que vous soyez juste, et donc nous essayons de vous rendre juste » ? Il s'informerait probablement de nos méthodes, puis il prendrait garde à ne pas se faire prendre, et je ne crois pas que, parmi ceux qui pensent qu'il n'est pas nécessaire de montrer que la justice est profitable à l'homme juste, beaucoup accepteraient facilement qu'il n'y ait rien de plus à dire.

La question cruciale est : « Pouvons-nous donner à quiconque, fort ou faible, une raison d'être juste ? » – et il ne sert à rien du tout de dire que puisque « juste » et « injuste » sont des « mots qui incitent à l'action », personne ne peut demander « pourquoi devrais-je être juste ? ». Face à ce raisonnement, l'homme qui veut faire des choses devrait seulement faire attention à éviter le *mot*, et on ne lui a donné aucune raison de ne pas faire les choses que les autres appellent « injustes ». Probablement soutiendra-t-on qu'on lui en a donné une, pour autant que l'on puisse donner une raison à quelqu'un de faire ou de ne pas faire quelque chose, car l'enchaînement des raisons doit s'arrêter quelque part, et il peut sembler que l'on peut toujours rejeter la raison qu'un autre va accepter. Mais ceci est une erreur ; certaines réponses à la question « pourquoi devrais-je ? » terminent la série, d'autres non. Hume a montré comment *une* réponse terminait la série dans le passage suivant :

> Demandez à un homme pourquoi il fait de l'exercice, il vous répondra que c'est parce qu'il désire conserver sa santé. Si vous cherchez alors pourquoi il désire la santé, il répliquera aussitôt que c'est parce que la maladie fait souffrir. Si vous poussez plus loin vos recherches, et désirez connaître une raison pourquoi il déteste souffrir, il est impossible qu'il puisse jamais en donner une seule. C'est la fin ultime, et elle n'est jamais rapportée à un autre objet [1].

---

1. D. Hume, *Enquête sur les principes de la morale*, Appendice I, V, trad. M. Malherbe, *op. cit.*

Hume aurait pu tout autant terminer sa série avec l'ennui : la maladie apporte souvent l'ennui, et personne n'a besoin de donner une raison pour laquelle il ne veut pas s'ennuyer, pas plus qu'il ne doit donner une raison de vouloir faire ce qui l'intéresse. En général, on donne une raison d'agir à quelqu'un quand on lui montre comment obtenir quelque chose qu'il désire ; mais pour certains désirs la question « pourquoi voulez-vous cela ? » aura du sens, et, pour d'autres, elle n'en aura pas[1]. Il semble clair que, suivant cette distinction, la justice tombe du côté opposé à celui du plaisir, de l'intérêt et des choses de ce genre. On ne répond pas à la question « pourquoi ne devrais-je pas faire cela ? » en disant « parce que ce n'est pas juste » comme on y répond en montrant que l'action apportera de l'ennui, de la solitude, de la douleur, de l'inconfort ou certaines formes de handicap, et c'est pourquoi il n'est pas vrai de dire que « ce n'est pas juste » donne une raison, dans la mesure où l'on peut donner des raisons. « Ce n'est pas juste » donne une raison seulement si l'on peut montrer que la nature de la justice est telle qu'elle est nécessairement en rapport avec ce que l'on veut.

Cela montre combien est importante la question de savoir si la justice est ou n'est pas un bien pour l'homme juste, et pourquoi ceux qui acceptent la prémisse de Thrasymaque mais rejettent sa conclusion sont en position inconfortable. Ils recommandent la justice à chaque homme, comme quelque chose que chacun a une raison de suivre, mais quand on les met au défi de montrer pourquoi chacun doit le faire, ils ne sont pas toujours capables de répondre. Cette dernière affirmation ne dépend pas d'une quelconque « théorie égoïste de la nature humaine » au sens philosophique. Il est souvent possible de donner à un homme une raison d'agir en lui montrant qu'un autre souffrira s'il ne le fait

---

1. Voir l'excellente discussion des raisons d'agir dans G. E. M. Anscombe, *L'intention*, § 39-40, *op. cit.*, p. 132-136.

pas ; le bien d'un autre peut vraiment être plus important pour lui que son propre bien. Mais l'affection que les mères portent à leurs enfants, les amants l'un à l'autre, et les amis à leurs amis, ne nous mènera pas loin si l'on nous demande des raisons pourquoi un homme devrait être juste ; en partie parce que cela n'ira pas assez loin, et en partie parce que les actions dictées par la bienveillance et la justice ne sont pas toujours les mêmes. Supposons que je doive de l'argent à quelqu'un :

> Qu'en sera-t-il si cet individu est mon ennemi, et m'a donné de justes raisons de le haïr ? Si c'est un homme méchant qui mérite la haine de l'humanité entière ? Si c'est un ladre qui ne peut rien faire de ce dont je voudrais le priver ? Si c'est un débauché extrêmement prodigue pour qui la possession de biens considérables entraînerait plus de dommage que de bénéfice ? [1]

Même si la pratique de la justice pouvait en général être comprise comme émanant d'une bienveillance universelle – le désir du plus grand bonheur pour le plus grand nombre – il est indéniable que bien des gens n'ont pas ce désir. Si bien que, si c'est seulement ainsi qu'on peut recommander la justice, un millier de fortes personnalités pourront dire qu'on ne leur a donné aucune raison de pratiquer la justice, et bien plus pourraient en dire autant s'ils n'étaient trop timides ou trop stupides pour remettre en question le code de conduite qu'on leur a appris. Ainsi, étant donné la prémisse qui est la sienne, le point de vue de Thrasymaque est raisonnable ; nous n'avons aucune raison particulière d'admirer ceux qui pratiquent la justice par timidité ou stupidité.

Il me semble, donc, que, si l'on accepte la thèse de Thrasymaque, les choses ne peuvent continuer comme avant ;

---

1. D. Hume, *Traité de la nature humaine*, livre III, II, § 1, trad. fr. Ph. Saltel, *op. cit.*, p. 81.

nous allons devoir admettre que la croyance qui confère son statut de vertu à la justice repose sur une erreur, et si nous voulons encore que les gens soient justes, nous devons leur recommander la justice d'une autre manière[1]. Nous allons devoir admettre que l'injustice est plus profitable que la justice, au moins pour les forts, et ensuite faire de notre mieux pour que personne ou presque ne puisse se tirer d'affaire en étant injuste. Nous avons aussi, bien sûr, la possibilité de nous taire, en espérant que la plupart des gens suivront une sorte de justice conventionnelle et ne poseront pas de questions embarrassantes, mais cette attitude pourrait finir par engendrer un certain scepticisme, même de la

---

1. Je me suis trouvée dans cette situation difficile parce que – de concert avec mes adversaires – je supposais que la représentation d'une bonne action devait avoir un rapport très particulier avec les choix de chaque individu. Il ne m'était pas venu à l'esprit d'interroger la maxime si souvent répétée selon laquelle les jugements moraux donnent des raisons d'agir à chaque homme individuellement. Aujourd'hui, cela me paraît erroné. En règle générale, la raison pour laquelle on peut « s'attendre » à ce que quelqu'un qui choisit A choisisse de bons A plutôt que de mauvais A est que nos critères de la bonne qualité d'une classe d'objets sont en rapport avec les intérêts que quelqu'un a ou prend pour ces choses. Lorsque quelqu'un partage ces intérêts, il aura des raisons de choisir de bons A ; autrement non. Puisque, dans le cas d'actions, nous pouvons distinguer entre le bien et le mal selon l'intérêt que nous avons pour le bien commun, quelqu'un qui s'en fiche complètement peut demander pourquoi *il* aurait l'obligation d'être juste, et nous devons, à l'instar de Platon, prendre cette question tout à fait au sérieux. En même temps, nous ne devons pas nous laisser impressionner par le fait qu'il n'y *ait* pas forcément de réponse, et que la coopération raisonnable des autres aux pratiques morales n'aille pas de soi. Les choses pourraient s'améliorer, et non empirer, si nous reconnaissions que les raisons qu'ont les hommes d'agir avec justice et charité dépendent d'attitudes humaines contingentes, et de l'identification à d'autres humains en société. Car nous pourrions dès lors voir qu'il dépend de nous de chérir ces qualités, et que (par-dessus tout) il n'y aucun sens à traiter les autres de façon méprisante et aliénante tout en leur exigeant d'adhérer à une moralité par le biais d'un sens du devoir qui leur est étranger. Voir sur ces questions, mon essai « Morality as a System of Hypothetical Imperatives » ainsi que l'introduction de *Virtues and Vices*, p. XI-XIV [Note rajoutée lors de la réédition de cet essai dans le recueil *Virtues and Vices*, University of California Press, 1978].

part de ceux qui ne savent pas exactement où est le problème ; nous serions aussi à la merci de tous ceux qui auraient les capacités et la volonté de révéler notre imposture.

Est-il vrai cependant de dire que la justice n'est pas quelque chose dont un homme a besoin pour vivre avec les autres, tant qu'il est quelqu'un de fort ? On devrait demander à ceux qui pensent que cet homme peut parfaitement s'en sortir sans être juste, de nous dire exactement comment il est censé vivre. Nous savons qu'il pratiquera l'injustice toutes les fois qu'un acte injuste pourra lui apporter un avantage ; mais que va-t-il dire ? Va-t-il admettre qu'il ne reconnaît pas les droits des autres, ou va-t-il faire semblant ? Dans le premier cas de figure, même ses complices sauront qu'un revers de fortune ou un changement de sentiments le fera se retourner contre eux, et il doit se méfier de leur traîtrise tout autant qu'eux de la sienne. Probablement l'heureux homme injuste est-il censé être, comme dans le Livre II de la *République*, un menteur et un acteur très habile, déguisant la plus totale injustice sous l'apparence de la justice : il sera prêt à traiter les autres sans pitié, mais prétendra que rien n'est plus loin de son intention. Les philosophes parlent souvent comme si un homme pouvait ainsi se déguiser, même aux yeux de ses proches, mais cette supposition ne tient pas, et de toute façon le prix de sa vigilance serait exorbitant. S'il laisse quelques-uns deviner sa véritable attitude, il devra toujours se prémunir contre eux ; s'il ne laisse personne percer son secret, il devra toujours veiller à ne pas se trahir dans un élan de spontanéité. Ces faits sont importants parce que le besoin de justice qu'un homme peut éprouver dans ses échanges avec les autres dépend du fait que ce sont justement des hommes, et non des objets inanimés ou des animaux. Si un homme avait seulement besoin des autres hommes comme il a besoin d'objets domestiques, et s'il pouvait les manipuler comme des objets, ou les frapper comme des ânes pour les faire obéir, le cas serait différent. Les choses étant ce qu'elles sont, la supposition que l'injustice est plus profitable que la justice est très douteuse, même si, comme la lâcheté ou l'intempérance, il puisse lui arriver à l'occasion d'être profitable.

La raison pour laquelle certains trouvent si incroyablement difficile de montrer que la justice est plus profitable que l'injustice, c'est qu'ils considèrent les actes justes séparément. Il est parfaitement vrai que si un homme est juste, alors il sera prêt, dans des circonstances particulièrement hostiles, à affronter même la mort plutôt que d'agir injustement – par exemple, en faisant condamner un homme innocent pour un crime dont il est accusé. En ce qui le concerne, il se trouve que sa justice a des conséquences désastreuses, et pourtant, comme tout le monde, il a de bonnes raisons d'être juste plutôt qu'injuste. Il ne peut pas être les deux à la fois et, tout en possédant la vertu de justice, se tenir prêt à être injuste s'il doit en tirer un plus grand avantage. L'homme qui possède la vertu de justice n'est pas prêt à faire certaines choses, et s'il est trop facilement tenté de les faire, nous dirons qu'après tout, il y était prêt quand même.

JOHN MCDOWELL

NON-COGNITIVISME ET SUIVRE UNE RÈGLE [*]

§ 1

Les non-cognitivistes considèrent que les attributions de valeur ne devraient pas être conçues comme des propositions du genre de celles qui sont correctes, ou acceptables, au sens où ce sont des descriptions vraies du monde ; et, corrélativement, ils considèrent qu'on ne trouve nullement les valeurs dans le monde, à la manière dont on y trouve de véritables propriétés de choses (*genuine properties of things*). Une telle position se doit d'inclure une restriction raisonnée du genre de proposition qui compte bel et bien pour une description (ou, au pire, pour une description ratée) de la réalité : il ne s'agit pas seulement de justifier qu'en soient exclues les attributions de valeur, mais encore de donner un contenu à cette exclusion – d'expliquer ce que les jugements de valeurs sont dits ne pas être. En fait, les formulations des positions non-cognitivistes ont tendance à tenir

[*] John McDowell, « Non-cognitivism and Rule-Following », publié dans *Wittgenstein : to Follow a Rule*, Holtzman and Leich (eds), Routledge, Londres, 1981 ; repris dans J. McDowell, *Mind, Value and Reality*, Cambridge, Harvard UP, 1998. Traduction de Jean-Philippe Narboux, avec l'autorisation de l'éditeur. Cette traduction est initialement parue aux *Archives de Philosophie*, 64, 2001. Elle a été intégralement corrigée et révisée aux fins de la présente publication.

pour acquise quelque conception se prêtant à ces positions de ce qu'est décrire (*of the descriptive*) et du monde. Dans cet essai, ne serait-ce que pour inciter les non-cognitivistes à m'expliquer en quoi j'ai manqué la portée de leur position, j'entends mettre au jour la nature d'une conception qui pourrait sembler servir leur dessein, et suggérer qu'on peut douter qu'elle puisse être mise au service de celui-ci dans ce contexte.

D'après la conception que j'ai en vue, la manière dont les choses sont réellement[1] coïncide avec la manière dont elles sont en elles-mêmes – c'est-à-dire indépendamment de la manière dont elles font impression sur les occupants de tel ou tel point de vue particulier. À l'aune d'une interprétation littérale de la notion de point de vue, cette idée sous-tend les corrections de perspective auxquelles nous procédons lorsque nous détermi-nons les formes véritables des objets que nous observons. Mais cette idée se prête naturellement à divers prolongements.

L'un de ces prolongements figure dans l'idée, familière en philosophie, que les qualités secondes, telles que nous en faisons l'expérience, ne sont pas des traits véritables de la réalité. Cette idée familière voudrait, par exemple, qu'un être doté d'une vision humaine normale des couleurs se trompât s'il entérinait l'idée que le monde est tel que son expérience visuelle (corrigée le cas échéant de façon à tenir compte de l'incidence, par exem-ple, d'une lumière insuffisante) le lui présente. La raison n'en est pas seulement que l'équipement sensoriel approprié n'est pas universellement partagé. Car cela laisserait ouverte la possibilité que cet équipement sensoriel nous permît de détecter quelque chose qui fût réellement là de toute façon, indépendamment de la

---

1. *How things really are* : la manière dont les choses sont effectivement. Nous traduisons « *really* » par « réellement », plutôt que par « vraiment » ou par « effectivement » pour ne pas oblitérer le lien avec le problème philosophique du « réalisme » tel qu'il est thématisé dans cet essai [N.d. T.].

manière dont les choses nous apparussent. Mais l'idée familière entend exclure une telle possibilité, en arguant de ce que les apparences peuvent être dissipées par une explication de façon satisfaisante. Si, en d'autres termes, nous supposons que la manière dont les choses sont réellement peut être intégralement caractérisée en termes de qualités premières, alors nous pouvons expliquer pourquoi notre expérience de la couleur est ce qu'elle est sans pour autant la représenter comme véridique à strictement parler : l'explication révèle la mesure dans laquelle le monde, tel que l'expérience de la couleur nous le présente, n'est que pure apparence – la mesure dans laquelle la vision de la couleur échoue à être un mode transparent d'accès à quelque chose qui est là de toute façon[1].

Or, une certaine analogie entre l'expérience de la couleur et (pour ainsi dire) l'expérience de la valeur semble naturelle. Nous ne pouvons apprendre à faire des classifications de couleur que parce que notre équipement sensoriel se trouve être à même de nous donner le bon type d'expérience visuelle. De façon quelque peu similaire, nous ne pouvons apprendre à voir le monde dans les termes d'un ensemble spécifique de classifications évaluatives, qu'elles soient d'ordre esthétique ou moral, que parce que nos propensions affectives et attitudinales sont telles qu'on puisse nous amener à nous préoccuper de façons appropriées des choses que nous apprenons à voir comme rassemblées par les classifications. Et cela pourrait constituer le point de départ d'un

---

1. On trouve un excellent examen de cette ligne de pensée (quoique plus indulgent que je ne veux bien l'être) dans le livre de Bernard Williams, *Descartes : The Project of Pure Enquiry* (Penguin, Harmendsworth, 1978) chap. 8. (Je ne m'attarderai pas à une critique de l'application aux qualités secondes.)

argument parallèle à opposer à un réalisme naïf concernant les valeurs que nous nous sentons forcés d'attribuer aux choses[1].

Il y a un ingrédient supplémentaire qui menace d'intervenir dans l'argument concernant les valeurs et de nuire au parallèle. Dans l'argument concernant les couleurs, nous sommes conduits à en appeler au pouvoir explicatif d'une description du monde en termes de qualités premières, afin d'exclure la suggestion d'après laquelle notre vision des couleurs est un mode de conscience (*awareness*) de quelque chose qui est là de toute façon. La suggestion parallèle, dans le cas des couleurs, serait que les membres d'un certain ensemble spécifique de valeurs sont des traits véritables du monde, que nos propensions affectives et attitudinales spécifiques nous rendent à même de détecter. Et on pourrait croire que cette suggestion peut être écartée d'un revers de main en invoquant quelque chose qui n'a pas de contrepartie dans l'argument concernant les qualités secondes, à savoir une philosophie de l'esprit qui insiste sur une séparation stricte entre, d'un côté, les capacités cognitives et leur exercice, et, d'un autre côté, ce que les auteurs du dix-huitième siècle classeraient comme des passions ou des sentiments[2]. Une telle suggestion implique qu'on conçoive les exercices de nos natures affectives ou conatives comme étant eux-mêmes capables de discernement en un sens, ou en tout cas comme prolongeant notre sensibilité à l'égard de la manière dont les choses sont; et la philosophie de l'esprit du dix-huitième siècle s'emploierait à exclure cela *a priori*.

Mais peut-être est-ce là prendre les choses à l'envers. Avons-nous en effet la moindre raison d'accepter la philosophie de

1. Le parallèle est suggéré par Williams, *ibid.*, quand, à la page 245, il parle de « concepts… qui reflètent simplement un intérêt local, un goût ou une particularité sensorielle ».

2. *Cf.* J. L. Mackie, *Ethics*, *op. cit.*, p. 22.

l'esprit du dix-huitième siècle, à moins d'être déjà convaincu de la vérité du non-cognitivisme?[1] La question est au moins suffisamment délicate pour conférer un certain attrait à l'idée d'une route menant au non-cognitivisme en faisant l'économie d'une invocation de la philosophie de l'esprit du dix-huitième siècle, qui procède d'après un argument parallèle à celui qui concerne les qualités secondes, et qui soutient que le caractère de notre expérience de la valeur peut être expliqué de façon satisfaisante sur le fondement du présupposé que le monde – entendez, le monde tel qu'il est de toute façon (indépendamment, en tout cas, de l'expérience de la valeur)[2] – ne contient pas de valeurs. (Je reviendrai plus loin sur une version de la philosophie de l'esprit du dix-huitième siècle : voir § 4 ci-dessous.)

De quelle façon une telle explication est-elle alléguée? Typiquement, les non-cognitivistes soutiennent que lorsque nous nous sentons forcés d'attribuer une valeur à quelque chose, deux composantes sont à démêler dans ce qui a effectivement lieu. La compétence à employer un concept évaluatif implique, en premier lieu, une certaine sensibilité à un aspect du monde tel qu'il est réellement (tel qu'il est indépendamment de l'expérience de la valeur), et, en second lieu, une propension à une certaine attitude – un état non-cognitif constituant la perspective spécifique depuis laquelle des entités dans le monde semblent revêtir la valeur en question. Pour peu que nous démêlions ainsi les deux composantes, nous pourrions construire des

---

1. *Cf. Ibid.*, p. 40-41.

2. La conception que le non-cognitiviste se fait du monde ne se réduit pas à des caractérisations en termes de qualités premières. (*cf.* D. Wiggins, « Truth, Invention, and the Meaning of Life », in *Needs, Value, Truth*, Blackwell, Oxford, 1987, p. 119-122) Par conséquent, son idée du monde tel qu'il est de toute façon n'est pas celle qui intervient dans l'argument relatif aux qualités secondes. Ce qui est en vue, et ce que ma parenthèse entend suggérer, c'est une analogie avec – plutôt qu'un supplément à – l'argument relatif aux qualités secondes.

explications du caractère de l'expérience de la valeur sur le modèle général des explications de l'expérience de la couleur que nous avons en vue lorsque nous sommes tentés par l'argument concernant les qualités secondes : les occupants de la perspective spécifique, en émettant des jugements de valeur, enregistrent la présence dans les objets d'une certaine propriété que ces objets ont authentiquement, mais enrichissent la conception qu'ils se font d'une telle propriété du reflet d'une attitude [1].

§ 2

Quant à savoir si la stratégie pour démêler les deux composantes envisagée ici peut toujours être menée à bien, il semble y avoir de quoi être sceptique ; plus spécifiquement, il semble y avoir de quoi être sceptique quant à la question de savoir si, correspondant à n'importe quel concept de valeur, on peut toujours isoler un trait authentique du monde – en se réglant sur l'étalon approprié d'authenticité : à savoir, un trait qui soit là de toute façon, indépendamment du fait que l'expérience de sa valeur soit ce qu'elle est – un trait du monde qui soit ce à quoi des usagers compétents du concept doivent être considérés répondre quand ils en font usage : ce qui reste dans le monde une fois retranché [2] le reflet de l'attitude appropriée.

---

1. Cette formulation colle à la théorie de l'erreur de Mackie, plutôt qu'à la forme distincte de non-cognitivisme illustrée par le prescriptivisme de R. M. Hare (voir, par exemple, *Freedom and Reason*, Clarendon Press, Oxford, 1963), dans laquelle la pensée évaluative ordinaire est suffisamment sophistiquée philosophiquement pour ne pas être induite dans l'erreur projective que Mackie lui impute. Mais l'idée pourrait aisément être reformulée de telle façon qu'elle convienne à la position de Hare ; cette différence entre Hare et Mackie n'a pas d'incidence sur mes préoccupations dans cet essai.

2. Au sens où éplucher un fruit, c'est « retrancher » sa pelure [N.d. T.].

Considérons, par exemple, une conception spécifique d'une vertu morale donnée : la conception courante dans une communauté morale raisonnablement cohérente. Si la stratégie pour démêler les deux composantes est toujours possible, alors il s'ensuit que l'extension du terme associé, tel qu'il serait employé par un membre de la communauté, pourrait être maîtrisée indépendamment des préoccupations spécifiques qui, dans la communauté, se manifesteraient par l'admiration ou l'imitation d'actions vues comme tombant sous ce concept. En d'autres termes, on pourrait savoir à quelles actions le terme s'appliquerait, et ce de telle manière qu'on fût capable de prédire des applications ou des retraits de ce terme dans de nouveaux cas – non seulement sans partager soi-même l'admiration de la communauté (ce qui ne fait pas nécessairement difficulté), mais sans même s'atteler à une tentative pour se rendre intelligible leur admiration. Ce serait une tentative pour embrasser la perspective spécifique qui est la leur ; tandis que d'après la position que je suis en train de considérer, le trait véritable (*genuine feature*) auquel le terme est appliqué devrait pouvoir être saisi sans bénéficier de la moindre compréhension de cette perspective spécifique, puisque la sensibilité à ce trait est isolée à titre d'ingrédient indépendant, dans une explication censée expliquer pourquoi les occupants de cette perspective voient les choses ainsi qu'ils les voient. Mais est-il un tant soit peu plausible qu'on puisse toujours parvenir à isoler cet ingrédient ?

Notons que la thèse sur laquelle je suis sceptique ne peut pas être établie en recourant à l'idée plausible que les classifications évaluatives surviennent sur les classifications non-évaluatives. La survenance requiert seulement que l'on puisse trouver des différences exprimables dans les termes du niveau survenu à chaque fois qu'on veut émettre des jugements différents dans les termes du niveau survenant[1]. De la satisfaction de ce réquisit, il ne s'ensuit pas que l'ensemble des choses auxquelles un terme survenant est correctement appliqué doive constituer une espèce reconnaissable comme telle au niveau survenu. En fait, la survenance laisse ouverte la possibilité suivante, celle-là même que mon scepticisme envisage : aussi longue que puisse être la liste que nous donnons des entités auxquelles le terme survenant s'applique, décrites dans les termes du niveau survenu, il se peut qu'il n'y ait aucune manière, exprimable au niveau survenu, de regrouper exactement ces entités. Par conséquent, il n'est pas forcément possible d'acquérir la maîtrise, nécessaire pour pouvoir continuer à l'appliquer dans de nouveaux cas, d'un terme censé fonctionner au niveau survenu mais aussi regrouper exactement les entités auxquelles les usagers compétents appliqueraient le terme survenant[2]. Il se peut que, pour comprendre pourquoi exactement ces choses appartiennent vont ensemble, il faille essentiellement comprendre le terme survenant.

Je remets à plus tard (au § 5) la question de savoir s'il pourrait y avoir une espèce de non-cognitiviste qui pût concéder bien volontiers cette possibilité. Pour le moment, il est clair qu'une telle concession serait en tout cas incompatible avec toute

---

1. *Cf.* R. M. Hare, *Freedom and Reason*, p. 33, sur la thèse de la possibilité de l'universalisation : « Ce que la théorie nous interdit effectivement de faire, c'est d'émettre des jugements moraux différents à propos d'actions que nous tenons pour parfaitement ou suffisamment semblables. » Dans le chapitre 2, Hare soutient que cette thèse de la possibilité de l'universalisation n'est autre que la thèse selon laquelle les concepts ont une signification « descriptive » (laquelle thèse est la version chez Hare de la thèse qui me laisse sceptique) ; voir p. 15. L'identification est mise en cause par les remarques que je fais sur la survenance.

2. L'idée n'est pas simplement qu'il se pourrait qu'un tel terme fasse défaut au langage – lacune qu'on pourrait peut-être combler en en forgeant un (voir Hare, « Descriptivisme »). Ce que je suggère, c'est qu'il se pourrait qu'un terme ainsi forgé ne puisse être appris autrement qu'à la faveur d'une maîtrise de l'expression axiologique au sens fort.

explication de la relation entre l'expérience de la valeur et le monde tel qu'il est indépendamment de l'expérience de la valeur du genre de celle que j'ai décrite ci-dessus (au § 1). Et les non-cognitivistes existants présupposent typiquement qu'ils doivent interdire la possibilité que j'ai envisagée[1]. Ils peuvent bien admettre qu'il est bien souvent difficile de caractériser la propriété authentique (*authentic*) (à l'aune de leurs étalons d'authenticité) correspondant à un concept évaluatif; il reste qu'ils tendent à supposer qu'il *doit* y avoir une telle chose, même si elle n'est pas facile à épingler avec des mots. De fait, il y a un complexe d'idées profondément tentant, concernant la relation entre la pensée et la réalité, qui donnerait un air d'évidence à ce « doit ». Mais l'un des fils qui court dans la réflexion de Wittgenstein sur ce que c'est que « suivre une règle » est que la source de cette tentation est le désir d'une sécurité vouée à s'avérer illusoire.

§ 3

Une séquence de jugements ou d'énoncés successifs n'est intelligible en tant que séquence d'applications successives d'un seul et même concept à différents objets qu'à condition de relever d'une pratique consistant à continuer *à faire la même chose*. Nous avons tendance à être séduits par une certaine image de ce à quoi cela revient, dont les traits généraux sont les suivants. Ce qui compte comme faire la même chose, au sein de la pratique en question, est fixé par ses règles. Ces règles impriment des rails que l'activité correcte au sein de cette

---

1. *Cf.* R. M. Hare, *Freedom and Reason*, chap. 2. À la page 86, Mackie élève une objection à l'encontre de l'idée qu'une classification axiologiquement neutre correspondante est (comme c'est le cas chez Hare) une partie de la *signification* d'un terme de valeur, mais il le fait manifestement dans un contexte où il présuppose qu'il doit exister une classification correspondante de ce genre.

pratique est censée suivre. Ces rails sont là de toute manière, indépendamment des réponses et des réactions pour lesquelles nous acquérons une propension tandis que nous apprenons la pratique elle-même ; ou, pour le dire moins métaphoriquement, il est en principe possible de discerner, depuis un point de vue qui est indépendant des réponses qui caractérisent un participant de la pratique, qu'une suite d'étapes correctes dans la pratique est effectivement un cas de ce que c'est que continuer à faire la même chose. L'acquisition de la maîtrise d'une pratique est dépeinte comme quelque chose comme l'engrènement de roues mentales sur ces rails existant objectivement.

Cette image admet deux versions. Selon la première version, les règles peuvent être formulées, au titre d'une codification de la pratique dans des termes auxquels on peut accéder indépendamment. La maîtrise de la pratique est conçue comme la connaissance, éventuellement implicite, de ce qui est exprimé par ces formulations ; et rouler sur (*running along*) ces rails, c'est se faire dicter ses actions par la preuve de ce qu'elles sont correctes au sein de la pratique, preuves dont ces formulations constituent à chaque fois les prémisses majeures. Parfois, cependant, une pratique d'application de concept résiste à toute codification autre que triviale (comme dans « Il est correct d'appeler « rouges » toutes les choses, et seulement les choses, qui sont rouges »), et dans de tels cas nous avons tendances à recourir à l'autre version de l'image. Cette fois nous en appelons à la saisie d'un universel, en concevant une telle saisie comme un mécanisme d'un genre analogue : un mécanisme qui, à l'instar de la connaissance d'une règle explicitement énonçable, constitue une capacité à rouler sur un rail qui est là indépendamment.

Prolonger une suite de nombres est un exemple de ce que c'est que continuer à faire la même chose qui devrait constituer un cas idéal dans le cadre d'une telle image. Chaque étape correcte dans une suite de réponses à l'ordre « Ajoute 2 » peut être prouvée correcte, tout comme dans ce qui apparaît comme la version la plus claire de l'image. Mais, en fait, l'idée que les règles de la pratique impriment des rails que l'on peut retracer indépendamment des réactions des participants est douteuse même dans ce cas apparemment idéal ; et à insister sur le fait que partout où il y a un cas de continuer de la même manière il doit y avoir des règles qui peuvent être conçues comme imprimant des rails qui peuvent être retracés indépendamment, on trahit une conception erronée du genre de cas dans lequel la correction au sein d'une pratique peut recevoir le genre de démonstration que nous comptons comme une preuve.

Nous pouvons nous acheminer vers cette conclusion en prenant la mesure de la vacuité, même dans ce qui devrait constituer le cas idéal, de la composante psychologique de l'image : c'est-à-dire, de l'idée que saisir une règle consiste à avoir ses roues mentales engrenées sur des rails qu'on peut retracer indépendamment. L'image dépeint la compréhension (par exemple) de l'instruction « Ajoute 2 » – le fait de maîtriser la règle pour prolonger la suite 2, 4, 6, 8, … – comme un mécanisme psychologique qui, erreurs mises à part, débite en série le comportement qui convient avec le type de fiabilité que pourrait présenter, disons, le mécanisme d'une horloge. Si quelqu'un prolonge la suite correctement, et si l'on considère que la raison en est qu'il a compris l'instruction et qu'il est en train de s'y conformer, alors, d'après l'image, on a fait l'hypothèse de ce que le mécanisme approprié, l'engrènement sur les roues, sous-tend son comportement. (Ce serait une inférence analogue à celle au moyen de laquelle on pourrait postuler un mécanisme physique sous-tendant le comportement d'un objet inanimé.)

Mais qu'est-ce qui manifeste la compréhension de l'instruction, ainsi dépeinte ? Supposons que nous demandions à la personne ce qu'elle fait, et qu'elle dise « Tu vois, je suis en train d'ajouter 2 à chaque fois ». Cette manifestation apparente de compréhension n'aura été accompagnée, quel que soit le moment où elle intervient, que par un fragment au plus fini de la série potentiellement infinie des comportements dont nous voulons dire que la règle les dicte. La même chose vaut pour n'importe quelle autre manifestation de compréhension. Par conséquent, le témoignage probant (*evidence*) que nous avons, à n'importe quel stade, de la présente de l'état dépeint, est compatible avec la supposition que, à quelque occasion future de son exercice, le comportement divergera de ce que nous compte-rions comme correct, et ce pas simplement du fait d'une erreur. Wittgenstein dramatise cette « possibilité » au moyen de l'exem-ple de la personne qui continue la suite, après 1000, par 1004, 1008, … (*Recherches Philosophiques* (désormais abrégées « RP »), § 185). Supposons qu'une divergence du type 1004, 1008 advienne, et que nous ne parvenions pas à faire admettre à la personne qu'elle était simplement en train de faire une erreur; cela montrerait que son comportement n'était pas jusque là guidé par la conformation psychologique que nous avions dépeinte comme étant ce qui le guide. L'état dépeint, par conséquent, transcende toujours n'importe quelle raison qu'il peut y avoir de le postuler.

On pourra être tenté de protester comme suit: « Tout cela n'est rien qu'un scepticisme inductif familier concernant autrui [1]. Après tout, on sait, dans son propre cas, que son propre comportement ne déviera pas [2] de la sorte. » Mais une telle objection est en elle-même erronée, et elle manque la portée de l'argument.

---

1. *About other minds*: le scepticisme concernant autrui auquel songe ici McDowell se formule lui-même comme un scepticisme quant à l'existence même d'autres esprits, ou comme un scepticisme quant à ce qui s'y déroule [N.d.T.].

2. *Will not come adrift*: à la lettre, « ne partira pas à la dérive », « ne dérapera pas », « ne s'écartera pas ». Le verbe « dévier » a l'avantage de donner lieu en français aux deux notions de « déviation » et de « déviance » [N.d.T.].

Tout d'abord, si le fait que mon comportement dévier consiste dans le fait qu'il semble soudainement que tous les autres sont sortis du chemin, alors toute conclusion sceptique que l'argument serait censé recommander s'appliquera aussi bien à mon propre cas qu'au cas d'autrui. (Imaginons que la personne qui continue par 1004, 1008, ... se dise à l'avance « Je sais dans mon propre cas que mon comportement ne déviera pas ».) Si quelque scepticisme entre ici en jeu, ce n'est pas celui qui concerne spécifiquement *autrui* (*about* other *minds*).

Ensuite, il est de toute façon erroné d'interpréter l'argument comme avançant une conclusion sceptique : à savoir que je ne sais pas si le comportement d'autrui (ou mon propre comportement, une fois la première correction faite) ne déviera pas. Le but n'est pas de suggérer que nous devrions vivre dans l'angoisse que des « possibilités » du type 1004, 1008, ... soient actualisées [1]. Nous sommes en fait assurés qu'elles ne le seront pas, et l'argument vise, non à ébranler cette assurance, mais à changer notre conception de son fondement et de sa nature. Notre image dépeint notre attente confiante comme quelque chose qui repose sur les fondements, quels qu'ils puissent être, dont nous disposons par l'entremise du mécanisme psychologique postulé. Mais nous ne pouvons pas plus trouver, manifesté dans ce qui fonde notre attente (concernant, disons, ce que quelqu'un d'autre fera), l'état médiateur allégué, que nous ne pouvons y trouver manifestées les occurrences futures que nous attendons. Le postulat d'un état médiateur est donc un geste d'intercession oiseux ; cela ne contribue en rien à étayer l'assurance de notre attente.

(Le postulat d'un état cérébral faisant médiation pourrait certes figurer dans un argument scientifiquement raisonnable, ne

---

1. Ni même que nous comprenons réellement la supposition qu'une telle chose pourrait advenir ; *cf.* B. Stroud, « Wittgenstein and Logical Necessity », *Philosophical Review*, 74, 1965.

prêtant le flanc qu'au scepticisme inductif ordinaire, et visant à établir qu'il n'y aura aucune occurrence d'une certaine séquence de comportement spécifique du genre 1004, 1008, …; et notre image tend à jouer sur la possibilité d'assimiler cela au postulat du mécanisme psychologique. Mais une telle assimilation est trompeuse. Considérons la variante suivante de l'exemple de Wittgenstein : une fois le nombre 1000 atteint, la personne continue, en toute conformité avec nos attentes, par 1002, 1004, …, mais avec le sentiment d'une dissociation par rapport à ce qu'elle se trouve en train de faire ; tout se passe comme si une sorte d'habitude aveugle avait usurpé la place de sa raison dans le contrôle de son comportement. Ici le comportement s'aligne, sans aucun doute, sur un état cérébral[1] ; mais le sens qu'a la personne de la façon dont la suite doit être prolongée manifeste une divergence par rapport au nôtre, du type 1004, 1008, …. Naturellement, c'est avec assurance que nous nous attendons à ce que ce genre de chose n'arrive pas, tout comme dans l'espèce plus simple d'exemple. Mais un mécanisme physiquement décrit ne peut pas étayer une assurance quant aux mises en œuvre futures du sens qu'a quelqu'un de ce qui est exigé ; et encore une fois le postulat d'un mécanisme psychologique constituerait une intercession oiseuse)[2].

Quels sont donc le fondement et la nature de notre assurance ? Stanley Cavell a décrit la vision que Wittgenstein entend faire valoir dans les termes suivants :

---

1. « *That nothing keeps our practices in line except* » : « que nos pratiques ne se conforment à rien hormis ». L'idée d'*alignement* que nous nous efforçons ici de préserver en français est indépendante de la version mythologique qu'en donne l'image qui dépeint les règles comme des *rails* [N.d. T.].

2. Ce paragraphe n'aurait rien de probant dans le cadre d'une conception physicaliste de l'esprit ; c'est l'un des points où une argumentation bien plus étoffée est nécessaire.

Nous apprenons et nous enseignons des mots dans certains contextes, et on attend alors de nous (et nous attendons des autres) que nous puissions (qu'ils puissent) les projeter dans d'autres contextes. Rien ne garantit que cette projection ait lieu (et en particulier ce n'est pas garanti par notre appréhension des universaux, ni par notre appréhension de recueils de règles), de même que rien ne garantit que nous fassions et comprenions les mêmes projections. Que ce soit ce qui arrive au total est affaire de ce que nous avons en commun des voies d'intérêt et de sentiment, des modes de réaction, des sens de l'humour, de l'importance et de l'accomplissement, le sens de ce qui est scandaleux, de savoir quelle chose est semblable à telle autre chose, de ce qu'est un reproche, de ce qu'est le pardon, des cas où tel énoncé est une assertion, ou c'est un appel, et où c'est une explication – tout ce tourbillon de l'organisme que Wittgenstein appelle « formes de vie ». La parole et l'activité humaines, leur santé mentale et leur communauté ne reposent sur rien de plus que cela, mais sur rien de moins non plus. C'est une vision aussi simple qu'elle est difficile et aussi difficile qu'elle est (et parce qu'elle est) terrifiante[1].

La terreur qu'évoque Cavell à la fin de ce passage superbe est une sorte de vertige, provoqué par la pensée que nos pratiques ne sont alignées sur rien hormis[2] les réactions et les réponses que nous apprenons en les apprenant. Le sol (*ground*) semble s'être dérobé sous nos pieds. Quand cette humeur nous anime, nous sommes enclins à avoir le sentiment que le genre de chose que décrit Cavell est une fondation insuffisante pour la conviction dans le fait qu'une certaine pratique est bien un cas de ce que c'est que continuer de la même manière. Ce qu'offre Cavell a

---

1. *Must We Mean What We Say ?*, p. 52 ; nous citons la traduction française de S. Laugier et Ch. Fournier, *Dire et vouloir dire : Livre d'essais*, Paris, Le Cerf, 2009 [N.d.T.].

2. *Cf.* note ci-dessus sur la traduction de la locution verbale « *keep in line* » [N.d.T.].

l'air, bien plutôt, d'une simple congruence entre subjectivités, qui n'est pas fondée comme il faudrait qu'elle le soit pour pouvoir atteindre au genre d'objectivité que nous réclamons pour pouvoir être convaincus que nous continuons *réellement*[1] de la même manière.

Il est naturel de reculer devant ce vertige pour retomber dans l'image qui dépeint les règles comme des rails. Mais cette image n'est qu'un mythe consolateur, provoqué en nous par notre incapacité à endurer le vertige. Il nous console en paraissant reconstituer le sol sous nos pieds ; mais nous nous rendons compte que c'est un mythe dès lors que nous nous rendons compte, come nous l'avons fait plus haut, que le mécanisme psychologique dépeint ne procure qu'une illusion de sécurité. (Conjurer le vertige requerrait qu'on se rendît compte que cela n'a pas d'importance ; j'y reviendrai.)

L'image comporte deux composantes imbriquées : l'idée du mécanisme psychologique est le corollaire de l'idée que les pistes que nous suivons sont objectivement là pour être suivies, d'une façon qui transcende les réactions et les réponses de ceux et celles qui participent à nos pratiques. Si la première composante est douteuse, la seconde devrait l'être aussi. Et elle l'est de fait.

Dans le cas de figure de la suite numérique, la seconde composante est une espèce de platonisme. L'idée est que la relation que notre pensée arithmétique et notre langage entretiennent avec la réalité qu'ils caractérisent peut être contemplée, non seulement depuis le milieu de nos pratiques mathématiques, mais également, pour ainsi dire, depuis un point de vue oblique (*a view from sideways on*) – d'un point de vue qui est

---

1. Nous prenons le parti pris de traduire « *really* » par « réellement » plutôt que par « effectivement » ou « véritablement » de façon à ne pas oblitérer le rapport au problème du *réalisme* [N.d.T.].

indépendant de toutes les activités et réactions humaines qui situent ces pratiques dans le «tourbillon de l'organisme»; et qu'on pourrait reconnaître depuis cette perspective oblique qu'une étape donnée est une étape correcte à un stade donné de la pratique : disons, que 1002 vient réellement après 1000 dans la suite déterminée par l'instruction « Ajoute 2 ». On voit bien en quoi cette image platoniste pourrait promettre de nous rassurer si nous souffrions du vertige, en proie à la crainte que la vision wittgensteinienne menace de dissoudre la vérité indépendante de l'arithmétique en tout un tas de pures contingences relatives à l'histoire naturelle de l'homme. Mais une telle image n'a aucun contenu réel.

Nous tendons confusément à supposer que nous occupons le point de vue externe envisagé par le platonisme, quand nous disons ce que nous éprouvons le besoin de dire afin de récuser la réduction de la vérité mathématique à l'histoire naturelle humaine. Par exemple, nous nions que ce qui fait que le carré de 13 est 169, ce soit la possibilité d'entraîner des êtres humains de telle sorte qu'ils trouvent tels et tels calculs convaincants. C'est bien plutôt parce que le carré de 13 *est* vraiment 169 que nous pouvons être amenés à trouver ces calculs convaincants. Sous l'emprise du vertige, nous risquons de concevoir des remarques comme celle-ci comme des expressions du platonisme. Mais c'est une illusion. Supposer qu'une telle remarque est une expression du platonisme, c'est supposer que lorsque nous prononçons les mots « le carré de 13 est 169 », dans le contexte « C'est parce que… que nous pouvons être amenés à trouver ces calculs convaincants. », nous ne sommes pas en train de parler depuis le milieu de notre humaine compétence mathématique mais bien plutôt depuis la perspective indépendante envisagée. (Comme si, grâce à une sorte d'accentuation particulière, on pouvait en quelque sorte parvenir à parler autrement que depuis sa propre bouche.) Nous ne pouvons pas occuper la perspective indépendante que le platonisme envisage; et c'est uniquement parce que nous pensons confusément que nous le pouvons que nous pensons pouvoir lui conférer un sens.

Si on est rivé à l'image qui dépeint les règles comme des rails, on sera enclin à penser que rejeter cette image, c'est suggérer qu'en mathématique, par exemple, tout est permis; que nous sommes libres de décider de ce que sont les mathématiques au fur-et-à-mesure que nous avançons[1]. Mais rien de ce que j'ai dit ne jette le moindre doute sur l'idée que la correction d'une étape (*move*), dans un cas mathématique de ce que c'est que continuer à faire la même chose, peut être prouvée – de telle sorte qu'il soit obligatoire de continuer ainsi. L'idée est juste que nous ne devons pas nous méprendre sur la perspective depuis laquelle une telle nécessité peut être discernée. L'erreur, c'est de supposer que lorsque nous décrivons quelqu'un comme étant en train de prolonger une suite, nous caractérisons le produit de sa compétence mathématique comme les opérations inexorables d'une machine : quelque chose que l'on pourrait voir opérer en se plaçant au point de vue du platoniste, point de vue qui est indépendant des activités et des réponses qui sont constitutives de notre pratique mathématique. Le fait est que c'est seulement en vertu de notre propre implication dans notre « tourbillon de l'organisme » que nous pouvons comprendre qu'une certaine forme verbale confère, au jugement d'après lequel une certaine étape est l'étape correcte à un moment donné, le caractère convaincant qui revient à la conclusion d'une preuve. Par conséquent, si cette dépendance à l'égard du « tourbillon de l'organisme » provoque un vertige, alors nous devrions l'éprouver ce vertige à propos des exemples mathématiques tout autant

---

1. *Cf.* M. Dummett, « Wittgenstein's Philosophy of Mathematics », in *Truth and Other Enigmas*, Duckworth, Londres, 1978. Pour une rectification, voir Stroud, « Wittgenstein and Logical Necessity », *Philosophical Review*, 74, 1965.

qu'à propose de n'importe quel autre exemple. Aucun gain de sécurité n'est obtenu en essayant d'assimiler d'autres types d'exemples au type d'exemple dans lequel on dispose d'une preuve rigoureuse de la correction de quelque chose.

Considérons, par exemple, des concepts dont l'application donne lieu à des cas difficiles, au sens où il y a des désaccords quant à la question de savoir si le concept s'applique ou non qui n'admettent pas d'être tranchés par une argumentation[1]. Si on est convaincu d'être dans le vrai dans un cas difficile, on se retrouvera en train de dire, tandis qu'on épuise ses arguments sans recueillir la moindre adhésion, « Tu ne vois tout simplement pas », ou bien « Tu ne vois donc pas ? » (cf. *RP*, § 231). On risque alors de se croire exposé à un dilemme.

Selon la première branche du dilemme, le fait que les arguments ne sont pas concluants résulte simplement de l'échec à transmettre quelque chose. Cette idée comporte deux versions, qui correspondent aux deux versions de l'image qui dépeint les règles comme des rails. Selon la première version, il est possible, en principe, de spécifier une formule universelle spécifiant, dans des termes non problématiques, les conditions sous lesquelles le concept que nous avons en vue est correctement appliqué. Si seulement nous pouvions trouver les mots, nous pourrions trans-

---

1. Blackburn a objecté que les passages centraux sur « suivre une règle », chez Wittgenstein, ont pour objet des cas de figure dans lesquels suivre la règle va de soi : il n'y a pas de cas difficiles en mathématiques. Au finale, peu importe pour moi si mes remarques sur les cas difficiles n'ont aucune contrepartie chez Wittgenstein. Elles indiquent (au moins) une manière naturelle de développer certaines pensées de Wittgenstein. Là où des cas difficiles adviennent effectivement, l'accord sur le fond duquel nous pouvons voir ce qui advient comme, par exemple, des controverses sur des questions véritables, ne saurait être un accord dans des jugements concernant l'application des concepts eux-mêmes (cf. *RP* § 242). Ce qui importe, c'est, par exemple, l'accord sur ce qui compte comme un argument raisonnable ; songeons à la façon dont les avocats reconnaissent la compétence chez leurs pairs, en dépit de désaccords sur des cas difficiles.

former nos arguments en preuves rigoureuses. (Si l'opposant refusait d'accepter la prémisse majeure, cela montrerait qu'il n'avait pas maîtrisé le concept que nous avions en vue; dans ce cas, son inclination à ne pas accepter nos mots ne témoignerait d'aucun désaccord substantiel.) Selon la seconde version, le concept ne peut pas être encodé (sauf trivialement), et notre problème consiste à employer les mots comme des suggestions et des indicateurs afin de faire deviner le bon universel à notre opposant. (Ce n'est vraiment qu'une variante de la première version. L'idée est que si nous pouvions ne serait-ce que faire comprendre de quel universel il s'agit, l'opposant disposerait d'une sorte de contrepartie non discursive de la preuve formulable envisagée dans la première version; et, comme précédemment, s'il saisissait ce que nous tentions de transmettre et refusait tout de même d'accepter nos conclusions, cela témoignerait de ce qu'il n'y avait pas de désaccord substantiel.)

Si aucune de ces alternatives ne paraît viable, alors nous sommes acculés à la deuxième branche du dilemme par la pensée suivante : s'il n'y a rien dont la transmission soit propre soit à emporter l'accord, soit à montrer qu'il n'y avait aucun désaccord substantiel, alors la conviction que nous avons d'être véritablement en train de procéder à une application d'un concept (d'être véritablement en train de continuer de la même manière) est pure illusion. Le cas dont il s'agit en est un qui requiert, non pas de trouver la bonne réponse à quelque question véritable, mais bien plutôt une décision librement créatrice quant à ce qu'il faut dire.

Dans un cas difficile, le problème semble se résumer à celui de l'appréciation de l'instance particulière dont l'absence est déplorée dans « Tu ne vois tout simplement pas » ou à laquelle (éventuellement sans succès) il en est appelée dans « Mais tu ne vois donc pas ? ». Le dilemme trahit un refus d'accepter l'idée qu'un problème véritable puisse vraiment ne se résumer qu'à cela; il trahit l'idée qu'un jugement putatif qui n'est fondé sur rien de plus ferme ne peut pas vraiment être un cas de ce que c'est que continuer comme avant. C'est une manifestation de notre vertige : l'idée est qu'on n'y trouvera pas de quoi constituer les rails sur lesquels une suite véritable d'applications d'un concept doit rouler. Mais c'est une illusion de croire qu'on se met à l'abri du vertige en embrassant la première branche. L'illusion tient à une conception erronée du cas de figure mathématique : à l'idée que là où le fait d'être correct est prouvable, on a affaire à des mises en œuvre de la raison dans lesquelles, pour ainsi dire, ce fait est automatiquement contraignant, sans dépendre en rien du « tourbillon de l'organisme » que nous partageons en partie. Le dilemme trahit un refus d'accepter l'idée que lorsque la dépendance qui provoque le vertige est manifeste au grand jour, dans le fait d'en appeler à l'appréciation, nous puissions véritablement être en train de continuer de la même manière ; mais le paradigme auquel le cas de figure rejeté est comparé à ses dépens ne comporte pas moins cette dépendance, même si c'est de façon moins obvie. Une fois pris acte de cela, nous devrions prendre acte de ce que nous n'avançons pas d'un pouce si, face aux effets décourageants du vertige, nous essayons d'assimiler tous les cas au genre de cas où on dispose de preuves. Il nous faut accepter le fait qu'il n'y ait parfois rien de mieux à faire que d'en appeler explicitement à une communauté de réponse humaine dont on espère qu'elle existe. C'est ce que nous faisons lorsque nous disons « Tu ne vois donc pas ? » (bien qu'on soit constamment tenté de mésinterpréter ce geste comme un coup de coude pour faire saisir l'universel).

Une fois le vertige éprouvé, donc, l'image qui dépeint les règles comme des rails ne procure qu'un confort illusoire. Ce dont nous avons besoin, c'est bien moins d'être réassurés – de la pensée que somme toute il y a un sol solide (*solid ground*) sous nos pieds – que de ne pas éprouver le vertige pour commencer. Or, si nous sommes simplement et normalement immergés dans nos pratiques, nous ne nous demandons pas à quoi pourrait bien ressembler, vue du dehors, leur relation au monde, pas plus que nous n'éprouvons le besoin d'une inébranlable fondation qui puisse être discernée depuis un point de vue externe. Nous serions donc prémunis contre le vertige si nous pouvions arrêter de supposer que la relation à la réalité de quelque région de notre pensée et de notre langage demande à être contemplée depuis un point de vue indépendant de cet ancrage dans notre vie humaine qui fait que les pensées sont ce qu'elles sont pour nous[1].

En tout cas, c'est un geste critiquable que de se laisser aller à concevoir quelque région de la pensée depuis une perspective extrinsèque où le vertige menace, pour ensuite supposer qu'on peut se mettre à l'abri d'un tel vertige grâce à l'idée que les règles tracent des rails qui peuvent être discernés depuis ce point de vue externe. Un tel geste – considérer que le caractère anthropocentrique ou ethnocentrique d'un horizon évaluatif engendrent une menace de vertige, mais essayer d'échapper à cette menace en trouvant une fondation inébranlable, reconnaissable de l'extérieur – rendrait précisément compte de l'insistance (voir § 2 ci-dessus) sur l'idée que tout concept évaluatif respectable doit correspondre à une classification intelligible du dehors de l'horizon évaluatif au sein duquel fonctionne ce concept[2].

---

1. C'est plus facile à dire qu'à faire. Peut-être que trouver le moyen de cesser d'être tenté par l'image du point de vue extrinsèque serait la découverte qui permettrait de cesser de philosopher quand on le veut (cf. *RP* § 133).

2. L'idée des règles dépeintes comme des rails semble être omniprésente dans le chapitre 2 du livre de Hare, *Freedom and Reason*. Hare y défend la thèse que les mots d'évaluation, s'ils sont employés « avec cette cohérence de la pratique, dans l'usage d'une expression, qui est la condition même de l'intelligibilité de celle-ci » (p. 7), sont nécessairement régis par des principes qui corrèlent leur application correcte à des traits de la réalité en tant qu'indépendante de toute valeur (qui peuvent être caractérisés « descriptivement », au sens où Hare emploie ce terme). Hare mentionne Wittgenstein, mais seulement pour avoir introduit « les notions de « ressemblance de famille » et de « porosité » (*open-texture*) etc. » (p. 26) dans « le

L'idée que réfléchir sur la relation qu'entretiennent la pensée et la réalité requiert la notion d'un point de vue externe est caractéristique d'une forme de réalisme philosophique qui est souvent considérée dans un contexte différent, plus orienté vers l'épistémologie, et dans des régions où nous ne sommes pas enclins à mettre en cause l'idée qu'il y a bien des faits. Ce réalisme est irrité par le caractère faillible et non conclusif de toutes nos manières de trouver comment sont les choses et, à la question « Mais est-ce *effectivement* ainsi ? », entend conférer un sens dans lequel elle n'exige pas un examen maximalement attentif à l'aune des normes qui sont les nôtres mais est posée depuis une perspective qui transcende les limitations affectant nos pouvoirs cognitifs. Ainsi ce réalisme entend concevoir notre compréhension de ce que c'est pour les choses d'être telles et telles indépendamment de nos capacités limitées à trouver si elles le sont. Un partisan de ce type de réalisme tendra à être impressionné par la ligne d'argumentation esquissée au § 1 ci-dessus, et tendra donc à se trouver dans l'impossibilité de faire place aux valeurs dans sa conception du monde ; par contraste, en prenant le contrepied de ce type de réalisme concernant la relation, en général, entre la pensée et la réalité, on fait place, en un sens différent, à une conception réaliste des valeurs [1].

---

boniment du philosophe prestidigitateur branché ». Il est difficile de résister au sentiment que Hare pense que nous pouvons respecter tout ce que Wittgenstein a dit d'utile, même en conservant le noyau de l'image des règles comme des rails, en se contentant de concevoir le mécanisme comme incomplètement rigide et difficile à caractériser en termes précis.

    1. Je fais une distinction entre, d'une part, l'opposition au réalisme qui engage l'idée du point de vue extrinsèque et, d'autre part, l'anti-réalisme au sens de Michael Dummett, qui est la doctrine positive d'après laquelle la compétence linguistique consiste dans des dispositions à réagir à des circonstances reconnaissables à chaque fois qu'elles surviennent (voir mon essai « Anti-Realism and the Epistemology of Understanding »).

§ 4

Je voudrais maintenant revenir sur la philosophie de l'esprit du dix-huitième siècle que j'ai mentionnée et laissée en suspens au § 1 et considérer un lien qu'elle a avec la ligne d'argumentation que j'ai discutée.

Ce que j'ai en vue, c'est un argument en faveur du non-cognitivisme qui remonte au moins à Hume (quoique je compte le formuler en des termes passablement non humiens)[1]. Il a deux prémisses. La première prémisse énonce que les attributions de valeur morale guident l'action (*action-guiding*), en gros au sens suivant : quiconque accepte une telle attribution pourra (en fonction de ses opportunités d'action) *eo ipso* avoir une raison d'agir d'une certaine manière, indépendamment de toute autre chose vraie de lui. La seconde prémisse énonce ceci : mentionner une attitude propositionnelle cognitive – une attitude dont le contenu est exprimé par le genre de proposition dont l'acceptabilité consiste dans la vérité – c'est au mieux donner une spécification partielle d'une raison d'agir ; pour être pleinement explicite, il faudrait adjoindre la mention de quelque chose de non-cognitif, un état de la volonté ou un événement volitif. De toute évidence, il s'ensuivrait que les attributions de valeur, quelque acceptables qu'elles puissent être, ne pourraient au mieux qu'être partiellement descriptives du monde.

La prémisse clef, aux fins de cet essai, est la seconde. Remarquons que si cette prémisse est suspecte, le doute se trouve jeté non seulement sur le non-cognitivisme auquel on est tenu si on accepte les deux prémisses, mais encore sur une position différente qui rejette la conclusion non-cognitiviste, et, en gardant la seconde prémisse comme point d'appui, déloge la première. Cette position différente pourrait mériter l'appellation

---

1. Voir *Traité de la nature humaine, op. cit.*, 3.1.1.

de « descriptivisme » (due à Hare), entendue comme il l'entend – ce qui n'est pas vrai de l'anti-non-cognitivisme que je défends, qui conserve la première prémisse[1]. (On peut trouver dans certains des écrits de Philippa Foot une version du descriptivisme, qui fait l'économie d'une insistance générale sur la seconde prémisse – des exceptions sont tolérées dans le cas des raisons qui sont relatives à l'intérêt de l'agent – mais qui a recours à une forme restreinte de celle-ci pour renverser la première prémisse[2]).

Une raison pour laquelle la seconde prémisse de l'argument humien passe pour obvie réside, je crois, dans l'adhésion non thématisée à une conception quasi-hydraulique de la manière dont les explications par les raisons rendent compte de l'action. La volonté est dépeinte comme la source des forces qui débouchent sur le comportement que ces explications expliquent. Cette idée me semble trahir une conception radicalement erronée du genre d'explication qu'est une explication par les raisons ; mais ce n'est pas mon objet ici.

Une ligne d'argumentation manifestement apparentée aux considérations qui précèdent pourrait sembler offrir une justification différente de la seconde prémisse. On pourrait la formuler de la façon suivante. La rationalité qu'une explication par les raisons révèle comme inhérente à l'action qu'elle explique, devrait, si tant est qu'il s'agisse d'une bonne explication, y

1. Au sens où Hare utilise le mot « descriptif », un jugement descriptif, par définition, ne guide pas l'action. Hare n'envisage pas un rejet du non-cognitivisme qui accepte la première prémisse de l'argument humien.

2. *Cf.* en particulier *Virtues and Vices*, Oxford, Blackwell, 1978, p. 156. Du point de vue d'un rejet du non-cognitivisme acceptant la première prémisse de l'argument humien, la différence entre non-cognitivisme et prescriptivisme tend à s'estomper jusqu'à perdre toute signification, au regard du fait saisissant qu'ils partagent une conception du monde d'après laquelle le fait de savoir ce qui est le cas dans le monde ne peut pas par lui-même nous pousser à agir.

résider véritablement : autrement dit, être reconnaissable depuis un point de vue objectif, lui-même conçu (voir § 3) dans les termes de la notion de point de vue – du dehors de toutes pratiques ou formes de vie qui participeraient de manières locales ou paroissiales de nous rapporter au monde. Ce réquisit putatif n'est pas satisfait si nous concevons les jugements de valeur de la manière que je préconiserais : il n'est pas dit que, loin de révéler la rationalité inhérente à l'action à quelque occupant imaginaire du point de vue externe, l'attribution de valeur invoquée en donnant la raison qu'a un agent d'accomplir une action, soit ne serait-ce qu'intelligible depuis un tel point de vue. Par contraste, insister sur la seconde prémisse pourrait sembler garantir que le réquisit peut être satisfait. Car, dans cette conception, une explication d'une action dans les termes d'un jugement de valeur opère en révélant que l'action est le résultat le résultat de l'addition d'un état incontestablement cognitif et d'un état non-cognitif – un désir, dans quelque acception suffisamment large [1] ; et si nous pensons que la possession par quelqu'un des désirs en question pourrait être reconnue depuis un point de vue externe à l'horizon moral de l'agent, alors il pourrait sembler que ces désirs conféreraient une rationalité évidente, reconnaissable depuis ce point de vue objectif, aux actions entreprises en vue de les combler.

Je ferai deux remarques sur cette ligne d'argumentation.

En premier lieu, j'ai exprimé un certain scepticisme (au § 2) quant à la possibilité de maîtriser l'extension d'un concept de valeur depuis un point de vue externe (de telle sorte qu'on pût atteindre à une compréhension du concept de valeur en rajoutant

---

1. Ou bien, comme dans le non-cognitivisme, accepter un jugement moral est en réalité un état composé qui inclut un désir ; ou bien, comme dans le descriptivisme, le jugement moral est lui-même strictement cognitif, mais il ne rend le comportement intelligible qu'en conjonction avec un désir.

un supplément évaluatif). Ce scepticisme resurgit évidemment ici, concernant la possibilité de saisir, du point de vue externe, le contenu des désirs envisagés. Dans cette conception, il existe un ensemble de désirs tels qu'une propension à ces désirs constitue l'adoption d'un horizon moral particulier; si le contenu de cet ensemble peut être saisi depuis le point de vue externe, alors les actions requises par cette attitude morale peuvent en principe être classées comme telles par quelqu'un de parfaitement étranger. Cela revient à supposer qu'une attitude morale peut être condensée dans un ensemble de principes formulables de l'extérieur – des principes tels qu'il soit en droit possible qu'il en existe une application mécanique (non compréhensive) dupliquant les actions de quelqu'un qui met en pratique l'attitude morale. Une telle supposition me fait l'effet d'être une pure fantaisie [1].

En second lieu, la ligne d'argumentation qui sous-tend tout cela hérite de la fragilité qui grève les lignes d'argumentation qui en sont les équivalents dans (disons) la philosophie des mathématiques (voir le § 3, mais j'ajouterai deux ou trois choses ici).

Considérons la dureté du « doit » logique. On risque de supposer que les deux seules options sont, d'un côté, de concevoir la dureté en termes platonistes (comme quelque chose à trouver dans le monde tel qu'il est de toute façon : autrement dit, dans le monde tel qu'il est caractérisé depuis un point de vue externe à nos pratiques mathématiques); ou, d'un autre côté (si l'on recule devant le platonisme), de se confiner à quelque catalogue des façons dont les êtres humains agissent et sentent quand ils se livrent à un raisonnement déductif. (Il se peut qu'on s'encourage soi-même à adopter cette seconde option par la pensée suivante : au moins tout ceci est objectivement là.) Selon

---

1. Voir mon essai « Virtue and Reason ».

la seconde option, la dureté du « doit » logique n'a pas sa place dans notre explication de la manière dont les choses sont vraiment ; et se pose nécessairement le problème de la place à faire à une rationalité véritable dans la pratique déductive, puisque nous concevons celle-ci comme le fait, pour notre pensée et notre action, de se conformer aux dictats du « doit » logique. A retomber dans cette seconde option pour avoir reculé devant le platonisme, on passe à côté d'une position médiane pleinement satisfaisante, d'après laquelle le « doit » logique est certes *dur* (dans l'unique sens que nous pouvons donner à cette idée), et la conception ordinaire de la rationalité déductive est parfaitement acceptable ; simplement, il nous faut éviter une erreur sur la perspective depuis laquelle les exigences du « doit » logique sont perceptibles. (Pourvu qu'une telle erreur soit définitivement évitée, il y a motif à se référer à cette position médiane comme à une espèce de « platonisme » [1]).

Or, c'est une position analogue à cette position médiane qui me semble la plus satisfaisante dans le cas de l'éthique. La position analogue passe par une insistance sur le fait que les valeurs morales se trouvent dans le monde et émettent des exigences sur notre raison. Il ne s'agit pas là d'un platonisme au sujet des valeurs (sinon dans un sens analogue au sens dans lequel la position médiane au sujet du « doit » logique pourrait être appelée une espèce de platonisme) ; le monde dans lequel les valeurs morales sont dites résider n'est pas le monde caracté-

---

1. Le passage suivant des *Remarques sur les fondements des mathématiques* de Wittgenstein (VI, 49) semble constituer une expression de la position médiane : « Ce que tu dis semble revenir à ceci, que la logique appartient à l'histoire naturelle de l'homme. Et cela ne peut pas être concilié avec la dureté du « doit » logique. Mais le « doit » logique fait partie des propositions de la logique, et ces dernières ne sont pas des propositions de l'histoire naturelle humaine ».

risable de l'extérieur qu'un platonisme morale envisagerait[1]. Le non-cognitivisme et le descriptivisme apparaissent, de ce point de vue, comme différentes manières de succomber à l'exigence parfaitement douteuse d'une conception plus objective de la rationalité. Dès lors que nous acceptons une telle exigence, le non-cognitivisme et le descriptivisme ne peuvent certes manquer de nous apparaître comme les seules alternatives à un platonisme moral au sens fort (*a full-blown moral platonism*). Mais, dans le cas logique, nous aurions tort de supposer que reculer devant le platonisme nous accule à une sorte de réduction de la dureté ressentie du « doit » logique à l'impulsion de nos propres désirs[2]. Dans le cas éthique aussi, nous aurions tort de laisser s'évanouir l'option tierce qu'offre la position médiane[3].

§ 5

Le non-cognitivisme, tel que je le vois, nous invite à nous exercer à comprendre comment l'expérience de la valeur se rapporte au monde, le monde étant conçu comme la manière dont les choses sont de toute façon – indépendamment, à tout du moins, du fait que notre expérience de la valeur est ce qu'elle est.

1. Par conséquent, cette position ne commet pas l'erreur que Mackie débusque dans le cognitivisme à propos des valeurs. (Reste la question fascinante de savoir si Platon lui-même était un platoniste en morale au sens qui est ici en jeu, lequel engage l'erreur de Mackie. Je suis pour ma part enclin à penser qu'il ne l'était pas.)

2. Selon le schéma suivant : « percevoir » qu'une proposition est, disons, la conclusion par *modus ponens* à partir de prémisses que l'on a déjà acceptées, dans la mesure où cela revient à posséder une raison d'accepter la proposition, est en réalité l'amalgame d'une perception neutre et d'un désir (*cf.* le non-cognitivisme) ; ou bien la perception ne constitue la possession d'une raison qu'en conjonction avec un désir. Je suis ici redevable à S. L. Hurley.

3. Pour la suggestion que la philosophie des mathématiques de Wittgenstein offre un modèle pour une conception satisfaisante de la métaphysique de la valeur, voir Wiggins, « Truth, Invention, and the Meaning of Life », p. 128-130.

Le non-cognitivisme dont j'ai traité présuppose que les classifi-cations évaluatives correspondent à des espèces (*kinds*) sous lesquelles les choses peuvent en principe être reconnues tomber, indépendamment de tout horizon évaluatif[1]. Il se rend par là-même capable d'offrir une réponse qui clairement ne remet pas en cause l'impression que penser sur un mode évaluatif, c'est véritablement appliquer des concepts. Tandis que notre usage d'un terme évaluatif se déploie au cours du temps, nous sommes véritablement (à l'aune du non-cognitivisme) en train de continuer de la même manière. L'ingrédient non-cognitif dans ce qui arrive, il est vrai, rend ce cas plus complexe que nos para-digmes usuels de ce qu'est appliquer un concept. Mais le supplé-ment non-cognitif, répété tandis que la pratique se déploie, est vu comme une réponse répétée à quelque chose de véritablement identique (quelque chose de condensable dans un paradigme d'application de concept) : à savoir, l'appartenance à quelque espèce véritable. Pour le dire de façon imagée, l'ingrédient non-cognitif (disons, une attitude) peut, sans aucune illusion à l'aune du non-cognitivisme, se voir lui-même (elle-même) comme un processus de continuer de la même manière. Dans ces condi-tions, l'image tout entière paraît suffisamment proche des para-digmes habituels de ce qu'est appliquer un concept pour pouvoir compter pour une variante complexe de ceux-ci. Mais j'ai suggéré que le présupposé dont dépendait la possibilité d'une telle assimilation partielle était un préjugé, dénué de toute plausibilité intrinsèque.

Le non-cognitivisme ne pourrait-il pas simplement désavouer ce présupposé[2] ? Si ce que je viens d'écrire est sur la bonne voie, il ne peut le faire qu'à un certain prix : rendre

---

1. Le « cadre » ou le « paysage » évaluatif. Nous traduisons par « horizon » de manière à préserver le renvoi à un modèle visuel [N.d. T.].

2. Blackburn a insisté sur cette question.

problématique toute réponse positive à la question de savoir si le langage de l'évaluation est suffisamment proche des paradigmes usuels de l'application de concept pour pouvoir être tenu pour l'expression de jugements (par opposition à des cris inarticulés). En l'absence du présupposé, il n'est pas besoin (à l'aune du cognitivisme) d'une véritable chose identique à laquelle les occurrences successives du supplément non-cognitif soient autant de réponses. Naturellement, les entités auxquelles le terme en question est appliqué ont, comme point commun véritable, le fait qu'elles suscitent le supplément non-cognitif (l'attitude, si c'est bien de cela qu'il s'agit). Mais il n'y a pas là une propriété à laquelle l'attitude pourrait, en toute cohérence, être considérée répondre. L'attitude ne peut se voir elle-même comme le processus de continuer de la même manière, partant, qu'en succombant à une forme particulièrement grotesque de l'illusion alléguée : se projeter sur les objets, puis prendre à tort cette projection pour quelque chose qu'elle trouve et à quoi elle répond en eux. Il semblerait donc que s'il désavoue le présupposé, le non-cognitivisme soit forcé de considérer l'attitude comme quelque chose qui est simplement ressenti (quelque chose qui peut être causalement, mais pas rationnellement, expliqué) ; et les usages employant un langage évaluatif semblent alors être dûment assimilés à certaines sortes d'exclamation, plutôt qu'aux cas paradigmatiques de ce qu'est appliquer un concept.

Il en est, naturellement, qui ne trouveront pas cette conclusion embarrassante [1]. Mais quiconque la trouve inacceptable, et est favorable à la suggestion selon laquelle le présupposé débattu n'est qu'un préjugé, a quelque raison de soupçonner que la question posée par le non-cognitiviste n'est pas la bonne. Non

---

[1]. J'ai en tête ceux qui se satisfont d'une conception des valeurs du style de celle mise en avant, par exemple, par A. J. Ayer dans *Language, Logic and Truth* (Londres, Gollancz, 1936) chap. 6.

que nous puissions nous rendre intelligible la conception non-cognitiviste d'un monde exempt de valeur; ni que nous puissions trouver plausible quelque explication de la façon dont l'expérience de la valeur se rapporte au monde ainsi conçu (causalement, nul doute). Mais si nous résistons à la fois au présupposé débattu et à la conséquence irrationaliste de la tentative pour lire une explication de la relation entre l'expérience de la valeur et le monde ainsi conçu, en tant qu'elle ne fait pas fond sur le présupposé débattu, comme une explication de ce qu'il en est en vérité du contenu conceptuel de l'expérience, alors il nous faut interroger la légitimité de la question posée par le non-cognitiviste. Si nous continuons d'adhérer à l'idée que demander comment l'expérience de la valeur se rapporte au monde devrait nous procurer une explication valable du contenu de l'expérience de la valeur, alors il nous faut nous demander si le monde qui figure dans la bonne façon de formuler la question ne devrait pas être conçu différemment, en se déprenant de l'insistance du non-cognitiviste sur l'indépendance à l'égard des horizons évaluatifs[1]. Dans ce cas, l'anxiété du cognitiviste à soutenir que les jugements de valeur ne sont pas des descriptions de *son* monde apparaîtra, non pas certes comme une erreur, mais comme une façon de passer curieusement à côté du problème.

---

1. La pression pour concevoir la réalité comme quelque chose d'objectif, qui transcende la façon dont les choses apparaissent à des points de vue particuliers, n'est pas quelque chose à quoi nous soyons clairement contraints de succomber dans tous les contextes, quelle que soit sa nécessité dans les sciences naturelles. Voir Thomas Nagel, « Le subjectif et l'objectif » (1979), dans son ouvrage *Questions mortelles*, trad. fr. P. Engel et C. Tiercelin, Paris, P. U. F., 1983.

JONATHAN DANCY

LE PARTICULARISME ÉTHIQUE ET LES PROPRIÉTÉS MORALEMENT PERTINENTES *

Ce texte porte sur la non-existence des principes moraux. Il aboutit à un particularisme exhaustif, selon lequel nous prenons nos décisions éthiques au cas par cas, sans le support réconfortant ou les exigences maladroites des principes moraux. La défense de cette position vient à la fin, si tant est qu'il ne soit pas suffisant de montrer comment une telle position émerge naturellement des défauts de ses concurrents.

Il y eut des particularistes éthiques dans le passé, mais leurs noms ne sont pas légion. E. F. Carritt émit des doutes quant au besoin et à la possibilité de règles morales [1]. Sartre est connu pour sa doctrine selon laquelle tout choix est nouveau et doit être fait sans appel insincère à l'autorité des choix précédents. Certaines remarques de Prichard [2] font apparaître qu'il fut sensible aux attraits du type de position que j'esquisserai ici. Il est même possible, de-ci ou de-là, de faire appel à l'ombre mystérieuse de

* Jonathan Dancy, « Ethical Particularism and Morally Relevant Properties », *Mind* 92, 1983, p. 530-547. Traduction d'Anna Zielinska.

1. E. F. Carritt, *The Theory of Morals*, London, O.U.P., 1928, chap. XIII.

2. H. A. Prichard, « Does Moral Philosophy rest on a mistake? », dans *Moral Obligation* (Clarendon Press, Oxford, 1949), p. 1-17, p. 14-17.

Wittgenstein[1]. De même, la méfiance de John McDowell à
l'égard des principes dans une théorie morale commence enfin à
être articulée. Néanmoins, dans la plupart des cas, le particularisme a été négligé; et à défaut de négligence, il a été déformé.
Sidgwick le mentionne comme une forme d'intuitionnisme, et
passe rapidement à autre chose[2]. Rashdall le qualifie d'«Intuitionnisme Non-philosophique» et déclare que ce dernier peut
difficilement prétendre à une réfutation sérieuse[3]; mais comme
souvent chez les auteurs confrontés à des points de vue qu'ils
jugent dérisoires, la réfutation fournie alors par Rashdall est
elle aussi peu sérieuse. Frankena l'appelle «Déontologie des
Actes»[4] (*Act-Deontology*); la plupart de ses critiques ne font
cependant qu'assumer sa fausseté. Tout compte fait, l'histoire
du particularisme éthique n'est guère édifiante. J'espère montrer
que les choses auraient dû aller mieux par une sorte de progres-
sion, qui commence par l'utilitarisme et délivre à la fin un
particularisme pur sang.

On pourrait concevoir que l'utilitarisme est compatible avec
l'intuitionnisme, étant donné que le premier offre un critère de
vérité des jugements moraux, et le second rend compte de l'origine de ce critère. Cependant dans la bataille initiale entre ces
deux conceptions, la différence cruciale concernait le nombre de
principes éthiques irréductibles. L'utilitariste est un moniste,
affirmant l'existence d'un seul principe. L'intuitionniste est un
pluraliste, affirmant l'existence de plusieurs.

Le moniste utilitariste jouit de ce qui est, à plusieurs égards,
une position philosophique saine. Dans la perspective du présent

1. *Cf.* L. Wittgenstein, *On Certainty*, Oxford, Blackwell, 1968, § 26.

2. H. Sidgwick, *The Methods of Ethics*, London, Macmillan, 1874, p. 99-100.

3. H. Rashdall, *The Theory of Good and Evil*, Oxford, Clarendon Press, 1907,
p. 80-83.

4. W. K. Frankena, *Ethics*, Englewood Cliffs, Prentice-Hall, 1963, p. 15.

article, sa position a trois avantages ; il se peut pourtant que l'importance et même la pertinence de ces avantages ne devienne claire que quand nous verrons comment ses concurrents s'en sortent sans eux. Premièrement, son approche est cohérente, et cela au sens suivant : dans un cas particulier, il ne donnera jamais de recommandations contradictoires. Étant donné qu'il n'y a qu'un seul principe, alors peut-être n'y a-t-il qu'une propriété qui doit être considérée comme moralement pertinente ; la question de savoir si une action constitue pour nous un devoir dépendra en fin de compte seulement du degré de présence ou d'absence de cette propriété. Le fait que d'autres propriétés puissent affecter le degré de présence de la propriété cruciale n'intervient pas ici ; nous *pouvons* si nous le souhaitons les considérer comme ayant une pertinence secondaire, mais nous ne le *devons* pas. Le moniste peut s'en sortir avec juste une seule propriété moralement pertinente. Deuxièmement, en conséquence, cette approche donne un récit possible de ce qu'est, pour une propriété, être moralement pertinente : une propriété est moralement pertinente si et seulement si le degré selon lequel une action est juste* est déterminé par le degré selon lequel elle possède cette propriété. Troisièmement, cette approche offre une place à des positions épistémologiques diverses. Nous pouvons énoncer la connaissance directe du Grand Principe comme une vérité allant de soi ; nous pouvons prétendre à la découverte de la vérité du Principe par l'induction intuitive des cas particuliers ; ou nous pouvons aspirer à le connaître en tant que généralisation contingente de cas (*instances*) passées. Ainsi, au moins de ces points de vue, la position de l'utilitariste moniste est saine.

Pourtant le monisme, dans sa version utilitariste ou dans une autre, souffre d'un grand désagrément, que j'accepterai ici sans

---

* Le terme. *right* est traduit ici par « juste » et *rightness* par « rectitude », *cf.* l'Introduction générale, p. 18-19 [N.d.T.].

en dire plus. Il est faux. Ce n'est simplement pas le cas qu'il existe une seule propriété moralement pertinente, pas plus qu'il n'y a un seul Grand Principe en éthique.

Est-ce que les deux assertions insolentes de la dernière phrase, dont je ne m'excuserai pas dans le présent contexte, relèvent de la même forme du pluralisme? J'assumerai ici, comme le feraient je crois tous les pluralistes, qu'il existe une correspondance un-à-un entre les principes moraux et les propriétés moralement pertinentes. Les pluralistes assument généralement que si une propriété favorise la constitution d'une action comme devoir, elle fera de même pour toute autre action qui la possède. Pour une telle propriété φ, il y aura un principe moral «Encourage les actes φ», et chaque principe de ce type mentionnera une propriété qui est moralement pertinente.

Si le monisme est faux, dans sa version utilitariste ou dans une autre, le pluralisme doit être, semble-t-il, la bonne réponse. Toutefois le pluralisme ordinaire semble n'avoir aucun des avantages du monisme, tandis que ses désavantages sont tout aussi sévères. Le premier problème est celui de la cohérence. Comment est-il possible pour un agent ayant deux principes éthiques dont les recommandations s'opposent dans un cas particulier de les retenir tous les deux après quelques efforts? Au premier regard, si quelqu'un soutient deux principes disant respectivement: «Encourage les actes φ!» et «Évite les actes γ!», là où nous avons un acte qui, comme cela se peut, est à la fois φ et γ, quelque chose doit céder. (Si ses principes étaient formulés à l'indicatif, une contradiction explicite en serait générée, bien que cela ne soit peut-être pas être la meilleure façon de voir ce problème.) Comment alors le pluraliste peut-il rendre compte de la co-légitimité de deux principes qui suggèrent des réponses opposées dans un cas difficile? Il faut en dire davantage à propos de la nature ou du contenu logique des principes moraux afin de faire en sorte qu'il lui soit possible de surmonter ce déficit manifeste.

La seconde difficulté du pluralisme est liée à la liste des principes moraux. Si cette liste est indéfiniment longue, alors indépendamment des autres problèmes que nous pouvons avoir dans la compréhension de sa nature, nous sommes immédiatement encombrés par un dilemme épistémologique. Comment les principes sont-ils connus ? Le pluraliste peut adopter une épistémologie qui est soit généraliste soit particulariste ; il peut dire que les principes sont connus directement, ou qu'ils sont « perçus » dans des cas particuliers.

L'épistémologie généraliste a souvent adopté la position selon laquelle les principes sont évidents par eux-mêmes, mais à mon avis, plus une liste de principes est longue, moins il est probable qu'ils sont tous évidents par eux-mêmes. (Rappelez-vous que la tentative de Sidgwick de construire le pluralisme s'est écroulée face à la double exigence que tous les principes soient à la fois évidents par eux-mêmes et cohérents.) Supposez que nous commencions avec une courte liste de principes extrêmement simples, que « les actions qui procurent du plaisir sont justes* ». Nous pouvons reconnaître immédiatement que certaines d'entre celles qui provoquent du plaisir sont néanmoins mauvaises, et cela nous conduit, en tant que pluralistes, à compliquer nos principes dans l'espoir de pouvoir rendre compte des cas récalcitrants. Mais indépendamment de la difficulté qu'on a à être raisonnablement certain d'avoir atteint la formulation qui se montrera invulnérable dans l'avenir, il semble qu'il y ait là un point où il n'est plus plausible de supposer que les principes élaborés auxquels nous avons abouti sont évidents par eux-mêmes. Nous pourrions admettre, après réflexion, qu'ils sont *vrais*; mais cela n'apporterait rien à la question débattue. Toujours est-il que nous pourrions peut-être conserver le point de vue généraliste selon lequel ces principes sont connus directement plutôt que dérivés de la connaissance de cas particuliers, sans soutenir (*assert*) qu'ils soient évidents par eux-mêmes, dans tous les sens du terme correctement compris (p. ex., ils ne sont pas consentis aussitôt proposés, ni par tous ceux qui les comprennent).

Supposons alors qu'une certaine forme d'épistémologie généraliste puisse survivre au manque d'évidence par soi-même. Le problème qui se pose alors est celui de relier notre connaissance générale des principes à ce que nous voulons dire des propriétés morales dans des cas particuliers. Les cas particuliers ne peuvent pas être vus ici comme des *tests* pour évaluer les principes sans abandonner le généralisme épistémologique. Les principes ne sont pas comme des théories, car ces dernières expliquent ce qui est vrai dans des cas particuliers sans le déterminer, tandis que les principes déterminent ce qui est vrai dans des cas particuliers et l'expliquent. Nous découvrons ainsi quels sont nos devoirs particuliers en mettant en relation notre savoir général avec la nature du cas particulier. Face à cela, il est difficile de supposer que la nature de nos devoirs particuliers, telle qu'elle est révélée par cette procédure, pourrait jamais nous inciter à reconsidérer les principes desquels découlent ces devoirs particuliers.

Ceux qui, comme moi, éprouvent des difficultés face aux épistémologies généralistes de ce type, même dégagées des prétentions à l'évidence par soi-même, le font peut-être parce qu'ils ne parviennent pas à imaginer une situation dans laquelle les cas particuliers ne constitueraient pas des tests pour les principes, comme cela a lieu au sein de l'approche généraliste. Toutes les autres versions commencent par notre connaissance d'un cas particulier, en disant que nous « voyons » le principe dans ce cas particulier par une *induction intuitive*, ou que nous le dérivons au moyen d'une induction ordinaire à partir d'une quantité de cas particuliers. Cette tentative de passer du particulier au général soulève le même problème que celui du généralisme – problème qui est crucial pour l'argument de cet article. Comment sommes-nous censés rendre compatible ce que nous voulons dire sur ce qu'est, pour une propriété, être moralement pertinente dans un cas particulier avec ce que nous voulons dire à propos de ce en quoi elle est moralement pertinente en général ? Se fier à l'induction intuitive équivaut à supposer que nous sommes capables de voir dans un cas particulier qu'une propriété est moralement pertinente en général. Comment cela peut se faire est sujet à spéculations, à moins que la pertinence particulière ne soit semblable à la pertinence générale.

Ainsi, la troisième et la plus cruciale des difficultés pour les pluralistes est ce qu'ils vont dire de la pertinence morale. La définition moniste précédente ne constitue plus une réponse, car si φ est moralement pertinent, il en est de même avec γ (dans l'exemple cité), et ils ne peuvent pas déterminer ensemble le degré auquel l'action est juste* ; si φ le fait, γ ne le fait pas. Il n'est pas non plus possible de définir les propriétés moralement pertinentes en termes de contenus des principes moraux ; cela n'aboutirait à rien. Cependant, notre généraliste épistémologique pense probablement aux propriétés moralement pertinentes par rapport à la valeur morale de tout acte auquel elles appartiennent. Et le particulariste épistémologique sentira que si une propriété est moralement pertinente dans un cas particulier, il peut en être ainsi seulement parce qu'elle est généralement pertinente. La question maintenant est de savoir comment comprendre une ou deux de ces remarques de façon à ce qu'elles se montrent vraies. La plupart des pluralistes admettront simplement, sans le justifier, qu'il existe un sens de « pertinence générale » qui fera le tour de magie. Toutefois, si une propriété pertinente relativement à la valeur morale d'un acte particulier est celle qui effectivement affecte la valeur de cet acte, de façon à ce que l'acte puisse avoir plus ou moins de valeur sans elle, quelle est alors la garantie que toutes les propriétés que nous considérons comme moralement pertinentes en général « feront la différence » dans tous les cas dans lequel elles apparaissent ? On peut par exemple penser que la question de savoir si quelqu'un tire un quelconque plaisir de l'acte soit moralement pertinente en général. Mais indépendamment des cas où l'acte est pire lorsque l'agent y trouve du plaisir, n'y en a-t-il pas d'autres où le plaisir éprouvé par quelqu'un ne fait aucune différence quant à la valeur morale de l'acte ? Pareillement, pourquoi devrions-nous admettre que si une propriété « fait la différence » dans un cas particulier, alors elle le fait en général ? N'est-il pas possible que les circonstances d'un cas ultérieur fassent que la présence de *cette* propriété ne fait pas de différence là, même si elle en fait une ici ? J'en conclus que les pluralistes peinent à rendre élégamment compte de la relation entre la pertinence générale et celle d'un cas particulier.

J'ai présenté ces problèmes qui se posent aux particularistes comme si au moins le premier de ces problèmes était distinct des autres. Le problème de la cohérence des principes pourrait sembler différent de celui de l'élégance de notre compte-rendu de la pertinence générale et particulière, tout comme de celui de l'épistémologie. Il me semble pourtant qu'au moins du point de vue particulariste, il y a là un lien évident entre ces champs, même s'ils peuvent être pris en considération séparément jusqu'à un certain degré. Le problème de la cohérence des principes n'apparaît réellement qu'à cause du conflit dans des cas particuliers. L'épistémologie particulariste nous dit que la connaissance morale vient de notre connaissance des cas. Une des choses pertinentes que nous pouvons observer dans un cas donné est que deux propriétés font obstacle l'une à l'autre. Or, qu'est-ce que cela représente pour des propriétés de se faire obstacle ? Une des réponses possibles est d'expliquer cela en termes de différents principes éthiques. Ce serait donc le conflit

entre les principes qui sous-tend celui qui a lieu entre les
propriétés dans un cas donné. Mais cette réponse ne concorde pas
avec l'épistémologie particulariste; c'est le conflit entre les
principes qui doit être expliqué par le conflit entre les propriétés
pertinentes dans des cas particuliers, et non l'inverse. L'erreur
qui se trouve ici conduit à concevoir à tort la difficulté d'un cas
particulier en termes de contradiction vérifonctionnelle entre les
conséquences des principes moraux dans des cas particuliers.
Pour l'instant, je voudrais seulement souligner le caractère
surprenant de cette tentative; il n'est vraiment pas évident que
l'appel au conflit entre les principes *explique* le conflit entre les
propriétés dans un cas donné. Ceci est, bien évidemment, une
plainte du particulariste. Le généraliste verra la question de
façon tout à fait inverse. Pour lui, l'incohérence des principes est
quelque chose que nous aurions pu discerner avant qu'elle ne se
révèle dans le cas particulier, car ce cas montre que quelque
chose peut être à la fois φ et γ – une possibilité que nous devions
et éventuellement pouvions noter auparavant. La co-occurrence
de φ et de γ crée le conflit seulement à cause des principes dans
lesquels ils sont inscrits.

Toujours est-il que ces remarques montrent que nos trois
problèmes ne sont pas sans rapport; nous en parlons afin de
rendre plus intelligible la tentative de W. D. Ross de faire revivre
le pluralisme face à ces problèmes[1]. Les caractéristiques principales de la tentative de Ross sont une épistémologie particulariste intransigeante d'un côté, et une conception nouvelle de
la nature des principes moraux à l'aide de la notion de *prima
facie* de l'autre. En vertu de son insistance sur le *prima facie*,
nous pourrions qualifier la théorie de Ross de pluralisme-PF; il
ne faut cependant pas oublier que Ross ne fait que défendre le

1. W. D. Ross, *The Right and The Good*, Oxford, Clarendon Press, 1930, et ses
Foundations of Ethics, Oxford, Clarendon Press, 1939.

pluralisme contre les objections en expliquant ce que sont réellement les principes moraux. Le pluralisme-PF soutient que le pluralisme, compris correctement, est valide (*sound*). La seule vraie différence entre le Pluralisme et le pluralisme-PF est la notion rossienne de *prima facie*. Cette notion est manifestement introduite, avant tout, pour gérer le problème de la légitimité concomitante des principes antagonistes. Mais Ross aurait soutenu, je pense, qu'elle fournit également des descriptions pluralistes acceptables dans les deux autres domaines. En épisté-mologie, elle montre comment nous pouvons commencer avec un cas particulier et ce que nous pouvons ensuite y trouver pour faire travailler notre induction intuitive, tout en prétendant fournir un rapport général correct tant de la pertinence générale que de la pertinence particulière. J'ai tenté également de montrer que les trois domaines étaient en principe liés de façon suffisam-ment étroite pour qu'il soit possible qu'un seul déplacement radical puisse résoudre les problèmes dans trois endroits. Cela est possible ; je défendrai toutefois l'idée selon laquelle Ross n'y parvient pas[1].

Comment la notion de *prima facie* apporte-t-elle de nouvelles réponses pluralistes à nos trois problèmes ? Elle rend compte de la légitimité concomitante des principes moraux suite à un conflit en apportant un nouveau regard sur ce que dit le

---

1. L'attaque de McDowell contre les principes ne prend pas en compte le travail de Ross ; cela est regrettable, étant donné que la notion d'incodifiabilité sur laquelle il repose n'est pertinente que relativement à la conception des principes comme des propositions universelles vraies. Conformément à l'interprétation des principes de Ross, l'argument aristotélicien de McDowell disant que les cas parti-culiers échapperont toujours à l'attention du codificateur, devient, apparemment, dépourvu de force. *Cf.* J. McDowell, « Virtue and Reason », *The Monist* 62 (1979). Bien évidemment, Ross ne faisait que mettre en ordre une conception du pluralisme proposé par Prichard, et, beaucoup plus tôt, par Richard Price.

principe moral (et cela semble être précisément ce dont on a besoin). Lire le principe « Encourage les actes φ » comme disant

1) Les actes φ sont justes*

expose celui qui le fait à l'accusation de contradiction dans un cas particulier, s'il maintient en même temps que

2) Les actes γ sont injustes*

et qu'une action peut être à la fois φ et γ.

Mais Ross suggère que les principes moraux revêtent en réalité la forme

1') Les actes φ sont *prima facie* justes*

2') Les actes γ sont *prima facie* injustes *

et que (1') ainsi que (2') peuvent être compris de façon à ce que l'action étant φ et γ puisse être *prima facie* juste* et *prima facie* injuste*, sans que cela soit incohérent. L'authenticité de tout cela dépendra de la description exacte du *prima facie*; quelqu'un pourrait cependant sentir que quelque chose de ce type est si manifestement correct que nous ne serions pas trop chavirés si notre description exacte nécessitait une révision. Ainsi, puisque les choses semblent prometteuses dans le domaine de notre premier problème, tournons-nous vers les deux autres. Dans ceux-ci, de nouveau, il est plutôt facile de voir ce que Ross recherche. Il veut dire que, dans des cas particuliers, les propriétés individuelles rendent les actions qui les possèdent *prima facie* juste* (injuste*, etc.), que toute propriété de ce type rend généralement les choses bonnes *prima facie*, et qu'il est possible de noter dans un cas donné qu'ici (et en conséquence généralement) cette propriété rend ce qui la possède *prima facie* juste*.

Ross ajoute à cela un type d'épistémologie particulariste que j'ai recommandée plus tôt au pluraliste. Il soutient que nous arrivons à la connaissance des principes moraux par induction intuitive à partir de la nature d'un cas particulier, mais qu'en déterminant la nature de ce cas nous ne pouvons guère faire appel à des principes d'aucune sorte (sauf dans quelques situations dégénérées). Selon lui, la réponse à la question « qu'est-ce qu'on devrait faire maintenant? » est irrémédiablement liée à un jugement particulier dans lequel la connaissance des principes ne joue aucun rôle.

> Mais quand je réfléchis sur ma propre attitude à l'égard des actes particuliers, j'ai l'impression de découvrir que ce n'est pas par déduction mais par un regard direct que je les conçois comme justes* ou injustes*. Il semble que je ne suis jamais dans la position de ne pas voir directement la rectitude (*rightness*)* d'un acte particulier de gentillesse, par exemple, et de devoir le déchiffrer à partir d'un principe général : « tous les actes de gentillesse sont justes, alors celui-ci doit l'être également, bien que je ne puisse pas voir directement leur rectitude* » [1].

Et la connaissance des principes vient de celle des cas particuliers

> Leur rectitude* ne fut pas déduite d'un principe général quelconque; le principe général était plutôt reconnu sub-séquemment par induction intuitive, comme résultant des jugements déjà prononcés sur les actes particuliers [2].

Il semble valoir la peine de s'arrêter là pour contraster cet appel à l'induction intuitive avec une autre option ouverte au particulariste épistémologique, selon laquelle nous dérivons les principes à partir de cas (*instances*) au moyen de généralisations empiriques, de façon supposément familière, par ailleurs. Broad a bien caractérisé cette option [3]; puisque de nombreux cas sont exigés, nous pouvons supposer qu'un cas particulier n'offre en lui-même aucune raison de croire que l'appariement de

---

1. W. D. Ross, *Foundations of Ethics, op. cit.*, p. 171.

2. *Ibid.*, p. 170.

3. C. D. Broad, *Five Types of Ethical Theory*, Routledge and Kegan Paul, London, 1930, p. 271.

propriétés naturelles et morales réapparaîtra. Nous pensons alors que, conformément à cette approche, tout ce que nous pouvons observer dans un cas particulier est une simple coexistence de propriétés naturelles et morales. Or, il serait erroné de s'opposer à cela en disant que nous savons *a priori* que les propriétés morales surviennent sur les propriétés naturelles. La survenance est une relation entre *toutes* les propriétés naturelles et morales, et les appariements dont nous avons parlé étaient établis entre les propriétés morales et seulement *certaines* des propriétés naturelles (celles desquelles elles résultent). Bien évidemment, la survenance n'établit par elle-même rien qui ressemblerait à ce que nous comprenons habituellement comme un principe moral. La véritable objection à cette approche méthodologique est que les principes moraux ne sont pas des généralisations empiriques. Il en est ainsi malgré le fait que les généralisations puissent survivre aux contre-exemples sans que cela ne les use, ce qui serait utile aussi pour gérer le problème du conflit entre les principes. Il peut alors être vrai que les tigres aient des queues même face à un tigre qui n'en a pas une ; cela n'est pas tout à fait pareil que dans le cas de deux principes en conflit, mais en constitue un aspect. Si deux principes moraux s'opposent, il y aura un objet ayant la propriété morale qu'un principe moral lui refuse, sans que le principe moral soit rejeté pour cette raison. Malheureusement, quelle que soit l'étendue de l'analogie entre les principes moraux et les généralisations, nous ne devrions pas admettre pour autant que les principes moraux *sont* des généralisations.

L'argument selon lequel les principes moraux ne sont pas des généralisations se présente comme suit. Supposons que nous ayons un principe moral « Évite les actes γ » ainsi qu'une généralisation selon laquelle les tigres ont des queues. Certains actes, tout en étant γ, peuvent être justes* malgré leur γ-itude, et dans d'autres cas (bien que pas nécessairement dans tous), leur rectitude* sera réduite par le fait d'être γ; il seront mauvais* en tant qu'actes γ, ou empirés par leur γ-itude, mais resteront toujours globalement justes*. Les principes moraux (et aussi les propriétés moralement pertinentes) sont capables, même une fois mis en échec dans un cas particulier par des considérations antagoniques, de subsister ou d'avoir des effets résiduels. Les généralisations ne sont en revanche pas capables de le faire. Le tigre qui n'a pas de queue n'en est pas un qui, d'une certaine manière, a une queue en tant que tigre, ou un qui, plutôt, a une queue du fait d'être un tigre, même si, pour d'autres raisons, il n'en a pas.

Une option alternative, selon Broad, consiste à dériver un principe moral par induction intuitive d'un cas unique. Le problème est de savoir comment cela est possible. Car, pour que cela le soit effectivement, on doit pouvoir discerner une relation entre la rectitude* et le fait d'être φ dans un cas particulier. Cette relation est, d'une façon ou d'une autre, capable de créer une vérité modale, permettant de savoir que *nécessairement* tout objet qui est φ est *prima facie* juste*. (Les généralisations empiriques ne pourraient qu'établir les principes moraux comme des vérités contingentes.) N'importe quel intuitionniste qui croit qu'un cas est suffisant pour établir un principe, ou que les principes sont des vérités nécessaires, est contraint d'opter, dans son épistémologie, pour l'induction intuitive. Le problème rencontré par Ross est de savoir comment faire en sorte que cette option marche en rendant compte de quelque chose qui soit discernable dans un cas particulier et à partir de quoi l'on pourrait dériver un principe. Ainsi, après tous ces préliminaires, je me tourne maintenant vers l'exposé explicite de Ross au sujet du *prima facie*, afin de voir s'il est à même d'offrir ce dont on a besoin. Deux questions doivent être posées ici :

1) Est-ce qu'une notion quelconque de *prima facie* rend possible l'idée selon laquelle nous découvrons les principes

moraux à partir de ce que nous discernons dans des cas particuliers?

2) Est-ce qu'une notion quelconque de *prima facie* rend vraies les opinions selon lesquelles

a. Si une action est *prima facie* juste* parce qu'elle est φ, alors n'importe quelle action φ est *prima facie* juste* en vertu d'être φ.

b. Si les actions φ sont *prima facie* justes*, alors toute action φ est-elle *prima facie* juste* parce qu'elle est φ?

Car toute conclusion relative à l'interprétation que Ross fait du conflit entre les principes dépend finalement de la réponse à ces questions.

Ross offre deux descriptions d'un devoir *prima facie*. La première est faite en termes de tendances; une action est un devoir *prima facie* parce qu'elle est φ si et seulement si les actions φ tendent à être des devoirs propres. Je pense qu'il est évident que le discours sur les tendances ne peut être réalisé qu'à un niveau général. Les actes particuliers n'ont pas de tendances à être des devoirs propres; ils le sont ou ils ne le sont pas. Mais au nom de la clarté je devrais poser à propos de cette description les deux questions citées plus haut:

1) ÉPISTÉMOLOGIE. Comment pourrait-on percevoir à partir d'un cas particulier que les actions φ tendent à être des devoirs propres? Étant donné que le discours sur les tendances ne peut pas être réalisé à un niveau particulier, *rien* n'est alors dit à propos de ce qu'on observe en observant qu'un acte est *prima facie* juste* parce qu'il est φ. Car la description ne dit rien de ce qu'un cas particulier pourrait révéler.

2) PERTINENCE. Y a-t-il une raison quelconque de supposer que là où les actions φ tendent à être des devoirs propres se produit quelque chose du type: partout où une action est φ, c'est le mieux pour elle? Le principe moral « N'oublie pas tes obligations » est cohérent avec le fait qu'une action puisse être

meilleure pour son agent s'il oublie ses obligations. En
l'occurrence, si je promets de vous aider à déménager de votre
maison et que je ne viens pas, il serait mieux pour moi d'avoir
oublié mes obligations plutôt que ne pas les avoir oubliées[1].
En réalité, il semble évident que cette supposition est fausse.
Nous ne pouvons pas non plus être certains que le mouvement
contraire soit meilleur. Si dans un cas particulier une action
quelconque est meilleure parce qu'elle est φ, est-ce que cela
montre que les actions qui sont φ tendent à être des devoirs
propres ?

Je conclus donc que cette première tentative est un échec
manifeste dans deux champs cruciaux. Et faisant un commentaire rapide, je dirais que cela ne semble rendre intelligible le
conflit entre des principes moraux qu'au prix de rendre ces
principes trop similaires aux généralisations empiriques.

Mais la seconde description du devoir *prima facie* proposée
par Ross (celle-ci est peut-être officielle) est meilleure :

> Je suggère que « devoir *prima facie* » ou « devoir conditionnel »
> est une façon agile de se référer à la caractéristique […] qu'un
> acte possède parce qu'il est d'un certain genre, […] parce qu'il
> est un acte qui serait un devoir propre s'il n'était pas en même
> temps d'un autre type moralement significatif[2].

Abordons cela à travers nos deux questions.

1) Épistémologie. Je présume que « moralement significatif » n'est pas significativement ou pertinemment différent de
« moralement pertinent ». Cela étant, comment puis-je voir, dans
– ou à partir de – un cas particulier, que si l'action n'avait pas
d'autres caractéristiques moralement pertinentes alors elle

---

1. Il se peut que dans ce genre de cas nous notions d'abord le principe moral
qui ne spécifie point de propriété généralement moralement pertinente.

2. W. D. Ross, *The Right and The Good*, p. 19.

constituerait un devoir propre? Nous avons besoin d'être convaincus que cela est possible. Si moralement pertinent veut dire «moralement pertinent en général», Ross admettra sans doute que si une action est un devoir *prima facie* parce qu'elle est φ, aucune propriété, γ, ne peut empêcher cette action d'être un devoir propre, à moins que γ soit une propriété moralement pertinente en général. Mais avec quel compte-rendu de la pertinence morale générale cela sera-t-il vrai? Si une propriété moralement pertinente en général est celle qui fera toujours «la différence», pourquoi alors une propriété qui «fait la différence» ici ne devrait-elle pas échouer à le faire ailleurs, étant donné que d'autres circonstances la privent de son influence? Cependant, si «moralement pertinent» signifie «pertinent relativement à la valeur (*worth*) morale d'un cas particulier», il est facile de voir comment je suis censé discerner dans ce cas que là où φ «fait la différence», et si rien d'autre ne «fait la différence», la seule différence sera alors celle faite par φ. Ainsi Ross livre ici effectivement une définition (*account*) du *prima facie* au moyen de laquelle nous pouvons discerner un devoir *prima facie* dans un cas particulier. La définition proposée peut être généralisée. Car il semble inéluctable que si une propriété tranche la question, à condition qu'elle soit la seule à avoir de l'influence, alors elle ferait de même partout où cette circonstance invraisemblable se reproduit – cette idée est isolée par rapport aux effets interagissant en différents contextes. En conséquence, au moins du point de vue épistémologique, Ross semble avoir réussi. Au sens officiel de son «*prima facie*», si un acte d'un certain type est reconnu comme étant un devoir *prima facie*, nous savons que tout acte de ce type est un devoir *prima facie*.

Néanmoins, sous le même intitulé général deux questions demeurent. Ross a apporté une définition (*account*) épistémologiquement *possible*, mais est-elle *correcte*? Premièrement, pouvons-nous réellement expliquer le comportement de diffé-

rentes propriétés dans un cas plus normal, où il y a plusieurs
propriétés moralement pertinentes, en faisant appel à un cas,
qui ne se produit jamais, où il n'y en a qu'une ? Pourquoi une
propriété qui devrait trancher la question au moment où il n'y en
a qu'une qui compte, devrait être celle à laquelle je devrais
m'intéresser au moment où elle n'est pas la seule ? Deuxièmement, en disant que nous observons que si aucune autre qualité ne
fait de différence, celle-ci tranchera alors la question, saisissons-
nous ce qui est observé quand nous observons une qualité comme
celle qui rend cet acte juste* ? N'y a-t-il pas là toujours un risque
qu'une propriété puisse être telle que, même si elle pouvait
trancher lorsqu'elle est la seule à être pertinente, elle ne serait pas
en réalité parmi celles qui ont un effet quelconque sur le résultat
d'ensemble ? Par exemple, il se pourrait que si, *per impossibile*,
la seule propriété pertinente de l'action était de causer du plaisir à
quelqu'un, cette propriété déterminerait sa valeur morale ; mais
dans un autre cas, normal et compliqué, cette propriété n'affecte-
rait la situation d'aucune manière. Si cela est possible, l'épistémologie de Ross, bien qu'elle soit possible, n'est pas correcte.
Car ce que nous remarquons quand nous observons qu'une
propriété en effet « fait la différence » n'est pas identique à ce que
nous remarquons quand nous observons qu'une propriété, si elle
était la seule pertinente ici, aurait tranché la question.

2) PERTINENCE. Il s'agit là d'un point important et pas
seulement verbal : si « moralement significatif » est équivalent à
« moralement pertinent », le compte-rendu rossien du «*prima
facie*» n'apporte aucune compréhension indépendante de la
pertinence morale, étant donné que le terme que nous cherchons
à comprendre y apparaît inexpliqué, et ne peut pas en être enlevé.
Toutefois, cela n'est pas spécialement causé par le fait que Ross
échoue ici à montrer que, si une propriété est pertinente dans un
cas, alors elle doit l'être partout où elle apparaît. Cet échec est
réellement dû plutôt à ce qui a été souligné dans le paragraphe

précédent, car, dire qu'une propriété aurait tranché la question si elle était la seule à être moralement pertinente, n'est pas la même chose que de dire qu'elle est pertinente dans le cas présent, sans même parler des autres. Le mouvement généraliste essentiel, allant du cas initial aux autres occurrences, ne dispose donc d'aucun appui. Des objections similaires pourraient être faites à l'égard de la conception selon laquelle si une propriété est généralement pertinente, alors elle doit être pertinente partout où elle apparaît.

Je conclus alors que Ross échoue à montrer comment une propriété pertinente en général peut avoir prise sur un cas particulier ; il échoue à montrer comment un cas particulier crée une propriété pertinente en général (et de là un principe, dans des cas propices) ; il échoue également à montrer comment je puis parvenir à savoir qu'une propriété est moralement pertinente en général à partir de ce que je vois « dans » un cas particulier.

Je suis entré dans les détails à propos de Ross parce que je sens que son échec est instructif. Ce n'est pas juste parce qu'il s'agit là de l'échec de la seule tentative détaillée de rendre le pluralisme intelligible. Les difficultés auxquelles il est confronté concernent toute tentative de ce type. Ici, Ross apporte deux éléments indépendants qu'il tente de réconcilier mais qui sont essentiellement en opposition l'un avec l'autre. Le premier est l'épistémologie particulariste à propos de laquelle il est tellement emphatique. Le second est le point de vue généraliste selon lequel ce que nous apprenons à partir des cas particuliers construit des principes généraux, ou selon lequel si une propriété est pertinente quelque part, alors elle l'est partout. Le dernier élément demande à ce que ce qui est observable dans un cas particulier soit également montré comme essentiellement généralisable. Mais, plus Ross se penche vers le généralisme, comme dans le récit (*account*) généraliste du *prima facie* en termes de tendances, plus il lui est difficile de retrouver son chemin de retour au cas particulier, afin que cela s'accorde avec son épistémologie. Plus il tourne son attention vers le cas particulier, plus il lui est difficile de trouver quelque chose que nous pourrions discerner à ce niveau et qui révélerait des propriétés quelconques comme pertinentes en général. Et cette tension sera récurrente dans toute conception pluraliste adoptant l'épistémologie particulariste. Toutefois le pluralisme ne peut pas éviter cette épistémologie ; plus il se met à affirmer que nous connaissons un grand nombre de principes mal assortis, moins plausible est l'opinion selon laquelle les principes sont évidents par eux-mêmes ou que l'on peut les découvrir de quelqu'autre façon indépendamment des cas particuliers. Je conclus alors que l'épistémologie particulariste est, en définitive, incohérente avec le généralisme en ce qui concerne la pertinence morale.

Même si le pluraliste abandonnait le particularisme épistémologique, il devrait toujours faire face au problème que pose la façon dont ses principes moraux sont pertinents dans des cas particuliers. Ross a le mérite de tenter de s'attaquer de front à ce problème, même s'il ne lui trouve pas de solution. Le problème du généraliste est le même que celui de Ross, bien qu'il soit considéré sous un autre angle. Les deux souhaitent un compte rendu élégant de la pertinence, qui montrerait comment, pour Ross, un cas particulier crée un principe d'une manière ou d'une autre, et, pour le généraliste, comment un principe parvient à avoir un effet quelconque sur ses occurrences. Mais, somme toute, la raison pour laquelle on ne peut pas passer du particulier au général est la même que celle pour laquelle on ne peut pas passer du général au particulier.

La bonne solution, à mon avis, est de s'en tenir à l'épistémologie particulariste et d'abandonner les tendances généralistes qu'il est impossible de rendre cohérentes avec elle. La position nous est finalement imposée, car, après avoir découvert que plus d'une propriété est moralement pertinente, nous commençons à admettre une pléthore de propriétés de ce genre sans qu'il y ait pour autant une façon quelconque de les ordonner. Quand nous faisons honnêtement face à cette pléthore, nous devons adopter l'épistémologie particulariste, et rejeter en conséquence la conception à partir de laquelle nous y sommes arrivés. En tant que particularistes, nous ne donnons guère de sens à la notion de propriété moralement pertinente en général, puisque nous ne parvenons pas à relier cela de façon satisfaisante à notre épistémologie; de là, nous échouons à comprendre la possibilité même des principes moraux. Ainsi, le progrès s'effectue du monisme, le point de vue selon lequel il n'y a qu'un principe moral, à travers le pluralisme, disant qu'il y en a plusieurs, jusqu'au particularisme, le point de vue selon lequel il n'y en a aucun.

Quelles excentricités supplémentaires ajoute le particularisme à l'intuitionnisme éthique – doctrine déjà largement considérée comme suffisamment étrange? Il faut noter que notre *épistémologie* ne diffère pas de celle de Ross de façon significative; nous discernons directement la rectitude des actes individuels sans faire le détour par les principes. Chez Ross, le cheminement vers les principes n'est pas épistémologique, mais métaphysique. Il sent qu'un acte individuel ne peut pas être juste* sans qu'il y ait un principe derrière lui, pour ainsi dire. Je suggère que nous acceptions l'épistémologie de Ross tout en abandonnant sa métaphysique. Est-ce que cela rend cette épistémologie effectivement plus étrange? Je ne le pense pas. Je reconnais cependant qu'une activité particulière est communément considérée comme étant en conflit avec le particularisme que j'ai défendu, et il s'agit là de l'activité de donner des raisons pour ses jugements moraux. Sans doute, nous dira-t-on, donner les raisons équivaut essentiellement à faire un appel aux principes moraux.

Avant de donner une idée de la façon dont, à mon avis, le particulariste devrait y répondre, je voudrais aborder cette question en examinant d'autres critiques du particularisme que je conçois comme dues à une mauvaise compréhension.

Frankena dit ce qui suit :

> Il est vrai que toute situation a quelque chose de nouveau ou d'unique en elle, mais il ne s'ensuit pas de cela qu'elle est unique sous tous les aspects, ou qu'elle ne peut pas être comme d'autres situations relativement aux aspects moralement pertinents. Après tout, les événements et les situations se ressemblent sous certains aspects importants, sinon nous ne serions pas capables de former des énoncés généraux d'ordre factuel vrais, comme nous le faisons dans la vie ordinaire et dans les sciences. En conséquence, il n'y a pas de raison de penser que nous ne pouvons pas, de façon analogue, former des énoncés généraux d'ordre moral [1].

Tout ce qu'il faut noter ici est que Frankena présuppose qu'il y a des choses telles que les « caractéristiques moralement pertinentes », ce que le particulariste rejette, et aussi qu'il endosse l'idée selon laquelle les principes moraux sont atteints par généralisations empiriques plutôt que par induction intuitive.

La seconde critique soulevée par Frankena est plus commune, mais toujours infructueuse. Il suggère que « il nous est impossible de fonctionner sans règles ». Il ne veut pas faire ici une remarque banale, si commune aux discussions sur l'utilitarisme, notant que nous n'avons parfois pas le temps d'élaborer la bonne réponse et que nous devons nous appuyer sur les principes, tels des raccourcis. Au lieu de cela, il fait référence à une remarque de Hare : « sans principes, nous ne pourrions rien apprendre de nos ancêtres » [2]. Dire que l'éducation morale sans

1. W. K. Frankena, *Ethics, op. cit.*, p. 21.
2. R. M. Hare, *The Language of Morals*, Oxford, Clarendon Press, 1952, p. 61.

principes est impossible constitue un point de vue plus prometteur; en réalité, selon Hare, il ne s'agit pas juste de l'enseignement, mais aussi de l'auto-enseignement, qui paraît excentrique dans la perspective particulariste. Mais sont-ils excentriques pour la même raison?

Rashdall maintient que s'il n'y a pas de règles ou de principes rudimentaires du jugement éthique, « l'instruction morale devrait être traitée comme absolument impossible ». Il développe :

> Nous ne disons pas à un enfant qui demande s'il peut cueillir une fleur dans le jardin de quelqu'un d'autre : « Mon bon enfant, cela dépend entièrement des circonstances dans un cas particulier : dicter une règle générale quelconque en cette matière serait un exemple de dogmatisme injustifié de ma part : consulte ta propre conscience chaque fois que la situation se produit, et tout sera en ordre ». Bien au contraire, nous disons à celui-ci : « Tu ne dois pas cueillir la fleur, *parce que* ce serait un vol, et il est mal de voler »[1].

Il me semble qu'il y a dans tout cela trois types d'objections contre le particularisme. La première pourrait être résumée à une version de la doctrine de l'universalisabilité de Hare; si Jones devait faire Z dans cette situation, il devrait également faire Z dans toute situation similaire. Ici, je ne peux pas faire plus que dire que cette idée est tout simplement fausse, ou qu'elle revient à entremêler l'universalisabilité et la survenance[2]; mais la survenance ne crée rien qui serait reconnaissable comme un principe moral (p. ex. les énoncés universels créés par elle *pourraient* ne pas s'opposer l'un à l'autre). L'attaque « si tu vois ceci de cette manière, tu *dois* aussi voir cela de la même façon » devient,

---

1. H. Rashdall, *The Theory of Good and Evil*, *op. cit.*, p. 82-83.

2. *Cf.* J. P. Dancy, « On Moral Properties », *Mind* 90, 1981, p. 367-385.

pour le particulariste, la question « comment peux-tu voir ces deux choses de façon si différente alors qu'elles se ressemblent tellement ? » Il se peut que le particulariste soit, à n'importe quel moment, appelé à répondre à cette question (soit dit en passant, pourquoi devrait-il le faire ?) ; mais c'est également une question à laquelle il lui est toujours possible de répondre.

Selon la deuxième objection, le particularisme est incapable de dire quoi que ce soit sur la façon dont les expériences passées peuvent être rappelées afin de nous aider à atteindre une décision dans un nouveau cas. « S'éduquer soi-même, comme tout autre enseignement, consiste à s'enseigner les principes »[1]. Il s'agit ici de l'idée selon laquelle l'expérience passée est pertinente parce qu'elle produit un arsenal de paires de propriétés naturelles et morales au moyen desquelles la décision peut être guidée dans un cas nouveau. Comment se fait-il que les cas passés nous enseignent ce qui est juste* autrement qu'en offrant une large sélection de circonstances naturelles dont je suis certain qu'elles sont accompagnées de rectitude ? Et elles le font sûrement en construisant graduellement les principes auxquels je peux faire appel quand j'ai besoin d'aide pour prendre une décision.

Je pense que le particulariste dirait ici que cela dénature ce qui est en réalité une affaire très complexe. Si, comme il a été suggéré, nous avons été capables de discerner les paires de propriétés naturelles et morales, pourquoi ne devrions-nous pas simplement faire de même cette fois-ci ? Pourquoi aurions nous besoin de faire un détour par les cas passés et les principes qu'ils créent ? Si la réponse est que nous avons besoin d'aide dans cette situation parce que nous trouvons qu'il est difficile de discerner ici la propriété morale, le particulariste peut dire que cela constitue en soi une preuve que le cas nouveau ne ressemble pas

---

1. Hare, *The Language of Morals*, *op. cit.*, p. 61.

aux précédents de façon pertinente; en passant du passé au présent, nous sommes confrontés à toutes les difficultés liées à la pertinence morale.

Néanmoins, l'expérience passée n'est-elle pas même capable d'être *pertinente* face à de nouvelles décisions? Le contester rendrait le particularisme inacceptable; le particulariste doit accepter cette idée tout en en proposant une explication rivale.

Une explication possible fait appel à ce que Wittgenstein pensait à propos de ce qui compte comme « continuer de la même façon », et le genre de nécessité qui relie les occurrences précédentes à la nouvelle. La compétence relative à un concept moral (comme la générosité) est la connaissance de la règle, non pas une règle morale, mais une règle dont la maîtrise se traduit simplement par la capacité de continuer à employer correctement le mot « généreux » dans des cas nouveaux. Quelqu'un qui se trouve dans une nouvelle situation tout en sachant ce qu'est la générosité, est celui qui a appris la règle (d'où l'importance de l'expérience), et sa connaissance de la règle est manifestée par sa décision que cette situation est du même type (ici, de nouveau, l'importance des cas passés). Mais il ne doit pas y avoir, dans les cas passés, quelque chose à quoi l'on pourrait se référer directement et qui pourrait déterminer ou même guider les choix; ce qui rend juste* le choix de quelqu'un n'est pas le fait que ce dernier a été dicté ou même rendu probable par les principes créés par les cas passés, mais simplement notre acception du choix comme une occurrence de « continuer comme avant »[1].

---

1. Cette réponse, comme celle à l'objection suivante, nécessite un développement qui est exclu par le manque d'espace (*cf.* néanmoins McDowell, « Virtue and Reason », *op. cit.*, et McDowell, « Following a Rule and Ethics », *in* S. Holzman and C. Leich (eds), *Wittgenstein : To Follow a Rule* (Routledge and Kegan Paul, London, 1981), p. 141-162.).

La troisième objection se résume à la conception selon laquelle donner les raisons est essentiellement une activité de généralisation. Frankena dit : « Si Jones répond à ta question "Pourquoi ?" en disant "Parce que tu l'as promis" [...], il présuppose alors qu'il faut* tenir ses promesses »[1].

La force du dernier énoncé de Rashdall n'est pas que nous ajoutons toujours un principe moral, mais que si nous disions simplement « Tu ne dois pas cueillir la fleur, *parce que* ce serait un vol », nous nous engagerions à admettre le principe qu'il est mal de voler. Il est clair que le particulariste rejetterait cette idée. Ainsi, il ne sera pas suffisant de se contenter juste de l'affirmer contre lui. Mais *il y a* là une véritable question pour le particulariste. Et puisque effectivement nous entrons dans le jeu de donner des raisons, alors si cette activité tout à fait commune n'est pas celle de généralisation mais quelque chose de restreint aux limites d'un cas particulier, de quoi s'agit-il ? Que se passe-t-il quand je dis, aux autres ou à moi-même, « Cette action est mauvaise parce qu'elle est φ » ? Ici, je ne suis pas *juste* en train de réagir face à une situation particulière formant un tout, mais je distingue certaines de ses caractéristiques comme particulièrement significatives (ici). Quelle est cette activité, et est-ce que le particulariste peut l'expliquer sans abandonner sa propre position ?

Je crois que la direction que le particulariste devrait suivre consiste à comparer l'activité de choix de certaines caractéristiques d'une situation particulière comme singulièrement saillantes[2] (significatives) à celle de description esthétique d'un objet complexe, tel qu'un bâtiment par exemple. Dans une

---

1. W. K. Frankena, *Ethics, op. cit.*, p. 23.

2. Cette notion de saillance (*salience*) apparaît pour la première fois, d'après ce que je sais, dans D. Wiggins, « Deliberation and Practical Reasoning », *in* J. Raz (ed.), *Practical Reasoning*, Oxford, O.U.P., 1978.

telle description, certaines caractéristiques seront mentionnées comme saillantes dans le contexte du bâtiment formant un tout. L'idée selon laquelle ces caractéristiques pourraient être saillantes *en général* n'apparaît pas; elles importent ici, et cela est suffisant. Quelqu'un offrant une description est en train de dire à son public comment on devrait voir le bâtiment; il le fait en soulignant seulement *ces* caractéristiques qui doivent apparaître comme saillantes si l'on aspire à voir le bâtiment comme il faut*. Il les isole, tout en sachant que leur importance ne peut pas être affirmée ou même discernée par quelqu'un qui ne peut pas voir le bâtiment entier. On ne pourrait pas (et ici se trouve un des traits importants de l'analogie) découvrir comment est le bâtiment juste en considérant ses caractéristiques saillantes; ces dernières ne sont pas des indices épistémologiques, et, par analogie, les raisons ne le sont pas non plus. L'homme qui fournit des raisons n'est pas tant en train d'apporter les preuves (*evidence*) de son jugement éthique que de montrer à son public la façon dont il voit la situation. Il suppose que la voir à sa manière c'est se joindre à son jugement sur ce qui est ce qui est juste* ou injuste*; alors si vous parvenez à la voir à sa façon, vous partagerez son jugement éthique, mais en donnant ses raisons il n'est pas en train d'argumenter *en faveur* de son jugement, au sens auquel ceux qui adhèrent à des principes moraux pourraient le supposer.

J'espère que cette brève discussion des difficultés qui s'opposent au particularisme aide finalement à caractériser le type de conception que je recommanderais.

BIBLIOGRAPHIE

ANSCOMBE, G. E. M., « Modern Moral Philosophy », *Philosophy* 33 (1958), p. 1-19; « La Philosophie morale moderne », tard. fr. Geneviève Ginvert et Patrick Ducray, *Klesis* 9, 2008, p. 12-21, disponible en ligne http: //www.revue-klesis.org/pdf/Anscombe-Klesis-La-philosophie-morale-moderne.pdf.

– *Intention* (Cambridge (Mass.), London, Harvard University Press, 1957; *L'Intention*, trad. fr. M. Maurice et C. Michon, Paris, Gallimard, 2002,

ARISTOTE, *Ethique à Nicomaque*, trad. J. Tricot, Paris, Vrin, 1990.

AUDARD, C. (dir.), *Anthologie historique et critique de l'utilitarisme*, vol. 2, Paris, P.U.F., 1999.

AYER, A. J., *Language, Truth and Logic*, London, Gollancz, 1936; *Langage, vérité et logique*, trad. fr. J. Ohana, Paris, Flammarion, 1956.

– *Philosophical essays*, London-New York, Macmillan-St. Martin's Press, 1954.

BALDWIN, Th. (ed.), *The Cambridge History of Philosophy 1870–1945*, Cambridge, CUP, 2003.

BLACKBURN, S., *Essays in Quasi-Realism*, Oxford, Oxford University Press, 1993.

– *Ruling Passions*, Oxford, Oxford University Press, 1998.

BRADY, M. (éd.), *New Waves in Metaethics*, Basingstoke, Palgrave Macmillan, 2010.

BRINK, D., *Moral Realism and the Foundations of Ethics*, Cambridge University Press, 1989.

CANTO-SPERBER, M., *Dictionnaire d'éthique et de philosophie morale*, Paris, P.U.F., 3ᵉ éd., 2001.

– *La philosophie morale britannique*, Paris, P.U.F., 1994.

CARNAP, R., H. HAHN, O. NEURATH *et al.*, *Manifeste du Cercle de Vienne et autres écrits*, 2ᵉ éd. modifiée A. Soulez, Paris, Vrin, 2010.

CRARY, A. & R. Read (eds), *The New Wittgenstein*, London, Routledge, 2000.

DANCY, J. P., « On Moral Properties », *Mind* 90, 1981, p. 367-385.

– « Ethical Particularism and Morally Relevant Properties », *Mind* 92, 1983, p. 530-547.

– « Intuitionism », dans P. Singer (ed.) *A Companion to Ethics*, Oxford, Wiley-Blackwell, 1993, p. 411-420.

– *Moral Reasons*, Oxford, Blackwell, 1993.

– *Ethics Without Principles*, Clarendon Press, Oxford, 2004.

DARWALL, S., *The British Moralists and the Internal "Ought" : 1640-1740*, Cambridge, Cambridge University Press, 1995.

DARWALL, S., A. GIBBARD, P. RAILTON, « Toward Fin de Siecle Ethics : Some Trends », *Philosophical Review* 101, 1992, p. 115-189.

DAVAL, R., *Moore et la philosophie analytique*, Paris, P.U.F., 1997.

DUBOIS, P., *Le Problème moral dans la philosophie anglaise : de 1900 à 1950*, Paris, Vrin, 1967.

FOOT, P., « Moral Beliefs », *Proceedings of the Aristotelian Society*, New Series, vol. 59, 1958 - 1959, p. 83-104.

– *Virtues and Vices and Other Essays in Moral Philosophy*, Oxford, Basil Blackwell, 2002.

FRANKENA, W. K., « Moral Philosophy at Mid-Century », *Philosophical Review* 60, 1951, p. 44-55.

– « The Naturalistic Fallacy », *Mind* 48, *New Series*, No. 192, 1939, p. 464-477.

– *Ethics*, Englewood Cliffs, Prentice-Hall, 1963.

GIBBARD, A., *Wise Choices, Apt Feelings : A Theory of Normative Judgment*, Harvard University Press, 1990; *Sagesse des choix, justesse des sentiments moraux* (1990), trad. fr. S. Laugier, Paris, P.U.F., 1996.

GOFFI, J.-Y. (éd.), *Recherches sur la philosophie et le langage* 23, numéro spécial « Richard Hare et la philosophie morale », 2004.

HARE, R. M., *Freedom and Reason*, Oxford, Clarendon Press, 1963.

– *The Language of Morals*, Oxford, Clarendon, 1952.

HARMAN, G., *The Nature of Morality*, New York, Oxford University Press, 1977.

HORGAN, T. & M. TIMMONS, « Non-Descriptivist Cognitivism : Framework for a New Metaethic », *Philosophical Papers* 29, 2000, p. 121-153.

HUEMER, M., *Ethical Intuitionism*, Palgrave Macmillan, 2006.

HUME, D., *Enquête sur l'entendement humain*, trad. fr. M. Malherbe, Paris, Vrin, 2008.

– *Essais et traités sur plusieurs sujets, vol. IV. L'Enquête sur les principes de la morale*, trad. fr. M. Malherbe, Paris, Vrin, 2002.

– *Essais sur l'art et le goût*, éd. bilingue, trad. fr. et notes par M. Malherbe, Vrin, Paris, 2010.

– *Traité de la nature humaine*, Livre 3, La morale (1739), trad. fr. Ph. Saltel, Paris, Flammarion, 1997.

HUTCHESON, F., *An Inquiry into the Original of Our Ideas of Beauty and Virtue*, London, 1725 ; *Recherche sur l'origine de nos idées de la beauté et de la vertu*, trad. fr. A.-D. Balmès, Paris, Vrin, 1991.

JAFFRO, L. (dir.), *Le sens moral. Une histoire de la philosophie morale de Locke à Kant*, Paris, P.U.F., 2000.

JOYCE, R., *The Myth of Morality*, Cambridge, Cambridge University Press, 2001.

JOYCE, R. & S. KIRCHIN (eds), *A World Without Values : Essays on John Mackie's Moral Error Theory*, Dordrecht, Heidelberg, London, New York, Springer, 2009.

KANT, E., *Critique de la faculté de juger*, trad. fr. A. Philonenko, Paris, Vrin, 1993.

– *Critique de la raison pure*, trad. fr. A. Tremesaygues et de B. Pacaud, Paris, P.U.F., 1990.

KIRCHIN, S., *Metaethics*, Palgrave Macmillan, 2012.

KORSGAARD, Ch., *The Sources of Normativity*, New York, Cambridge University Press, 1996.

LAUGIER, S., (dir.) *Éthique, littérature, vie humaine*, Paris, P.U.F., 2006.

– *Wittgenstein, le mythe de l'inexpressivité*, Paris, Vrin, 2010.

LOVIBOND, S., *Realism and Imagination in Ethics*, Oxford, Basil Blackwell, 1983.

MACINTYRE, A., *After Virtue*, Bloomsbury Academic & University of Notre Dame Press, 1981; *Après la vertu*, trad. fr. L. Bury, P.U.F., 1997.

MACKIE, J. L., *Ethics: Inventing Right and Wrong* (1977), Penguin, 1990.

– *The Miracle of Theism: Arguments for and Against the Existence of God*, Oxford, Oxford University Press, 1982.

MCDOWELL, J., « Anti-realism and the Epistemology of Understanding », in *Meaning and Understanding*, H. Parret, J. Bourveresse, Berlin, de Gruyter, 1981, p. 225-248.

– « Following a Rule and Ethics », *in* S. Holzman, C. Leich (eds), *Wittgenstein: To Follow a Rule*, London, Routledge and Kegan Paul, 1981, p. 141-162.

– « Valeurs et qualités secondes » (1985), dans R. Ogien (éd.), *Le Réalisme moral*, trad. fr. A. Ogien, Paris, P.U.F., 1999

– « Virtue and Reason », *The Monist* 62 (3), 1979, p. 331-350.

– *Mind and World*, Cambridge, Harvard University Press, 1996; *L'esprit et le monde*, trad. fr. Ch. Alsaleh, Paris, Vrin, 2007.

– *Mind, Value and Reality*, Cambridge, Harvard University Press, 1998.

– *The Engaged Intellect: Philosophical Essays*, Cambridge, Harvard University Press, 2009.

MILL, J. S., *L'Utilitarisme. Essai sur Bentham*, trad. fr. C. Audard, P. Thierry, Paris, P.U.F., 1998.

MILLER, A., *An Introduction to Contemporary Metaethics*, Cambridge, Polity Press, 2003.

MOORE, G. E., *Philosophical Studies*, London-New York, Kegan Paul, Trench, Trubner-Harcourt, 1922.

– *Principia Ethica* (1903), Th. Baldwin (ed.), Cambridge, Cambridge University Press, 1993.

NAGEL, T., *The View From Nowhere*, Oxford University Press, 1986; *Le point de vue de nulle part*, trad. fr. S. Kronlund, Paris, Éditions de l'Éclat, 1993

OGDEN, C. K. et Richards, I. A. *The Meaning of Meaning*, London, Routledge and Kegan Paul, 1923.

OGIEN, R., *L'éthique aujourd'hui. Maximalistes et minimalistes*, Paris, Gallimard, 2007.

– *Le réalisme moral*, Paris, P.U.F., 1999.

– *Les causes et les raisons : philosophie analytique et sciences humaines*, Jacqueline Chambon, 1995.

– (avec Ch. Tappolet) *Les Concepts de l'éthique. Faut-il être conséquentialiste ?*, Paris, Hermann, 2009.

PARFIT, D., *On What Matters*, vol. 1 and 2, Oxford, Oxford University Press, 2011.

PRICHARD, H. A., « Does Moral Philosophy Rest on a Mistake ? », *Mind* 21, 1912, p. 21-37 ; repris dans *Moral Obligation*, Oxford, Clarendon Press, 1949, p. 1-17.

– *Kant's Theory of Knowledge*, Oxford, Clarendon Press, 1909.

PUTNAM, H. *Ethics without Ontology*, Cambridge, MA, Harvard University Press, 2004 ; trad. fr. à paraître aux Éditions du Cerf

– *The Collapse of the Fact/Value Dichotomy*, Harvard University Press, 2002 ; trad. fr. M. Caveribière et J.-P. Cometti, *Fait/valeur : la fin d'un dogme, et autres essais*, Combas, Éditions de l'Éclat, 2004.

RAWLS, J., *The Theory of Justice*, Harvard University Press, 1971 ; *Théorie de la justice*, trad. fr. C. Audard, Paris, Seuil, 1987.

READ, R. & RICHMANN, K. A. (eds), *The New Hume Debate : revised edition*, Abingdon, Routledge, 2007.

ROSS, W. D., *Foundations of Ethics*, Oxford, Clarendon Press, 1939.

– *The Right and the Good*, Oxford, The Clarendon Press, 1930.

RUSSELL, B., *Russell on Ethics*, édité par C. Pigden, London, Routledge, 1999.

SAYRE-MCCORD, G. (ed.), *Moral Realism*, Cornell University Press, 1988.

SCANLON, T. M., *What We Owe to Each Other*, Cambridge, Harvard University Press, 1998.

SELBY-BIGGE, L. A. (ed.), *British Moralists, being Selections from Writers principally of the Eighteenth Century*, vol. 2, Oxford, Clarendon Press, 1897.

SHAFER-LANDAU, R. (ed.), *Oxford Studies in Metaethics*, vol. 1-7 Oxford University Press, 2006-2012.

– *Ethical Theory : An Anthology*, Oxford, Wiley-Blackwell, 2012.

SIDGWICK, H., *The Methods of Ethics*, 7ᵉ éd., London, MacMillan, 1907.

SKORUPSKI, J., *Ethical Explorations*, Oxford, OUP, 1999.

– (ed.), *The Cambridge Companion to Mill*, Cambridge, Cambridge University Press, 1997.

– « Irrealist Cognitivism », dans J. Dancy (ed.) *Ratio*, numéro spécial, XII, 1999, p. 436-459.

– « Propositions about Reasons », *European Journal of Philosophy*, vol. 14/1, avril 2006, p. 26-48

– « The Ontology of Reasons », dans C. Bagnoli et G. Usberti (eds) *Meaning, Justification and Reasons*, *Topoi* 1, 2002, p. 113-124.

– *The Domain of Reasons*, Oxford, Oxford University Press, 2010.

SMITH, M. A., *The Moral Problem*, Oxford, Wiley-Blackwell, 1994.

STEVENSON, Ch. L., « The Emotive Meaning of Ethical Terms », *Mind* 46, 1937, p. 14-31.

– *Ethics and Language*, Yale University Press, 1944.

STRATTON-LAKE, P. (ed.), *Ethical Intuitionism: Re-evaluations*, Oxford, Oxford University Press, 2003.

STROUD, B., *The Quest for Reality*, Oxford, Oxford University Press, 2000.

THOMAS, A., *Value and Context: The Nature of Moral and Political Knowledge*, Oxford, Clarendon Press, 2006.

WARNOCK, G. J., *Contemporary Moral Philosophy*, London, Macmillan, 1967.

WIGGINS, D., « Ayer's Ethical Theory : Emotivism or Subjectivism ? », dans Phillips Griffiths (ed.), *A.J. Ayer Memorial Essays*, Cambridge University Press, 1991, p. 181-196.

– *Needs, Values, Truth : Essays in the Philosophy of Value*, Oxford, Basil Blackwell, 1987.

WITTGENSTEIN, L., *Philosophische Untersuchungen* (1953); *Recherches philosophiques*, trad. fr. Fr. Dastur, M. Élie, J.-L. Gautero *et al.*, Paris, Gallimard, 2005.

– « A Lecture on Ethics », *Philosophical Review*, vol. LXXIV/1, janvier 1965; « Conférence sur l'éthique », trad. fr. J. Fauve, *Leçons et conversations*, Paris, Éditions Gallimard, 1971.

– *On Certainty*, Oxford, Blackwell, 1968; *De la certitude*, trad. fr. D. Moyal-Sharrock, Paris, Gallimard, 2006.

WILLIAMS, B., *Ethics and the Limits of Philosophy*, London, Fontana, 1985; *L'Éthique et les limites de la philosophie*, trad. fr. M.-A. Lescourret, Paris, Gallimard, 1990.

INDEX DES NOMS

TABLE DES MATIÈRES

LES RÉALISMES

DANS LA MÊME COLLECTION

ACHEVÉ D'IMPRIMER
EN MAI 2013
PAR L'IMPRIMERIE
DE LA MANUTENTION
À MAYENNE
FRANCE
N° 2087073H

Dépôt légal : 2ᵉ trimestre 2013